世界研究生教育经典译丛

DOCTORAL EDUCATION AND
THE FACULTY OF THE FUTURE

博士生教育与未来的教师

[美]罗纳德·G·埃伦伯格（Ronald G. Ehrenberg） 主编
[美]夏洛特·V·库沃（Charlotte V. Kuh）

任 杰　廖洪跃　译

北京理工大学出版社
BEIJING INSTITUTE OF TECHNOLOGY PRESS

版权专有　侵权必究

图书在版编目（CIP）数据

博士生教育与未来的教师 /（美）罗纳德·G·埃伦伯格（Ronald G. Ehrenberg），（美）夏洛特·V·库沃（Charlotte V. Kuh）主编；任杰，廖洪跃译. —北京：北京理工大学出版社，2018.4（2019.9 重印）

（世界研究生教育经典译丛）

书名原文：Doctoral education and the faculty of the future

ISBN 978-7-5682-5466-3

Ⅰ.①博… Ⅱ.①罗… ②夏… ③任… ④廖… Ⅲ.①研究生教育-研究 Ⅳ.①G643

中国版本图书馆 CIP 数据核字（2018）第 060180 号

北京市版权局著作权合同登记号　图字：01-2016-5530

Doctoral Education and the Faculty of the Future, edited by Ronald G. Ehrenberg and Charlotte V. Kuh, originally published by Cornell University Press.

Copyright © 2009 by Cornell University

This edition is a translation authorized by the original publisher, via Beijing International Rights Agency.

出版发行 / 北京理工大学出版社有限责任公司
社　　址 / 北京市海淀区中关村南大街 5 号
邮　　编 / 100081
电　　话 /（010）68914775（总编室）
　　　　　（010）82562903（教材售后服务热线）
　　　　　（010）68948351（其他图书服务热线）
网　　址 / http://www.bitpress.com.cn
经　　销 / 全国各地新华书店
印　　刷 / 北京九州迅驰传媒文化有限公司
开　　本 / 710 毫米 × 1000 毫米　1/16
印　　张 / 20.5　　　　　　　　　　　　　　　责任编辑 / 李慧智
字　　数 / 344 千字　　　　　　　　　　　　　文案编辑 / 李慧智
版　　次 / 2018 年 4 月第 1 版　2019 年 9 月第 3 次印刷　责任校对 / 周瑞红
定　　价 / 86.00 元　　　　　　　　　　　　　责任印制 / 王美丽

图书出现印装质量问题，请拨打售后服务热线，本社负责调换

《世界研究生教育经典译丛》编委会

总 顾 问：赵沁平（中国工程院院士，中国学位与研究生教育学会会长）
总 译 审：张　炜（西北工业大学党委书记，北京理工大学原党委书记，教授）
编委会主任：方岱宁（中国科学院院士，北京理工大学副校长）
　　　　　　王战军（北京理工大学研究生教育研究中心主任，教授）
委　　员：麦瑞思·内拉德（Maresi Nerad）（美国华盛顿大学教授）
　　　　　　凯瑟琳·蒙哥马利（Catherine Montgomery）（英国巴斯大学教授）
　　　　　　李　军（加拿大西安大略大学教授）
　　　　　　陈洪捷（北京大学教育学院教授）
　　　　　　施晓光（北京大学教育学院教授）
　　　　　　袁本涛（清华大学教育研究院教授）
　　　　　　秦惠民（中国人民大学教育学院教授）
　　　　　　刘宝存（北京师范大学教育学部教授）
　　　　　　周海涛（北京师范大学教育学部教授）
　　　　　　李　镇（北京理工大学发展规划处处长，研究员）
　　　　　　王军政（北京理工大学研究生院常务副院长，教授）
　　　　　　周文辉（学位与研究生教育杂志社社长）
办 公 室：周文辉　沈文钦　李明磊　黄　欢　王佳蕾

丛书序

世界研究生教育经典译丛

随着社会生产力日新月异的发展，高水平原始创新能力和拔尖创新能力成为世界各发达国家人才竞争的核心。研究生教育位于教育"金字塔"的顶端，是科技创新和拔尖创新人才培养的关键载体，发达国家和世界顶尖研究型大学无不将研究生教育作为提升自身实力和国际竞争力的重要抓手，高度重视研究生教育，形成了比较完善的研究生教育体系和推进研究生教育发展的国家战略。

中国研究生教育起源于 20 世纪 30 年代，规模极小，受时局影响时续时断，中华人民共和国成立以后，特别是 1980 年建立学位制度后，我国研究生教育取得长足发展，基本形成了学科门类齐全、基本满足社会需求的研究生教育体系。2016 年我国在校研究生人数达到 200.4 万人，成为世界研究生教育大国。

纵观世界发达国家研究生教育的发展和国家重大发展战略需求，以及"双一流"建设的目标，我国的研究生教育还面临着诸多问题和发展的制约瓶颈。随着国家治理体系和治理能力现代化建设的深入推进，解决我国研究生教育的难点和深层次问题，实现研究生教育强国时代目标的综合改革也进入了关键阶段。

要解决我国研究生教育改革与发展中的诸多难点和深层次问题，需要我们承担起历史的责任，有更大的勇气和智慧，付出更多努力，加强研究生教育理论研究，探索研究生教育发展规律，创新、构建符合我国国情的研究生教育学理论和学科体系，从而走出我国研究生教育改革和发展的新路子。

"他山之石，可以攻玉"，学习借鉴国际上研究生教育研究的有关成果，推动我国研究生教育的研究，促进我国研究生教育的改革和发展，是建设研究生教育强国的必经之路，也是提升我国研究生教育的国际地位和影响力，推动中国研究生教育研究国际交流与合作的客观需要。

为此,北京理工大学研究生教育研究中心组织有关专家精心遴选发达国家近年来研究生教育研究和实践领域有影响力的著作,翻译出版《世界研究生教育经典译丛》系列丛书。本丛书为我国研究生教育学的研究和发展提供了重要参考,也为研究生教育人才的培养提供了高水平教材和智力支持,在我国尚属首次,并将产生重要影响。

希望编委会各位国内外专家、译者继续开拓创新、精益求精,踏踏实实地做好"丛书"的选题、翻译、出版等工作,为我国研究生教育的研究和发展做出贡献。

2017 年 10 月于北京

目　录

绪言················罗纳德·G·埃伦伯格（Ronald G. Ehrenberg）

夏洛特·V·库沃（Charlotte V. Kuh）　1

第一部分　改进博士生教育

第一章　改变学者的教育——安德鲁·W·梅隆基金会的研究生教育计划介绍

··············罗纳德·G·埃伦伯格（Ronald G. Ehrenberg）

哈里特·扎克曼（Harriet Zuckerman）

杰弗里·A·格罗恩（Jeffrey A. Groen）

莎伦·M·布鲁克（Sharon M. Brucker）　13

第二章　美国研究生院委员会的"博士生完成计划"

··············丹尼尔·D·德内克（Daniel D. Denecke）

海伦·S·弗雷泽（Helen S. Frasier）

肯尼斯·E·雷德（Kenneth E. Redd）　35

第三章　提倡学徒制与学术环境——"卡内基博士计划"带来的启示

··············克里斯·M·戈尔德（Chris M. Golds）

安德烈·康克林·布希（Andrea Conklin Bueschel）

劳拉·琼斯（Laura Jones）

乔治·E·沃克（George E. Walker）　55

第四章　赢得博士生教育的三个途径——毕业进度、学位完成率和毕业时间
　　……………………………凯瑟琳·M·米利特（Catherine M. Millett）
　　　　　　　　　　　　　麦克尔·T·内特尔斯（Michael T. Nettles）　70

第五章　面对大众观念——设计以未来为导向的博士生教育
　　………………………………………………玛瑞斯·内拉德（Maresi Nerad）　89

第二部分　吸引本科生攻读博士学位

第六章　人文学院如何培养博士候选人
　　………………………………………罗伯特·J·莱姆基（Robert J. Lemke）　103

第七章　STEM 领域的本科生研究经历对其在研究生阶段研究兴趣的影响
　　…………………………………………迈尔斯·博伊兰（Myles Boylan）　122

第三部分　提高有色人种博士生比例

第八章　科学和数学领域的少数族裔学生——在美国，大学依然不了解种族
　　……………………………………………理查德·塔皮亚（Richard Tapia）
　　　　　　　　　　　　　　　　　　辛西娅·约翰逊（Cynthia Johnson）　137

第九章　数理生物学和理论生物学研究院——在数学科学领域提高
　　　　少数族裔比重的成功范例
　　……………………卡洛斯·卡斯蒂洛–查韦斯（Carlos Castillo–Chavez）
　　　　　　　　　卡洛斯·卡斯蒂洛–加索（Carlos Castillo–Garsow）　149

第十章　研究生预科项目的课程强度——对经济系少数族裔学生学业
　　　　成绩和学习进展的影响
　　………………………………………………查尔斯·贝克尔（Charles Becker）
　　　　　　　　　　　　　　　　　　格雷戈里·普莱斯（Gregory Price）　161

第十一章　评估旨在提升少数族裔参与 STEM 的项目——已知的和未知的
　　………………………………………………谢丽尔·勒冈（Cheryl Leggon）
　　　　　　　　　　　　　　　　　　　　小威利·皮尔森（Willie Jr.）　176

第四部分　提升学术界的女性比重

第十二章　以前是玻璃天花板，现在是玻璃悬崖？——女性从事科学研究和高等教育职业变迁图
　　……………………M·R·C·格林伍德（M. R. C. Greenwood）　191

第十三章　提高生命科学领域的女性比重…………咸正安（Jong-on Hahm）　198

第十四章　在工程领域吸引和留用女性——塔夫茨大学的经验
　　………………………琳达·阿布里奥拉（Linda Abriola）
　　　　　　　　　　　玛格丽·戴维斯（Margery Davies）　210

第五部分　博士生教育的国际化

第十五章　在美高校的外国博士是否取代了美国本土博士
　　………………………………………………张亮（Liang Zhang）　229

第十六章　开放（封闭）——不同国家给美国博士生教育带来的冲击
　　………………艾美莉·布兰奇阿德（Emily Blanchard）
　　　　　　约翰·邦德（John Bound）　莎拉·特纳（Sarah Turner）　245

第十七章　"反恐战争"对美国高校意味着什么
　　………………………麦克尔·A·奥里瓦斯（Michael A. Olivas）　270

展望未来………………罗纳德·G·埃伦伯格（Ronald G. Ehrenberg）
　　　　　　　　　　　夏洛特·V·库沃（Charlotte V. Kuh）　281

投稿人……………………………………………………………………285

参考书目…………………………………………………………………289

绪　　言

罗纳德・G・埃伦伯格（Ronald G. Ehrenberg）
夏洛特・V・库沃（Charlotte V. Kuh）

目前美国的高等院校面临着两个问题：大量教师退休和学校持续扩招。预算紧缩，尤其是公立高等教育机构的预算紧缩，已迫使美国的高等院校利用兼职教师和全职非终身制教师来替代终身制教师。这种做法虽然可以减少对新聘全职终身制教师的需求，但未来十年里对教师的总体需求将可能居高不下。

当读博深造的美国大学生比例远低于历史高点时，这种对教师的高需求就会出现。此外，博士生教育中历来的少数群体，譬如女性和有色人种，占美国高校毕业生人数的比重越来越大。尽管在许多领域，女性博士生比重大幅上升，但是这并没有转化为主要的研究型大学里女性终身制教师比重的同等上升。与女性相比，美国有色公民占博士生比重的增长要慢得多，而且美国高等院校新晋博士生和教师中有色人种的比重远低于基于美国女性或有色人种大学毕业生人数而做的预测。

毫无疑问，美国大学生越发无心读博深造是由许多因素导致的，其中包括：法律、医学、商科这样的专业学位课程的毕业生就业市场得到改善，完成博士学位耗时长以及博士生培养项目完成率低，博士生教育的资金问题，读博期间漫长的"学徒期"致使学生难以按时完成学位，许多理工科博士生需要完成（经常是多个）博士后研究之后才能考虑长期的学术职位，终身制教职工比例下降，以及许多博士生培养项目未能很好地培养博士生从事非学术工作的能力，等等。

与此同时,过去35年里美国博士毕业生中外国留学生的比重大幅上升,这在主要的理工科领域尤为突出。这些外国留学生博士毕业之后大多留在美国工作。通过担任研究生学习期间的研究助理、博士后研究员以及学术和非学术领域的工作人员,他们为美国的科学进步以及院校的教学工作做出了大量贡献。

但是有人担心美国博士生培养项目不断加大招收外国留学生的力度,"挤压"了原本打算读博的美国公民,打击了他们读博的积极性。另外,"9·11"恐怖袭击之后,其他国家加大了投入研究基础设施和科研经费,不断提升高等教育质量,所有这些都让人怀疑美国能否继续依靠外国博士毕业生来满足其对科研人员以及未来大学教师的需求。

鉴于所有这些问题,2006年10月康奈尔大学高等教育研究院召集了一批自然和社会学科领域的研究学者、学术机构的行政人员以及政策制定者,开展了题为"博士生教育与未来的教师"的研讨会。会议重点关注如何提升和改善未来教师的供应,所涉话题广泛,从提升本科生读博的兴趣,到改善读博体验,再到加大博士生教育中少数族裔的比重。本书的各章内容就是在那次研讨会上宣读的论文基础上加以修订而成的。①

改进博士生教育

本书第一部分的主题是"改进博士生教育",分为五个章节,关注如何更好地理解并改进博士生教育的过程。过去20多年里,对于如何改进博士生教育,许多私人基金会、政府机关、个体研究者以及高等院校都表示过担忧。这部分的相关章节总结了一些主要的尝试以及它们的发现。每篇文章都汇报了基于大量实证研究而得出的结论。

1991年,安德鲁·W·梅隆基金会启动了"研究生教育计划"(Graduate Education Initiative,GEI),旨在通过重点干预,改进人文和相关社会科学领域博士生培养项目的结构和组织形式。这项计划具有双重目标:第一,提升博士生教

---

① 本书中有一章本来要在大会上宣读,但是由于当时该章作者身体不适而未能宣读。

育的总体质量;第二,降低因博士毕业时间过长而导致的高辍学率。与以往的计划不同,GEI 的重点在系部,而不是像以往那样资助一些它们认为符合条件的学生个体或研究生院。该计划已经运作了 10 年,覆盖 10 所主要大学的 54 个系部,以及数量略少的"对照"系部。为了资助这个计划,梅隆基金会一共投入了 8 500 万美元。

在第一章中,罗纳德·G·埃伦伯格、哈里特·扎克曼、杰弗里·A·格罗恩以及莎伦·M·布鲁克为我们讲述了研究生教育计划,以及为收集数据分析其有效性而做出的努力。初步证明,该计划能够有效地影响一系列结果,包括辍学率、毕业周期以及工作初期的职场成就和学术产出。作为一项博士生教育研究,本研究首次跟踪调查了辍学博士生的教育和职场经历,发现很大一部分辍学博士生通过其他的博士生培养项目拿到了博士学位,或拿到了专业学位。作者们在本章结尾讨论了他们认为 GEI 为改进研究生教育而提供的更为普遍的教训。

与研究生教育计划着力于系部不同,美国研究生院委员会(the Council of Graduate Schools)最近开展的"博士生完成计划"(PhD Completion Project)则强调了在提升博士生教育过程中研究生院及其院长们的重要角色。该项目于 2004 年启动,得到了辉瑞制药公司和福特基金会的联合赞助。目前,"博士生完成计划"涵盖 29 所主要的研究型大学,这些大学正在制定干预策略来改进科学、工程以及数学领域的博士生教育质量,评估旨在反映这些干预策略的试验性项目的影响,而后将最好的实验结果传达给全国的研究生院院长们。另外,参与"博士生完成计划"各方面研究的还有 15 所美国高校。

在第二章中,丹尼尔·D·德内克、海伦·S·弗雷泽以及肯尼斯·E·雷德向我们汇报了"博士生完成计划"截至 2006 年年底的进度情况。他们讲述了该计划项目的背景以及在他们看来影响博士生毕业与辍学的相关因素,包括博士生遴选及入学、建议和指导、资金支持与结构、博士生培养的环境、学生研究经历以及课程的过程与程序。他们还提供了有关项目性质以及学生结果方面的背景数据,并总结了该项目今后继续开展的方向。

21 世纪初,卡内基教学促进基金会(Carnegie Foundation for the Advancement of Teaching)资助了"卡内基博士计划"(Carnegie Initiative on the Doctorate,CID)。

CID项目集研究与行动为一体，涵盖44所美国高校的84个系部，涉及6大学科（化学、教育、英语、历史、数学和神经科学）。该项目旨在帮助这些系部评估它们的博士生培养计划。

在第三章中，克里斯·M·戈尔德、安德烈·康克林·布希、劳拉·琼斯以及乔治·E·沃克总结了CID的性质以及项目执行过程中出现的对基金会思维至关重要的两大主题：第一，博士生培养教学过程中"学徒期"的重要作用以及成功的学徒体系的主要特征；第二，健康而活跃的学术环境对有效的博士生教育的重要性。本章的作者们详细说明了上述两大主题，以及这两大主题是如何互动从而形成出色的博士生培养项目的。

2006年，麦克尔·T·内特尔斯和凯瑟琳·M·米利特出版了一本重要的著作——《完成博士学位的三大秘诀》（*Three Magic Letters: Getting to the PhD*）。书中提到，内特尔斯和米利特对美国21所具有博士点的大学的11个领域的博士生进行分层采样，这些博士生到1996年完成了至少一年的学业。基于这份分层采样，他们重点关注这些博士生如何度过博士阶段，包括他们在完成学业上的进展情况。在第四章中，内特尔斯和米利特总结了他们的分析和发现，他们主要分析了在博士毕业进度方面体现出来的种族和性别差异，以及影响博士毕业和毕业时间的个人及项目因素。

第五章是本书第一部分的最后一章，在这章中，华盛顿大学研究生教育研究与创新中心主任玛瑞斯·内拉德质疑了高校教师以及高等教育政策制定者在想到博士生教育时脑海中会出现的五条一般性假设：① 所有攻读博士学位的学生都想成为教授；② 教授职位炙手可热，但是只有最优秀的学生才能成为教授；③ 职业道路是直线型的，刚毕业的博士生经过短暂的博士后研究后就可以直接进入学术职位的终身制轨道；④ 成功的博士毕业生会选择最理想的工作，而不受关系和家庭问题的限制；⑤ 与从事非学术工作的博士毕业生相比，教授们对他们的工作满意度要高出许多。内拉德和她的同事围绕新晋博士毕业生的早期职业经历在全国范围开展了三项纵向研究，利用这些数据，内拉德表明以上假设都是错误的。以此为背景，针对博士生培养项目未来应该如何改变以应对学生需求以及刚毕业博士生工作单位的需求，内拉德开出了她自己的"药方"。

吸引本科生攻读博士学位

美国的私立人文学院只培养了一小部分美国大学毕业生。但是，它们的毕业生继续攻读博士学位的概率却远远高于美国主要的研究型大学（开展博士生教育的地方）的毕业生。对于人文学院的这种更好表现，人们通常将其归因于研究型大学的教师忙于培养他们的研究生，没有时间也没有动力指导本科生做研究或鼓励他们继续攻读博士学位。

再怎么精细抽样，私立人文学院继续攻读博士学位的学生比例也是因校而异，且差异不小。如果关注提升攻读博士学位的学生人数，重点在于理解人文学院的哪些特征与大量毕业生攻读博士学位有关。在第六章中，罗伯特·J·莱姆基对此进行了探讨。他发现教师的特点（比如研究能力）和学生的特点（比如考试成绩和学生性别）显然很重要。但是，这并不是全部。通过采访拥有大量毕业生攻读博士学位的人文学院院长，莱姆基得出以下结论：开设严谨的课程、鼓励学生应对挑战以及创建尊重求知欲的校园氛围似乎都能够提升学生读博深造的兴趣。

莱姆基的研究忽略了一点，那就是为学生提供本科生研究经历的作用。为此，很多联邦计划和基金会计划都提供了资助，希望这些经历会鼓励最优秀的本科生去从事理工类工作，鼓励他们考虑读博深造。

在第七章中，迈尔斯·博伊兰批判性地审查了对科学、技术、工程、数学（简称 STEM）领域本科生研究经历计划的评估。为了总结这些评估的教训，必须面对许多研究方法的问题。比如，有些计划专门吸收那些已经有志于进入研究生院的优秀本科生；大多数评估都没有以未参加计划的学生组成的控制组或对照组；许多评估缺乏有关长期结果的数据；而且评估结果会因学科不同而不同。但是，博伊兰发现，实证研究的结果基本一致，研究经历计划确实表现出能够提升普通本科生继续研究生学习的可能性。但矛盾的是，他还发现这些计划会提升学生对就业机会的认知，这却可能增加学生职业规划的不确定性。

提高有色人种博士生比例

本书这个部分的章节主要讨论增加有色人种博士生比例的其他方法。各章节的作者都是为实现这个目标而发挥过重要而积极作用的人。

在第八章中，理查德·塔皮亚和他的同事辛西娅·约翰逊分析了在他们看来导致 STEM 领域少数族裔学生比重小的原因。理查德是美国莱斯大学（Rice University）的应用数学家，指导过大量 STEM 领域的少数族裔博士生。他们认为，美国高校急需在与少数族裔人口的互动方面做出重大调整，而且就博士生培养项目的本质而言，少数族裔学生得到的帮助非常有限。简单地说，如果没有良好的小学与中学教育背景，少数族裔学生不可能在本科时期获得成功；如果本科阶段准备不够，他们就无法在研究生学习阶段获得成功；说得实际一点，他们不可能获得美国主要大学 STEM 领域的学术职位，除非他们从美国的顶级研究生院博士毕业。因此，如果想要大幅增加美国主要大学 STEM 领域的学术岗位上少数族裔博士生的人数，就有必要在他们学业的各个阶段做出重要干预。

另一位曾经指导过多名 STEM 领域少数族裔博士生的应用数学家卡洛斯·卡斯蒂洛-查韦斯和他的同事卡洛斯·卡斯蒂洛-加索表达了和塔皮亚与约翰逊一样的忧虑。他们关注少数族裔学生学业过程各个阶段的问题，但是他们在第九章中指出，将少数族裔博士生比重小的问题归咎于 K–12 教育体系并且说除非改进 K–12 教育体系否则难有进步，这种做法是无视联邦机构与大学之间长期成功合作的历史。这些合作已经使得更多的少数族裔学生获得了 STEM 领域的本科学位，而且这些学生当中更多人愿意在这些领域进行研究生学习。他们讲述了自己在这些方面取得的巨大成就：指导本科生进入 STEM 领域博士生培养项目，帮助他们顺利毕业并且事业有成。在他们看来，像这样的成功模式的确存在，可以大幅提升少数族裔博士生的科研产出，真正的问题在于缺乏机构和联邦经费来大规模拓展这类计划。

美国经济协会（American Economic Association）资助了"夏季少数族裔学生

项目"（Summer Minority Program）以鼓励并培养少数族裔本科生读博深造、拿到学位并进入学术和非学术部门工作。在第十章中，查尔斯·贝克尔和格雷戈里·普莱斯指出，该项目经过一段时间已颇有成效，许多学术机构都主办过，但是慢慢变得经费不足了。因此，很少有人尝试去评估其有效性。贝克尔和普莱斯讲述了项目设计上的一个新变化，这个改变使项目变成了一个天然的试验，使他们能够分析项目中最能提升参与者进入研究生学习可能性的因素。他们强调，这个项目可能影响一系列结果，包括增强对研究生学习的兴趣、提升本科学习表现、加大进入顶级研究生院的可能性以及提高研究生学习期间的成绩。尽管数据有限无法分析所有这些结果，但对于项目的效果，他们研究发现其基本是正面的，并且提供了一个评估框架，可以有效适用于其他基于学科的研究组。

在第十一章中，谢丽尔·勒冈和小威利·皮尔森分析了对旨在提升美国STEM学科代表性不足的少数族裔学生参与的评估。他们集中关注评估那些在本科阶段、研究生期间、博士后时期、初级教职阶段最有效、最有前途的项目。目的是要弄清楚两件事：第一，对于那些能够有效促使STEM领域人员多元化的项目，我们知道些什么，哪些是未知的；第二，我们应该如何设计评估体系，以确保它们能为决策者提供有用的信息。

提升学术界的女性比重

加州大学圣克鲁兹分校名誉校长格林伍德女士（M.R.C. Greenwood）在第十二章中概述了在学术界STEM领域中女性的地位。现在，STEM领域超过一半的本科学位授予了女性，而且在大多数STEM领域女性博士生的比重正在逐渐上升。其中上升最明显的是在生命科学和心理学领域——超过50%的博士毕业生都是女性，但其实在所有领域，这种上升都很明显。然而，数据表明，STEM领域的女性博士毕业生与男性博士毕业生相比更不可能获得主要的研究型大学的终身教职。另外，进入高级学术或理工领域决策层的女性依然非常少，而且波动大。格林伍德尤为关注一种她称之为"玻璃悬崖"的现象——女性在学术界升迁至领导岗位之后突然离职。她强调，意图打破所有这些不平等，还需要开展大量工作。

咸正安（Jong-on Hahm）长年担任美国研究理事会科学与工程女性委员会（National Research Council's Committee on Women in Science and Engineering）的执行理事。她在第十三章中总结了该委员会在研究美国主要的科研院校生命科学领域聘任、留用、提拔女性教师时面临的挑战方面所做的努力。与科学和工程不同，生命科学领域持有博士学位的女性人数很多，但是研究型大学生命科学领域的教师群体中女性博士毕业生人数却很少，其中原因必然与聘任、留用、提拔的程序有关。在这一章中，咸正安总结了部门和机构为增加女性申请者的人数、加大受聘申请者接受工作的概率可以采取的措施，并且讨论了如何留用青年女教师以及加大提拔概率。她还列举了个别机构采取的具体措施，并且给出相关网址，以供读者查阅。

与生命科学领域的情况不同，工程领域的新晋博士生绝大多数是男性。但是，塔夫茨大学（Tafts University）工程学院的学生和教师中女性比重明显高于美国平均水平。在第十四章中，塔夫茨工程学院院长琳达·阿布里奥拉、负责塔夫茨大学多所学院的多元教育与发展办公室主任玛格丽·戴维斯讲述了塔夫茨大学采取的一些政策，这些政策有助于我们了解塔夫茨大学为何能够成功地招聘并留住不同水平的工科女性。这些政策包括积极努力融合工程与人文学院、教育多元化方面的行政投入与领导支持、有针对性的学生招生与学业支持计划、课程设计与课外项目的特征、教师招聘过程中仔细监督、对教师尤其是初级教师的结构性支持。

博士生教育的国际化

本书最后一部分讨论博士生教育的国际化以及当前美国政府政策可能对国际学生与教师流入美国的影响。在第十五章中，张亮（Liang Zhang）回应了那种认为外国博士生正在"挤压"美国本土博士生的担忧。他认为科学与工程领域目前没有这种迹象，但是科学与工程领域之外，外国博士生人数的增加与美国本土博士生人数的下降有关。他还发现，在许多学术领域，那些即将成为博士生的美国男性公民会表现出强烈的规避女性的行为。简单地说，美国男性博士生似乎会尽量规避那些女性博士生比重增加的领域。何以如此，目前尚不可知，但这也意味着，某些领域女性博士生人数的增加并不会导致这些领域博士生总数的同等增加。

在第十六章中，艾美莉·布兰奇阿德、约翰·邦德和莎拉·特纳利用有关外国博士生原籍国的详细数据分析导致美国博士生培养项目中外国学生人数急剧上升的因素。尽管部分增长反映了在接收来自与美国有长期外交和贸易关系的国家的学生方面的相对持续的调整，但是另一部分增长却与外国政治环境的急剧变化有关，比如20世纪80年代早期中国学生的大量增加以及20世纪90年代早期东欧和苏联学生的大量增加。

布兰奇阿德、邦德和特纳还提醒我们，外国博士生流入美国并不总是意味着这些学生渴望博士毕业之后留在美国工作。因为，对刚刚毕业的博士生来说，这些决定取决于美国和原籍国的劳力市场和教育市场。任何时候一个国家博士毕业生人数的增加可能与将来该国不断完善和发展的大学与技术部门工作人员的教育有关，它能提高当前该国学生的排名，但是从长远看会削减招生人数。他们还分析了外国学生会去哪里读博士。毫无意外，来自高等教育发达国家（包括博士生培养项目质量高）的外国学生，只有被美国顶级博士生培养项目接收才会来美国进行研究生学习。相反，来自博士生教育欠发达国家的博士生通常会选择美国级别更低一些的博士生培养项目。

美国大学外国学生的注册情况，不论是博士生还是本科生，还取决于美国政府的留学生政策。在第十七章中，研究高等教育和移民问题的法律教授麦克尔·A·奥里瓦斯分析了"反恐战争"对美国的高等院校意味着什么。说得更加具体一点，他分析了美国如何管理高等院校留学生的招收情况，反对恐怖主义的法律如何影响这方面的具体操作，以及与所谓反恐战争相关基本原则的改变如何影响美国高等教育在全世界的地位。奥里瓦斯发现，当美国正在不断收紧留学生招收政策的同时，世界其他地方的一些国家却在反其道而行之。对此，他表示担心：如果美国院校招收的外国学生越来越少，将对美国产生深远影响，不仅因为这会减少训练有素的STEM领域工作人员的供应，对美国经济不利，还因为越来越少的外国学生会将他们感受到的美国文化带回他们的原籍国。

对于越来越多的美国高校在全世界设立分校，奥里瓦斯也深表担忧。比如，康奈尔大学最近在卡塔尔建立了医学院的分院，得州理工和其他三所主要的美国大学也在那儿开设了分校。虽然奥里瓦斯也认同为全球公民提供教育机会的重要性，但他担心这样做的不良影响，毕竟在它们全球扩张的同时，美国国内还有人无法上大学，尤其是低收入少数族裔群体。他主张美国的公立高等教育机构尤其需要为其在海外办分校提供非常明确的学术理由。这至少是无形中将读者带回到本书第八章中塔皮亚和约翰逊的结论，即美国大学需要更加严肃地思考如何为美国国内的弱势群体服务。

展望未来

在本书最后一部分，我们总结了本书各章的主要经验教训，扼要提出一些本书尚未涉及的话题，并且指出将来有关博士生教育研究需要关注的领域。

第一部分

改进博士生教育

第一章

改变学者的教育——安德鲁·W·梅隆基金会的研究生教育计划介绍

罗纳德·G·埃伦伯格（Ronald G. Ehrenberg）
哈里特·扎克曼（Harriet Zuckerman）
杰弗里·A·格罗恩（Jeffrey A. Groen）
莎伦·M·布鲁克（Sharon M. Brucker）

1991年，为了改进人文与社会科学领域博士生培养项目的组织结构，克服这些领域普遍存在的博士生辍学率高、学位完成时间长的问题，安德鲁·W·梅隆基金会启动了研究生教育计划（Graduate Education Initiative，以下简称"GEI计划"）。学生辍学率和学位完成时间本身就是重要的议题，它们对学位攻读者来说意义重大。从更加广义的角度来讲，它们也是衡量研究生培养项目有效性的指标。博士生培养项目的一系列特征被认定为可能导致辍学率高以及学位完成时间长的主要原因，这包括对学生学业成绩模糊或矛盾的期望、专业课程的大幅增加、复杂且有时矛盾的要求、缺乏连贯性的学术指导、对于根本问题的认识论分歧，以及最关键的是经费资助不足。[①]总之，GEI计划旨在改进博士生教育使其更加高效。

缩短学位完成时间以及降低辍学率的尝试早已有之，GEI计划远不是第一次。以往的干预措施，比如提供补助金给个别学生或研究生院，再由研究生院按照它

[①] 资料来源：Bowen and Rudenstine 1992.

们认为合适的方式分配，这些措施显然都失败了。①根据若干组数据——包括体现不同研究生院系学位完成时间显著差异的数据，根据自然科学、社会科学以及人文科学之间内部辍学率的数据以及大量实际经验——GEI 的设计者们得出如下结论：要想改进研究生教育，只有让各系部改变它们的博士生培养计划。因此，梅隆基金会调整了对博士生教育的资助项目，一改以往为个别学生提供奖学金的做法，转而向主要的大学及其挑选出来的系部提供整笔资助金。

10 所美国院校受邀各提名 4~6 个系部参与 GEI 计划，它们是：加州大学伯克利分校、芝加哥大学、哥伦比亚大学、康奈尔大学、哈佛大学、密歇根大学、宾夕法尼亚大学、普林斯顿大学、斯坦福大学和耶鲁大学。这些大学入选，是因为作为一个群体它们的学生获得了为数最多的梅隆基金会博士论文奖学金。②为了具备参与和受助资格，各系部必须制定一项与基金会目标一致的改进博士生培养项目的计划。基金会鼓励各系部认真审查它们的课程、考试、指导以及官方计划执行表，着眼于帮助学生按时完成学位及降低辍学率（尤其是学业后期的辍学率），同时保持或提升它们开展的博士生培养项目的质量。③该计划不要求被提名的系部必须具有特定的需要，也就是说，被提名的系部不需要存在学位完成率低以及学位完成时间长的问题，它们也不需要组织严密从而有资格获得额外赞助。大学可以自主提名参与计划的系部，只要确保达到目标结果，即参与系部在学位完成率和学位完成时间方面呈现出多样性。但是，它们确实需要具备一个共同特征：在培养高质量博士毕业生方面具有良好口碑。

GEI 计划的设计者们鼓励各系部制定激励结构来促使学生逐步完成要求并最终获得博士学位，比如满足外语要求、通过综合考试以及完成论文开题。GEI 计划不保证学生符合系部标准就能获得多年资助，而是根据学生每年完成学业要求的情况决定是否给予年度资助。GEI 计划支持系部给予学生论文年（dissertation-year）奖学金，但是只能给那些在博士第六年之前已经完成所有其他学业要求并

---

① 同上。
② 梅隆基金会奖学金获得者被认为是最有前途的人文学科博士生，因此他们决定入读这些博士生培养项目是对项目质量的市场检验。
③ 许多系部开展了分析并制订了计划，对于它们的详细讨论请参考即将出版的 Educating Scholar: Examining Doctoral Education in the Humanities 一书（Ehrenberg, Zuckerman, Groen, and Brucker）。

预计在一年之内能完成论文的学生。

梅隆基金会从一开始就清楚，提出的项目改变措施需要一段时间才会得到一致认可并付诸实施，项目改变措施会随着时间的推移而不断演变，同时改变措施会因为不同系部而有所差异。同样，GEI 计划一开始的期望是执行 10 年，但是如果有证据表明计划无效，不排除只提供 5 年资助的可能。实际上，GEI 计划确实执行了 10 年，从 1991—1992 年度到 2001—2002 年度。①梅隆基金会提供了大约 5 800 万美元给这 10 所大学的 54 个参与系部及项目，每个系部每年平均受助资金约为 11.3 万美元。②此外，为了帮助参与院校维持在 GEI 计划资助下取得的进步，在 GEI 计划结束之后，每所参与院校还获得了一笔捐赠补助金（endowment grant），随后每所大学还获得了一份额外的挑战补助金（challenge grant），梅隆基金会为这两项补助金又支付了 2 250 万美元。挑战补助金的发放取决于大学提交的如何利用该补助金继续改进全校人文学科博士生培养项目的计划，不要求这笔资金必须用于参与 GEI 计划的系部。总计下来，为了资助 GEI 计划，梅隆基金会一共支付了 8 500 万美元。③

由于随着时间的推移，GEI 计划引导的项目改变措施可能在系部之间和系部内部产生差异，GEI 计划的制订者清楚地知道，不但要了解平均而言 GEI 计划是否促成了改进，而且要明确哪些是与发生的一般性改变有关的项目改变。如果其他系部要仿效 GEI 计划引入的成功创新，了解改变的机制至关重要。正因为这样，GEI 计划决定收集各系部的博士生培养项目特征的证据，以及有关学生的学习结果和学生所获资助的数据。

最初计划通过比较 GEI 计划启动 8 年前在参与系部注册学生的学习结果和 GEI 计划执行期间在同样系部注册学生的学习结果来评估 GEI 计划对辍学率和学位完成时间的影响。④但是，计划启动之后，梅隆基金会的员工很快就意识到，即

---

① 到第五年年底，有两个系部并没有真正投入地参与 GEI 计划或被认为进步太小无以为继。这些系部后来没有参与 GEI 计划，并于 1996 年和 1997 年被三个新的系部和项目所取代。有一个项目已经于 1993 年添加进 GEI 计划。

② 尽管有 54 个参与系部和项目，有些系部不满 10 年就退出了，有些 1991—1992 年度才开始加入。GEI 在 10 年的时间里共资助过 515 个系部。

③ 这个总金额包括以规划奖金的形式提供的资金以及用于数据收集和管理的经费。

④ 7 所大学有过去 11 年的完整数据，但是为了实现所有 10 所大学的可比性，1980—1982 年的数据虽然存在，但是并没有使用。

使是非常令人满意的变化，比如在辍学率或学位完成时间方面的变化，也可能是由 GEI 计划之外的因素所导致（比如，人文和相关社会科学领域博士生就业市场的变化），而这些因素无法通过最初的"之前或之后"设计方案得到很好的评估。

因此，梅隆基金会决定需要对比数据（和参与系部属于相同学科却没有获得资助的系部的相关数据）。这些系部充当"控制组"，而"实验组"则是那些参与 GEI 计划并且获得资助的系部，这种做法沿用了所有评估研究中常用的术语。第一步是让参与 GEI 计划的院校提供相似数据，即未获得 GEI 计划资助系部的学生成绩的相关数据。这样才有可能评估 GEI 计划在执行一段时间之后的效果，并且将可能影响结果的其他变量保持恒定不变。

5 所参与院校手头刚好有大量关于"其他系部"（未参与 GEI 计划的系部）的详细数据，而且同意提供出来，另外 5 所参与院校则未能这样做。[1]为了增加对照组系部的数量，梅隆基金会转向其他一些拥有评价度高的研究生培养项目的大学求助，希望它们提供人文及相关社科系部的数据。加州大学洛杉矶分校、加州大学圣地亚哥分校以及北卡来罗纳大学教堂山分校慷慨应允。[2]被指定为控制组的系部都没有获得资助，这是确保原定比较研究尽可能有效的必要条件。[3]

表 1.1 列出了参与 GEI 计划的 52 个实验组培养项目和 47 个对照组培养项目。由于负责挑选实验组系部的是大学而非梅隆基金会，而对照组系部的挑选是基于数据有无而定的，因此两组中各学科的系部数量不完全相同。比如，在这 99 个实验组和对照组项目中，只有 3 个东亚研究培养项目、1 个伦理学培养项目以及 1 个中世纪研究培养项目。为了提高实验组和对照组的可比性，我们将上述 3 个领域从许多研究发现的基础性分析中删除了，一部分是因为东亚研究的样本量太小无法获悉有意义的结果，还有一部分是因为另外两个领域对照组系部没有相关数据。最终，我们的实证分析利用的是来自 51 个实验组系部和 46 个对照组系部的

---

[1] 有一半参与 GEI 计划的大学无法提供数据，这特别能够说明在 GEI 计划实施以前这些大学并不重视收集有关博士生学习进度的信息。GEI 计划的一项主要益处就是有些大学开始定期收集数据来监督学生的学习进度。

[2] 这种做法所起的作用就是更加重视对照组而不是实验组里的主要公立大学。但是，这些大学收集的数据质量很高，而且它们的研究生培养项目的质量与实验组培养项目的质量属于同一个级别。

[3] 两所没有实验组系部的大学（北卡来罗纳大学教堂山校区和加州大学洛杉矶校区）收到小额资助，以便帮助它们收集并向基金会提供学生层面的数据。

数据。①

必须强调的是，实验组系部和对照组系部并不是随机制定的，因此它们在许多方面都存在差异，包括培养项目的规模、可选择性（通过登记学生测试成绩来衡量）以及博士生培养项目排名。这些差异在我们的实证分析中都得到了尽可能的控制。

表1.1 参与研究生教育计划的实验组培养项目（T）和对照组培养项目（C）

学科领域（实验组项目和控制组项目的数量）	加州大学伯克利分校	芝加哥大学	哥伦比亚大学	康奈尔大学	哈佛大学	密歇根大学[f]	宾夕法尼亚大学	普林斯顿大学	斯坦福大学[g]	耶鲁大学	加州大学洛杉矶分校	加州大学圣地亚哥分校	北卡罗来纳大学
人类学(6, 4)			T	C	T	T[e]		T	T	T	C	C	C
艺术史(6, 3)	T		T[a]	C	T	T[ab]		T	T				
古典研究(3, 5)	T			C		T	T	C			C	C	C
当代文学(2, 4)	T			T		C		C		C	C		
东亚研究(1, 2)				C		T[e]			C				
英语(9, 3)	T	T	T	T	T	T	T	C	T	T	C	C	
伦理学(1, 0)								T					
历史(8, 3)	T	T		T	T	T	T[c]	T	T	C	C	C	
中世纪研究(1, 0)				T									
音乐(3, 6)			T	C		C	T	C	T	C			
哲学(4, 5)		T	T	C		T[a]		T	C	C	C	C	
政治/治理(4, 5)		T	T	T			T	C	C	C	C	C	

① 有些分析所涉系部数量更小，比如，本章中提到的GES调查只收集了44个实验组系部的学生的数据。

续表

学科领域（实验组项目和控制组项目的数量）	加州大学伯克利分校	芝加哥大学	哥伦比亚大学	康奈尔大学	哈佛大学	密歇根大学[f]	宾夕法尼亚大学	普林斯顿大学	斯坦福大学[g]	耶鲁大学	加州大学洛杉矶分校	加州大学圣地亚哥分校	北卡罗来纳大学
宗教 (2, 3)			T		T			C	C	C			
罗曼语 (2, 4)				C	C	T	T[ad]	C			C		
总计 (52, 47)[f]	5, 0	4, 0	6, 0	5, 7	5, 0	8, 3	5, 0	7, 5	4, 5	5, 5	0, 11	0, 6	0, 5

[a] 1996年增补为实验组培养项目。
[b] 包含古典艺术和考古学。
[c] 包含科学史。
[d] 包含日耳曼语和斯拉夫语。
[e] 1995—1996学年终止实验组系部地位。
[f] 密歇根大学的两个跨学科培养项目——考古学和历史学、美国文化——从1997—1998学年开始也成为实验组项目。这两个项目以及康奈尔大学的中世纪研究项目（1993年成为实验组系部）和普林斯顿大学的伦理学项目，因为缺乏任何对照组项目与其比较，被排除在GEI计划的评估之外。
[g] 斯坦福大学的系部一年之后成为对照组系部。

数据收集：系部数据库——有关学生的数据

为了获得GEI计划资助，参与院校必须满足一项条件，即提供有关学生及其学习进度的定量数据和有关系部教育实践的定性数据，因为要想从该计划中吸取经验就需要这些数据。所以，按照要求参与学校需要收集大量数据，并且每年定期提交给梅隆基金会。收集的数据需要涵盖相关博士生培养项目新招收的所有学生，包括他们在注册时的个人背景信息、在参与项目时的学习进度信息以及截至毕业或辍学时所受资助方面的信息。汇报的数据需要涵盖实验组系部和对照组系部新招收的所有博士生，从1980年（GEI计划启动10年前）入学的一直到2016

年（GEI 计划完成后 6 年）入学的。①这种设计考虑到了实验组系部在 GEI 计划启动前和执行中的比较，以及同一时期参与 GEI 计划的实验组系部和未参与 GEI 计划的控制组系部的比较。每年还要从实验组系部收集有关它们的博士生培养项目的特征以及这些项目如何随着时间推移而发展的定性数据。本节讲述学生层面的数据收集，有关系部报告将在下一节论及。

梅隆基金会制定了数据收集的标准化格式，以确保参与院校之间的可比性。为了避免因为使用不同的测量程序而导致汇报中存在差异，基金会并没有让参与院校按照自己的方式计算学位完成时间、辍学率以及学位完成率，而是让它们只提交有关每位学生和每个系部的原始数据，然后再将这些数据转变成标准一致的测量评估。②为了保护数据的机密性，学校对每位学生进行了编号，创建了从时间观察法而得出的记录，但是提交给基金会的记录都是匿名的。此外，基金会承诺在发布数据分析结果时绝对不会提及个别学生的记录以及个别系部。③

参与计划的大学定期收集两类有关学生的数据：

第一类数据是博士生入学时的个人背景及教育背景信息，包括性别、国籍、种族和民族，他们的教育背景（何时本科毕业于何校、博士入学时是否具有硕士学位），以及研究生入学考试中语言和数学测试部分的成绩，如果有的话。

第二类数据每年由参与计划的大学汇报给基金会，主要提供有关博士生培养项目中每个学生的学习进度，④学生当年所获资助类别——每位学生是否获得助学金、教学助理或研究助理工作；是否获得学费减免；是否获得暑期补助——以及每位学生所获资助的金额。⑤资助金额应该包括所有来源的资金，校内的和校外的，但是在多数情况下，校外助学金的信息是不完整的。此外，实验组系部需要说明

---

① 有些分析所涉及系部数量更小，比如，本章中提到的 GES 调查只收集了 44 个实验组系部的学生的数据。
② 总结表格每年都会提供给大学和系部以供它们自己使用。
③ 后来，2002 年开展 GES 调查时，每所大学同意提供一个含有学生姓名、地址以及相应学号的文件夹，目的是找到在校学生和毕业生，以便要求他们参与 GES 调查。通过和每所大学的被试评审小组协商，最后决定这个文件夹只供三方使用：一位梅隆基金会的员工、她的助理以及数学政策研究有限公司（Mathematica Policy Reserch，开展调查的一方）。所有三方必须经过被试协议培训。任何时候都不可以披露大学提供给基金会数据里的名字。
④ 每年大学都要汇报学生当年是否拿到博士学位，是继续留在项目里学习还是中途辍学了。如果有学生当年入学或毕业，需要将日期汇报给基金会。
⑤ 但是，有些系部早些年份并没有汇报这些金额。实验组系部与对照组系部相比更加可能提供具体金额。

哪些学生获得了梅隆基金会 GEI 计划下的学术年或暑期助学金以及这些助学金的具体金额。①

莎拉·特纳原本是梅隆基金会的员工,现在是弗吉尼亚大学的老师。最初是她设计和协调数据的收集工作的。1991 年莎伦·布鲁克(本文的作者之一)接管了这些工作,从那以后一直是数据主管和分析员。在这期间,她一直与各参与大学的数据代表保持联络,确保数据每年按照恰当的要求提交给基金会。②每年将新数据上传到数据库时,工作人员须确保新数据与前些年提交的数据保持一致。③一致性检查大大提高了数据库的精确性。这项工作需要梅隆基金会的员工保持高度警惕,而在实际过程中,基金会指定了一名员工从头到尾负责数据库工作,这对保持警惕性很有帮助。参与大学的数据代表出色的合作也有助于提升数据库的精确性。④

数据收集:系部数据库——有关项目的数据

GEI 计划最初的目标之一是鼓励参与系部审视它们的培养项目,并且找出需要改进的地方,从而提升学生所受教育的质量以及培养项目的效率。一旦发现需要,就要制定改进方案并加以实施。要求系部反省和审查,目的是鼓励系部全盘考虑它们的博士生培养项目(比如常见做法是定期逐个检查语言要求或资格考

---

① 实验组系部还需要提供博士生毕业后半年内的就业信息。对于那些 GEI 计划实施以前的年份,它们的回应是不均衡的。其中,有些大学能够提供超过 90%的学生的就业信息,而另外一些大学只能提供 65%~70%的数据。GEI 计划实施以后,回应率似乎更低,而且对照组系部从来没有被要求提供这项信息。在研究中,我们并没有使用这些数据,而是关注学生在参与 GES 调查时提供的有关就业信息。

② 为了确保大学汇报的数据的可比性,1993 年开了一个为期两天的会议,召集了所有大学方面的数据代表以及梅隆基金会的工作人员来制定数据汇报的标准。

③ 比如,如果报告显示某位学生在 t−1 年毕业或辍学,在 t 年的报告中就不该有他/她的新数据。如果在 t 年还汇报了新数据,梅隆基金会的工作人员会联系大学里的数据代表,要求其检查一下到底哪年的数据是准确的。通常的结果是修改前一年的数据。报告中显示为辍学的学生可能实际上只是"休学"了,本年度又重新"注册"继续学业了。有时报告显示学生前一年度为继续参与项目,而今年的回顾会报告上则为当年已离开这个项目了。

④ 当研究生院的数据库没有精确地获取学生信息时,这些个人通常需要花费很长时间和基金会工作人员在个别系部确认学生信息。大学数据代表的工作对维护数据库的质量非常重要,而且作为他们工作的副产品,参与院校的研究生院的数据收集和维护工作取得了很大改进。

试),并且激励它们做出必要的改变。追踪这些改变是如何影响一些主要系部的结果的,目的是提升可信度。同时,记录所做的改变及其后续影响,从记录中找出基金会所希望见到的有用的创新。由于上述种种原因,基金会要求实验组系部提交有关项目发展的年度报告。

这些年度报告并非自由散漫的叙述,而是要回应梅隆基金会员工每年提出的问题,这些问题的提出是为了更好地了解系部的进展情况,对也好,错也罢。[1]同时,基金会员工会尽力从报告中找到尝试过的每一项创新,然后归纳这些创新在各系部之间是如何分布的。

表 1.2 给出了 5 个样本系部的 10 类创新或改变,[2]涉及英语、历史和其他两个学科,并且列出了每个类别下的具体创新。[3]这些创新包括:

● 有关截止日期的详细说明以及对学位完成时间的期望;

● 学生指导方面的改进,比如进度要求、匹配学生和导师的真实兴趣以及正式的团体指导;

● 加强监督,比如学生表现的初期评估、要求老师提交学生的论文报告;

● 引入有关论文开题和论文写作以及工作和实习方面的研讨会,增加研究生群体的集体活动;

● 课程改变,比如以下几个方面的改变:课程作业要求、获取博士候选人资格、考试形式以及针对未完成学位情况的政策;

● 将梅隆基金会资助集中使用于暑期学习、论文前研究以及实地考察,尤其是用作论文年奖学金;

● 改变财务资助政策和学费收费情况,引入有保证的多年财务资助计划,提

---

[1] 系部每年也要准备财务报告,展示他们是如何支配从基金会获得的资金,以及用于支持研究生教育的其他资金。收集这些数据,是因为基金会不希望它们提供的资金"排斥"系部在没有受到资助的情况下可能用于研究生教育的经费。因此,通过利用这些数据,基金会可以确保系部和大学保持着它们自己原本对这些领域的研究生教育的支持。

[2] 因为所列举的这些系部是为了找到项目前后发生的变化,我们就没有必要去考虑每项改革实施的相对次数。

[3] 根据我们与参与系部和大学的协议,表 1.2 隐瞒了大学的名字。在这个表格中,"是"表示系部实施了那项改革,"否"表示没有实施,"计划"表示系部打算实施改革,但是基金会工作人员在系部的年度陈述报告中没有找到相关资料。

高博士入学 6 年后的学费；

- 执行已有的规章制度，包括限制资助年份、错过截止日期不准注册、若博士答辩没有按时进行则限制资助；
- 改变教学助理工作以及助教培训的时间；
- 结构改变，包括降低博士生招收规模、指定人员担任系部就业主任。

当然，系部承诺的计划与实际行动无法完全一致。①有些参与系部制订了一长串的改变计划却发现实施困难；而另外一些系部只做了一些改变却能够非常自豪地保持下来。宣布开展一项创新并不一定意味着能够坚持下来。

表 1.2 GEI 计划下 5 个样本系部所执行的创新

创新	英语 A	英语 B	历史 C	其他 D	其他 E
期望					
澄清时间表/方向	是	是	是	否	是
澄清 TTD 期望	否	否	是	否	否
澄清 ACT 和开题截止时间	是	否	是	是	是
指导					
进度要求	是	是	是	否	是
正式的团体指导	是	否	否	否	是
监督					
早期评估	是	否	是	是	是
老师提交学生论文进度报告	是	否	是	是	否
团体研讨会或讨论会					
减少孤立	是	是（计划）	否	是	否
准备开题	是	否	是	是	否
开始论文写作	否	否	否	是	否
论文写作/反馈	是	是（计划）	是	是	是

---

① 在 *Educating Scholar* 一书中，我们提供了来自同样的系部报告中的小插图、与系部代表的讨论以及描述为什么会发生这种情况的个别学生的记录。资料来源：Ehrenberg, Zuckerman, Groen, and Brucker 即将出版的书作。

续表

创新	英语A	英语B	历史C	其他D	其他E
初步研讨会/实地考察	否	否	否	否	否
协同工作	否	是	否	否	否
工作/职业准备	否	否	是	否	否
课程变化					
课程作业要求	是	否	是	否	是
写作要求	否	否	否	是	否
从开学到能够达到毕业标准的时间	否	否	是	是	否
能够达到毕业标准的固定特征	是	否	否	是	是
能够达到毕业标准所需要的课程	否	否	是	是	否
降低语言要求	否	否	否	否	否
修改针对未完成学位情况的政策	是	是	是	是（97）	否
限制意向书的长度	否	否	是（97）	是	是
课程分级	是	否	否	否	否
上大学前所从事的专业领域	否	是	否	否	否
提交论文章节的截止时间	是	否	否	是	是
梅隆基金会资助使用情况					
暑期语言	0%	0%	9%	5%	0%
暑期旅行/实地考察	9%	22%	25%	50%	0%
进入专业领域的准备工作	0%	0%	0%	0%	0%
从学校毕业后的工作/创业	13%	26%	0%	20%	2%
论文完成阶段	78%	52%	66%	25%	98%
学费政策					
6年之后学费上涨	否	否	否	否	是
有保证的多年计划	是	是	是	是	否

续表

创新	英语 A	英语 B	历史 C	其他 D	其他 E
规章制度的执行					
视时间而定的资助	是	是	否	是	是
限制资助的年份	是	否	是	否	否
视论文具体章节完成情况而定的最后一年资助	是	否	否	否	是
错过截止日期则无法注册	否	否	否	否	否
截至论文最后一年还没有答辩则没有资助（包括 TA）	否	否	是	否	否
如果论文开题没有按时完成则没有 TA	否	否	是	否	否
截至论文最后一年按时答辩则提供博士后职位	否	是	是	否	否
TA 变化					
减少担任助教工作的时间	是	是	是	否	否
提升 TA 经验/设计自主课程	否	是	否	否	否
改进教学培训	否	否	否	否	否
结构变化					
详细说明暑期任务	否	否	是	是	否
加派就业指导老师	是	否	否	否	否
降低博士生招收规模	是	否	否	否	是
更好地与现有导师匹配	否	否	否	是	否

是（计划）：计划执行但是年度报告中并没有报告显示按计划执行了。
是（97）：1997 年执行。
TTD：学位完成时间。
ACT：开始博士资格。
TA：教学助理工作。

许多系部所做的改变在执行过程中又有了改进；有时，对于发生的事情，虽然我们有数据，但是可以肯定的是，我们没有完整的数据。这表明学生在某所特定大学参与的博士生培养项目会因为学生群体不同而有所差异，同时还表明参与系部提交的报告没有提供足够的细节信息可以让我们掌握发生的所有改变。

为了提高效率，许多培养项目的变化要求学生理解并做出回应。但是，当参与系部采取一项创新时，学生未必了解，恰当的回应更少。因此，创新的全面执行需要假以时日才能产生效果。最后，各系部可能采取了同样的创新措施，但是在不同的研究生院，执行的结果很轻易就变得不具可比性了。

基金会工作人员意识到，要了解实验组系部所做的改变及其影响，必须直接询问学生有关他们的博士生培养计划、课程和导师对他们的期望，以及占主导地位的系部文化。从实验组系部和对照组系部的学生当中收集这样的信息，比分析在许多系部里发生的一般性变化，更加有助于弄清楚 GEI 计划的独特影响。在很大程度上，《研究生教育调查》（以下简称"GES 调查"）就是出于了解博士生对培养项目看法的需要。但是，基金会员工也考虑到，做调查可以有机会更多地了解以前和现在的学生。当然，学生的个人背景信息提供了初步数据，但是通过 GES 调查可以更多地了解学生，比如他们为什么选择某个研究生院、时间投入的性质和程度、学生对所受指导的自我评估、他们所在系部的竞争程度、他们退出博士生培养项目的原因和时机以及辍学后他们的论文发表记录和求职经历、是否结婚以及选择做学术之后的终身教职奋斗路径等。很显然，更多地了解这些信息可以更深入地理解人文学科的研究生教育。

研究生教育调查

研究生教育调查表由梅隆基金会工作人员设计、由数学政策研究有限公司执行。2002 年 11 月至 2003 年 10 月，18 320 名于 1982 至 1996 年间就读于实验组系部和对照组系部的学生参与了调查。其中，13 552 名学生做出了回应，回复率为 74%，考虑到这种情形，尤其是作为回顾性调查，这个回复率相当之高。正如期望的那样，博士毕业生的回复率（81.3%）要高于在读博士生的回复率（75.8%），而后者又高于肄业博士生的回复率（62.8%）。最后一组的回复率更低，部分是由于许多辍学博士生离开学校已达 15~20 年之久，其中 20%已联络不上。也是因为这个原因，不同时期入学的学生回复率各有差异，时间越久远，回复率越低。1991—1996 年、1986—1990 年和 1982—1985 年这三个阶段入学学生的调查回复率分别为 77%、74%和 70%。[①]因此，尽管确实存在自选择偏差，但是这些回复率如此之高，足以使我们相信这些数据的确代表了所研究的时间段内相关大学的毕业生人数情况。

问卷的第一部分询问学生有关入读研究生培养项目的信息（包括为什么选择所读项目以及他们获得的资助类型），还有他们所在系部的学术期望和要求以及这些期望和要求是如何传递给他们的。第二部分的问题包括学生与论文导师和系部的互动、系部里的整体学习环境、完成项目各阶段要求所花的时间以及他们在研究生期间和毕业后最初三年里的论文发表情况（如果有发表论文的话）。问卷第三部分询问有关研究助理和教学助理的经历，包括这些经历的强度、范围和性质。调查还了解了学生在培养项目的不同阶段里的非助理性工作的范围和性质。问卷第四部分询问有关学位完成的信息（正如后文中会提到的那样，这些信息有助于我们核对大学提供的有关学位完成数据的精确性）以及有关学生辍学之后的教育经历信息。第五部分是人口统计信息，包括学生研究生学习期间的婚姻状况以及家里面小孩的数量。问卷的最后部分询问被调查者毕业或肄业后半年里、三年后以及截至调查前的就业情况。同时，还要求被调查者提供有关在职业生涯初期的论文发表信息。

正如对大学数据库的精确性进行一致性检查那样，GES 调查获得的数据也要严格检查。我们尤其关注核对被调查者提供的有关入学情况（毕业、在读或肄业）的信息与大学提供的数据是否一致。这些检查至关重要，可以找出那些实际上完成了博士学位但大学却没有记录的被调查者。

关于准确性的另一部分讨论已经被我们熟知。只要研究收集科学家和学者的论文发表信息，由于被调查者自报论文发表数量，调查者对于这类调查数据都会持怀疑态度。正因如此，基金会工作人员因为手头有那些被调查者的名字，可以

---

① 在 Kalb and Dwoyer 2004 年出版的一书中可以找到对 GES 调查更为全面的描述，包括调查是如何执行的以及数学研究有限公司是如何做到那么高的回应率的。

将抽样被调查者自我上报的论文数据与从网上和参考索引中获得的论文信息进行比较。我们可以肯定,在几乎所有的情况下,自我上报的论文数据与客观实际相当接近,因此我们确信能够将自我上报数据应用于整个样本。据我们所知,这是针对自我上报的论文数据的首次有效性检查。

总体看来,大学数据库和 GES 调查是研究生教育信息的丰富来源。康奈尔大学高等教育研究所(Cornell Higher Education Research Institute)的研究员和梅隆基金会的工作人员对这些数据库进行了分析,关于技术分析和研究发现的详细情况已经发表在许多学术期刊和工作报告中,不久还要出一本书。①在这里我们简单归纳一些主要研究发现,比如关于 GEI 计划对人文和相关社科领域的博士生辍学率、完成率以及学位完成时间的影响,人文和相关社科领域的博士生培养项目的哪些特征影响了这些方面的结果,GEI 计划如何影响这些特征,那些肄业的博士生辍学之后发生了什么,刚毕业的博士生职业生涯的初期是怎样的,以及他们的研究生院论文发表情况及职业初期的状况。②

学生结果、研究生培养项目特征以及两者的相互关系

我们的分析表明,正如期望的那样,GEI 计划对学生有一定影响:辍学率下降了,学位完成时间缩短了,学位完成率提高了。我们发现,这些影响部分是由于参与系部有意缩小了招生规模,进而使系部可以在招生时具有更大的选择空间,比如提高研究生入学考试的成绩。缩小招生规模还可以让系部在梅隆基金会资助所带来的改进之上在学生资助方面获得更大提升。

学生入学之后更加可能获得承诺多年资助,学生资助方面的其他改进也会发生。毋庸置疑,大学正朝着这个方向发展,加大成功招收学生的概率,以此应对新博士生招生市场上越来越强的竞争。GEI 计划的制订者并没有意识到强烈的竞

---

① 期刊论文包括 Ehrenberg et al, 2007 和 Groen et al, 2008, 工作报告包括 J. Price, 2005。
② 本文概述的研究发现必定是经过挑选的;在即将出版的著作中,我们讨论的研究发现更为广泛,包括性别、婚姻状况、家庭状况、种族/民族以及公民身份对研究生期间和职业生涯早期的论文发表结果的作用。资料来源:Ehrenberg, Zuckerman, Groen, and Brucker 即将出版的著作。

争,他们希望根据培养项目的满意度来给予财政资助。很显然,市场因素介入了,严格遵守 GEI 计划条款的做法被给申请者具有吸引力的奖学金的做法所取代了。尽管多年资助计划降低了学生在研究生学业早期辍学的概率,但是同样是这种计划似乎与研究生学业后期辍学率上升有关,因此出人意料地导致了后期辍学率替代了前期辍学率。这项发现值得进一步研究和探讨。

通过对 GES 调查收集的数据的分析,我们发现样本当中的研究生培养计划特征以不同的方式影响了学生。我们发现,改进指导并澄清项目要求有助于降低辍学率。系部对于论文性质的期望也会对辍学率产生强烈影响,甚至是在博士生培养项目的早期。需要特别指出,那些鼓励学生尽快完成博士论文的系部辍学率更低,而那些强调学生要不断润色论文并在毕业前发表文章的系部辍学率更高。另外,当论文指导得到改进,当系部期望论文按时完成时,博士生毕业的概率更高。

GES 调查数据还表明,博士生和博导们需要做出权衡。那些博士在读期间发表论文的学生毕业时更有可能在四年制的大学里获得助理教授职位,他们也更有可能在完成学位之后发表文章。如果老师关心他们学生的职业前景并且迫切希望学生发表论文,指导学生在博士在读期间发表论文也许是很好的建议,就算这样做会加大有些学生辍学的可能性,并且延长另外一些学生完成学位的时间。[①]简单点讲,尽管 GEI 计划的设计者在缩短学位完成时间和降低辍学率方面有着明确的目标,但这两者并不能一蹴而就,而且这也不利于提升学生以后的学术前景。有数据显示,有些老师并不认为缩短博士完成时间有那么重要,因此也不鼓励学生尽快完成学位。[②]将来如果要想改进博士生培养项目,应该考虑到老师倾向于认为怎样对学生最好。

我们的分析还帮着找到了 GEI 计划对博士生培养项目重要特征的影响。平均来讲,GEI 计划似乎帮助提升了研讨会的要求、旨在促进学生进步的暑期工作的更高期望以及澄清项目期望。在规模较小的系部,GEI 计划有助于学生按时完成

---

① 更确切地说,将学位完成时间延长至七年以上对学生不利。

② 降低辍学率并没有引起像缩短学位完成时间那样强烈的反应。系部对此重视不够,很多老师也认为辍学是学生个人决定,与大学或系部的政策无关。

论文，但是在大一点的系部（GEI 计划实施前几乎没有财务资助），GEI 计划之外还伴有财务资助的改善。

最后，值得强调的是，有些人认为财务因素是学生退出博士生培养项目的主要原因，其实不然。无可否认，除了极个别学生有独立的经济来源外，财务支持对研究生来说是必不可少的。但是，财务支持不足以保证完成学位。即便是最慷慨的财务资助计划，比如那些博士生培养项目 6 年每年都给予学生资助的计划，也有可能出现高辍学率。给予研究生充分的资助但是其他什么都不做无法解决辍学问题。

那些退出博士生培养项目的学生

简单来讲，没有拿到学位就退出博士生培养项目并不意味着失败，至少我们的抽样报告是这样显示的。GES 调查的独特性让我们能够确定博士生在辍学之后到底怎么样了。确实，在 GES 调查抽样中，超过 10%的辍学学生最终从别的系部获得了博士学位，这些人当中有很多最后博士毕业的领域和他们原本入读的领域不同。[1]那些在培养项目前期辍学的学生比那些后期辍学的学生更加可能在其他地方获得博士学位。此外，大约 20%的辍学学生转而攻读专业学位，包括法律学位、工商管理学位以及其他学位。

我们还发现，那些退出博士生培养项目的学生出现职业向下流动的可能性很大，但是这只是暂时的。尽管 10%的辍学学生在离开研究生院后的半年里只能找到办事文员和行政管理的工作，但是等到他们离校 3 年的时候，这个比例就下降了，而且大多数都能找到专业性职业。这和辍学长期结果中的一般情况相距甚远。

---

[1] 大学层级对本科生学位完成率的研究会少报最终在别的大学拿到本科学位的从高中毕业后的大一新生人数，同样系部或大学层级对博士生培养项目完成率的研究也会少报涵盖不同培养博士类型的体系（systemwide）的完成率。

博士毕业之后的就业出路

与自然科学和工程科学领域相比,在人文和相关社会科学领域,如果想继续从事本专业的工作,博士生更加迫切地需要找到一份学术工作;而对刚毕业的博士来说,能否在四年制本科大学里找到一份终身教职的工作是衡量他们职业生涯初期成功与否的主要方法。1998 至 2000 年,大约 30%的博士毕业生在完成博士学位之后的六个月里找到了四年制本科大学的终身教职,但是 3 年之后这个比率大幅上升至 52%。与 20 世纪 90 年代早期毕业的博士生相比,后期的博士毕业生只有 30%拿到终身合同的职位,略小于他们的前辈。同理,相比于 3 年后晚于他们的后辈也只有 52%拿到终身教职。这些数据表明,对刚毕业的博士生来说,职业生涯初期存在很大的上升空间。实际情况是,毕业后半年之内找到全职非终身教职的新晋博士毕业生大约有一半在毕业后三年内找到了全职终身教职。这项数据还表明,越来越多的终身教职给了那些积累了一定博士后经验并具备了更强资质的人,而不是刚毕业的博士生。

随着学位完成时间变长,博士毕业后三年内找到终身教职的可能性下降,但这只是对那些花了八年以上的时间才博士毕业的人而言的。这是一项重要的发现,因为它表明完成学位时间对找到炙手可热的终身教职至关重要,但是它只适用于那些博士学习时间未超过七年的人。我们前面讲过,在研究生期间发表论文,可以提高求职者获得终身教职的概率,同样也会提高博士生进入研究生院后的 15 年内获得终身教职的概率。

研究生期间和职业生涯早期的论文发表情况

大约 40%的 GES 调查对象在研究生学习期间发表了论文,或者至少有一本书或一篇论文准备出版。博士毕业后的 3 年里,大约 67%的调查对象发表了一篇或多篇论文,或出版了著作。研究生期间发表论文是预测博士毕业后短期内能否发表论文的重要依据,那些表示所在系部期望他们在研究生期间发表论文的博士毕业生往往比我们抽样中其他的博士毕业生在毕业之后能更早发表论文。

我们前面讲过,这一点有助于解释为什么我们对于 GEI 计划对学位完成时间影响的估计如此谦逊。参与这些顶级培养项目的教师似乎更加关注培养下一代学者,而更少关注学生要花多长时间才能完成学位。只是对那些花费 7 年多时间才完成学位的博士毕业生而言,学位完成时间长度与找到终身教职的可能性呈负相关。从这一点来讲,学院导师非常实际,并没有逼迫学生尽量缩短学位完成时间。但是,很重要的一点是,花费 7 年多时间完成博士学位的情况并不少见;实际上,我们抽样调查中有超过一半的博士毕业生花了 7 年以上时间。因此,虽然导师似乎没有动机去催促那些能力所及在 7 年以内完成学位,但是催促那些博士入学后 8 年还未完成学位的学生似乎合情合理,尽管我们必须权衡发表论文对博士毕业生工作质量的积极影响和更长的学位完成时间对找到工作机会的消极影响。

说了这么多,我们发现那些 5 年博士毕业的学生比其他人更有可能在研究生期间发表论文。GES 调查抽样显示,随着学位完成时间变长,在研究生期间发表论文的可能性变小,这可能是选择效应的结果。其他因素保持不变,学生的天分越高、动机越强,发表论文的可能性越大,他们完成学位的时间越短。因此,可以推知学位完成时间最短的学生是那些研究生期间最经常发表论文的学生,也是那些最有可能在博士毕业后找到终身教职的学生。

尽管 GEI 计划的明确目标是提升研究生培养项目的效率,它的设计者并没有明确将培养学生成为致力于拓展人类知识的学者列为首要目标或衡量项目效率的重要指标。但是,就像我们前面讲过,多达 40%参与 GEI 计划的学生在研究生期间发表了论文,这很令人欣慰;而更令人欣慰的是,我们估计 GEI 计划将学生研究生期间发表论文的概率由原来的约 20%提高到 25%。这可是不小的成就,通常在评估研究生教育时并不会将其考虑在内。由于我们尚不清楚的原因,GEI 计划对博士毕业生在职业生涯早期发表论文的影响较小。

一 般 经 验

GEI 计划证实人文和相关社科领域的博士生教育中,系部的"微观环境"(microenvironments)至关重要。许多影响研究生学业进度的系部特征是由系部掌控的，而不是研究生学院院长或其他重要行政人员。尽管研究生院院长在改进研究生教育方面起着重要作用（丹尼尔·D·德内克、海伦·S·弗雷泽以及肯尼斯·E·雷德将在第二章讨论这个问题），将来意欲改进研究生教育应该关注系部扮演的角色。而且，不该低估说服老师"相信"项目带来的改变以及最终改变系部文化的难度。我们的分析表明，与那些自上而下的改革相比，由系部层面发起的改革更加可能获得老师的支持。

项目改革推行之后会随着时间的推移而不断演变，这一点也很明显。有的时候，这是由于师资流动造成的，比如某位相关教师的离职或某位新教师入职。有的时候，是为了应对外部竞争压力而做出改变，比如多年有保证的财务资助计划的推广。改革实践的过程在系部里的这种演变趋势，使系部和研究生院院长有必要收集相关数据来追踪有关系部绩效的指标，以确保改革带来的进步能够达到预期结果，而不至于在无意间让成果付诸东流。

GEI计划的一项重要益处就是鼓励大学和系部收集相关数据，很多大学和系部现在都定期这样做。研究生院长的一个重要任务就是监督和规范数据收集，并且在恰当的时候，对数据传递的信息做出回应。美国国家研究理事会（National Research Council）于2008年年底发布的博士生培养项目评估也敦促系部收集那些数据，在我们看来，这种努力是非常重要的。

GES调查显示，对在读学生和已毕业学生的回顾性调查可以提供关于研究生培养项目多种特征的详细信息，这些信息是大学记录里没有的。我们的分析表明，这些特征可以通过要素分析法归类为数量更少的潜在要素，而且利用来自多个系部和多个入学群体的数据，可以分析影响毕业率和辍学率的主要因素。

我们相信类似的研究也可以推广到研究生教育的其他领域（比如自然科学和工程科学），即使这些领域的研究生培养项目可能存在重要的、截然不同的特征。[①] 这些分析要求系部收集学生的相关数据，包括学生特征、项目进度以及他们每年获得的财务资助类型，还要求系部开展类似GES调查那样的回顾性研究。但是，

[①] 在美国国家研究理事会2005年7月举办的一次研讨会上我们建议这么做了。

这些分析并不要求采取像 GEI 计划这样的重大干预措施。

有几类数据 GEI 计划并未收集，现在回想起来，我们认为这些数据有助于评估研究生教育。首先，GEI 计划缺乏有关教师的基本数据。没有可用的信息显示每个系部参与培养项目的教师人数及其稳定性。没有资料显示教师指导学生和辅导论文的工作量，也没有数据表明是否存在措施激励教师指导博士生（比如指导论文充抵工作量）。没有收集有关学生和导师基于研究兴趣或性别、民族的匹配度（或不匹配）的信息，也没有收集有关导师以往成功辅导学生的信息。经验告诉我们，收集有关每个系部在职教师人数的满意数据，非常耗时。收集更加细致的教师信息无疑任务艰巨，但是非常有用。不用说，一项针对教师对研究生培养项目看法的调查——类似于针对研究生的 GES 调查——非常可取。系部提供的年度陈述报告固然非常有益，但是显然无法替代更加系统性的数据。

最后，我们认为需要对基金会为改进博士生教育做出的努力可能产生的效果保持适度的期望。如果硬要归纳 GEI 计划的经验，我们可以找出一系列因素，这些因素结合起来会使计划难以实现基金会的所有目标。[①]不仅有时个别教师的目标与基金会或研究生院院长的目标不一致，而且博士生面临的竞争压力也会迫使学校采取一些与基金会提倡的做法相矛盾的政策。这种意外结果发挥作用的情况，可以在 GEI 计划中找到一个极好的例子：多年有保证的资助成为常态，而不是原本计划的以激励为基础的财务资助。同样，学术劳动力市场（academic market）的大环境可能影响研究生关于完成论文时间和找工作的决定。当终身教职的难度加大，博士生会越来越焦虑，担心找不到理想的工作，害怕失去健康保险、住房和图书馆服务，他们会认为急着完成学位或许不是最好的选择，这种想法也许是正确的。简单来讲，就像所有其他追求目的性改变的领域一样，GEI 计划试图改进研究生教育的计划中普遍存在意外结果的"定律"，很难预测培养项目的所有结果，以及这些结果如何与变化的世界互动。对我们来说，这并不是建议我们不作为，而是告诉我们需要定期监督达到理想结果，需要保持警惕防范可能

---

① Clotfelter 2007 一书更加详细地讨论了这个问题。

出现的二阶和三阶效应（second-and third-order effects）。在所有改进研究生教育的努力中，GEI 计划的独特性首先体现在它的规模、投入、时间以及系部关注。它的独特性还体现在高度关注监督效果，不仅是在计划执行后，而且是从一开始就监督，贯穿始终。所有这些因素使 GEI 计划成了楷模，真正意义上的楷模。

第二章

美国研究生院委员会的"博士生完成计划"

丹尼尔·D·德内克（Daniel D. Denecke）
海伦·S·弗雷泽（Helen S. Frasier）
肯尼斯·E·雷德（Kenneth E. Redd）

约翰·豪斯曼（John Houseman）凭借其在詹姆斯·布里奇斯（James Bridges）执导的电影《力争上游》（*The Paper Chase*）中塑造的严苛的金斯菲尔德教授一角，先后斩获奥斯卡金像奖、金球奖和美国国家评论协会奖的最佳男配角奖。这部1973年的影片改编自约翰·杰·奥斯本（John Jay Osborne）的小说，在银幕上再现了小说作者在哈佛大学法学院的种种经历。影片中金斯菲尔德教授欢迎新生时所致的开场白，"看看你的左边，再看看你的右边，有些面孔到毕业那天可就看不到了"，呈现了也许至今仍为美国文化中关于研究生教育辍学率的最著名的桥段。教授的迎新致辞并不是要给新生们泼冷水，而是想给他们打气。他的演讲首先肯定能够入读哈佛大学研究生院的都是精英，但同时指出，只有那些能够顺利毕业的才是精英中的精英。在适者生存的激烈竞争中，研究生们需要施展他们的十八般武艺，方能过关斩将拔得头筹。他们将因为自己顺利从哈佛大学研究生院毕业而感到无比自豪，毕竟，哈佛大学的研究生培养项目的质量恰恰能够通过大约1/3的学生终将辍学的残酷事实而彰显出来。

人们注意到，尽管流行的风气喜欢将高辍学率与20世纪70年代的哈佛大学法学院联系在一起，但是金斯菲尔德的那句"看看你的左边，再看看你的右边"的名言更适用于描绘第二次世界大战前的法学院。第二次世界大战后，随着法学院入学考试（LSAT）的推行和相关体制中的一些改进，学校选拔和录取学生的工作得到了改善，学生每年的学位完成率也因此有了显著的提高。如今美国的法学院始终保持着90%甚至更高的学位完成率，在所有研究生学位的毕业率排行中名列前茅[①]。而哈佛大学法学院的学位完成率更是超过了98%。[②]

很少有人会认为美国的法学院是以教学质量降低为代价换取了学位完成率的提高。与之相反，这些顶尖法学院的高毕业率展现了学校从选拔到录取学生的过程中对于每一个环节严格的质量把关。

然而，美国博士生项目的完成率却是另一副光景。全美平均博士生毕业率一直徘徊在50%左右的水平。正如本章所描述的那样，由美国研究生委员会（简称CGS）资助并大规模推行的博士生完成计划最近披露的数据显示，尽管全国的平均学位完成率可能有了些许提高，但是美国高校中博士生的辍学模式和高辍学率仍应得到关注。

鉴于全美所有学科的博士生项目都不断面临着学生大比例减少的问题，而这些学生都曾被其所在大学的全体教员和招生委员会视为世上最聪慧出众的人才，这种博士生的辍学问题就应当受到全国上下的重视。而在全球化知识经济的背景下，这种辍学现象还会妨碍美国培养出取得长期成功所必需的出色的研究人员。我们将那些参与科研、创造工作，解决需要多学科通力合作难题的人员归为创新阶层。如果我们国家未来的繁荣与竞争力取决于我们扩大创新阶层的能力，那么拥有博士学位的人无疑将在我们的社会中扮演重要角色。值得一提的是，很多推动人口增长和美国硕士教育发展的少数族裔，在招录的博士生中所占比率较小，而与其他学生相比，这些少数族裔博士生学位完成率更是达到了历史最低点。而深入理解少数族裔在博士生教育中辍学问题的背后因素，应当成为雇主和政策制定者的一个优先级问题。

提高博士生的学位完成率也是大学应当重视的问题，因为学生的辍学问题有

---

① 参考：Wilder, G.Z. 2003. "The Road to Law School and Beyond: Examining Challenges to Racial and Ethnic Diversity in the Legal Profession." Law School Admission Council Research Report 02-01, August. http://www.lsacnet.org/Yesearch/Challenges-to-Racial-and-Ethnic-Diversity-in-Legal-Profession.pdf.

② 参考：Law School Admission Council. 2008. ABA-LSAC Official Guide to ABA-Approved Law Schools. http://officialguide.lsac.orgl.

损学校的经济和声誉。学校在学生身上投入了诸多资源，如果学生在接受了数年的学校教育之后辍学，会给学校带来很大的损失。借助于新的博士生教育评估模式和用户评分工具，学生更容易获得那些可以展现博士生培养项目成果的信息，诸如就业率、毕业去向、学位完成率和取得学位的平均时长，从而他们可能就会开始在心里权衡某个学位完成率很低的博士生培养项目所具备的传统优势，如声誉和院系知名度，与攻读该项目所蕴含的风险。①

当学生在挑选适合自己的博士生项目或是刚刚开始参与某个博士生课程时，他们确实应当清楚像学位完成率之类反映博士生培养项目相关成果的信息。学生们很少会草率地中断博士生课程，尽管一些辍学博士生可以接受博士学位转变为专业学位或是某个新职业，但对于其余学生而言，攻读博士学位的雄心壮志不应局限于取得精湛的专业知识，而是已经与他们个人和社会身份融为一体。另外攻读博士学位，除了会增加学生的财务负担和机会成本的风险，还会在心智方面消耗学生大量精力，所以那些辍学博士生的内心可能会因中断学业而留下难以愈合的伤口。

毋庸置疑，哲学博士学位与法学博士学位有很多不同之处。取得博士学位通常需要学生花上 6 到 8 年的时间，而攻读一个诸如法学博士的专业学位一般只需 3 年。因此，在攻读博士学位的过程中，学生可能经历很多攻读专业博士学位时不太会遇到的事情。在完成博士生学位课程的七年左右的时间里，学生的"生活会发生种种变化"。有的学生或许会选择走入婚姻的殿堂；他们或许会有孩子；他们伴侣的工作或许会迫使他们搬家；他们或许要背负起为人父母的责任，或许他们的孩子可能会打乱他们最初设想的以最快捷的方式取得博士学位的计划，甚至会彻底终止他们的计划。对于学生而言，读博士也是一个自我发现的过程，有些博士生或许会发现将治学作为自己人生的首选目标并不合适。本科（可能还有研究生阶段）的不少经历虽然可以帮助学生成功地完成博士生项目的课程作业，但却难以应对博士生阶段的后期学习。对于一些学科来说，学生们往往要到完成博

---

① 比如，美国国家科学研究委员会即将发布的研究型博士学位测评报告，将会首次包含学位完成率的相关数据。可参见 http://www7.nationalacademics.org/resdoc/.

士生学位论文的阶段才会意识到成为专业的研究人员需要他们投入巨大的精力：很多孤寂的治学时光，漫长而不可预见的回报，无数次辛苦修改的草稿。对于一些学生而言，治学过程中的种种辛苦可以让他们收获良多并感到兴趣盎然；但对于其他人来说，无论他们是否会选择学术道路，这些辛苦都是无法忍受的。

由此可见未能完成博士生学业会让学生付出极大的代价，而读博对于博士生、博士生培养项目和相关机构而言，都是一件高风险的事情。鉴于读博是一件高风险的事情，我们对于博士完成率的了解就显得惊人的贫乏，而对于辍学问题的成因和复杂性则更是一无所知[①]。相关资料模糊的"可知性"可以部分解释我们的知识储备在博士生项目这一块的空白。大多数大学并未对他们博士生项目的学位完成率进行追踪，而系部和各个项目自身就更不可能做这项工作了。即使大学追踪了这些数据，大多数研究人员在尝试研究多机构背景下的学生学业坚持和完成情况或者辍学问题时，仍然要为获取不同项目和机构间的参照数据而犯难。不同的大学会用不同的标准来界定诸如"候选资格""中途辍学"和"博士生群体"之类的概念，甚至在同一大学的不同项目间也存在着这种评定差异。而且也没有任何外在的要求或命令让学校收集相关数据，因此各具体机构的博士生学位完成率就不像法学博士和学士学位的完成率那样公开。

博士生学位完成情况相关数据的缺失还可以归因为目前的学术文化，或者更具体来说，可以归因于目前盛行的对于辍学博士生的水平以及导致他们辍学原因的主观看法。虽然美国法学院的学术文化已经发生了彻底改变，认为高质量的教学与高学位完成率之间可以相互促进的理念在法学院得到了广泛认可，但是全国指导博士生项目的导师们仍然普遍以电影《力争上游》中严苛的学术文化为荣，并担忧博士生学位完成率的提高带来的潜在收益必然会以牺牲相关课程质量为代价。因此在全国推行研究生改革的努力需要根植于很多方面，包括职业发展、未来教师储备、可靠的研究、公民奖学金和纪律管理。但由于在如何收集学位完成率和学位完成率的提高对课程质量的真正意义这两个方面存在着广泛争议，有关博士生教育改革的倡议在本质上并没有明确地把学位完成情况作为研究目标，即

---

① 近期关于博士生学位完成和辍学的重要研究大体上包括 Glode 2000、Lovitts 2001 和 Nettles and Millett 2006，想要了解更多包括专业领域的研究在内的相关资料，可参见 http://www.phdcompetion.org。

使研究人员使用了有关学位完成情况的数据,他们也只会在那些甄选出来的资源相对丰富的机构中使用。①

2004 年,CGS 使得所有研究型大学的高层行政人员、教师、研究生以及研究生教育的研究团体协同一心,为提升国民对博士生学位完成率、辍学模式和那些既能提高学位完成率又能为大学带来行之有效的改革制度而努力。博士生完成计划基于两个假设:其一,学位完成情况反映的不仅仅是培养项目的效率,而是总体质量。以往的研究(和 CGS 院长成员们的轶事证据)显示那些能显著提升学位完成率的项目并没有降低其学术要求,而是在某些领域取得了一些战略性提升。这些研究是第一种假设的基础。这些项目从最初的招生、选拔和录取到最后的论文支持和职业发展都做出了一些战略性改善。这些由负责项目的老师和高层行政人员设计的改善措施,进一步保证了这些项目可以在培养之初就吸引和招收到合适的学生,而被招收的学生则会得到足够的机构支持,使学术研究和职场抱负成为他们关注的重点。从 2007 年起,博士生项目首次披露了评估学位完成率的数据,正如博士生完成计划中的一些发现和美国国家科学研究委员会对于博士生项目的评估所反映的那样,我们相信一段时间之后,项目中的种种改善会体现在不断提高的学位完成率和更具吸引力和竞争力的培养项目上。

博士生完成计划所依据的第二个假设是研究院院长是制度变革最好的代理人。博士生完成计划所推行的大多数改革的设计和实施都是从培养项目的层面考虑的,并且需要得到负责这些项目老师的评估、认可和拥护。但同时,这一计划也参照了 CGS 之前实践过的一些出色项目,如未来高校教师准备项目(PFF)(1993—2003 年)。这些出色的项目表明,要想制度变革深入人心而不仅仅只是受到个别教师的支持,并且在改革试验期之后平息研究生改革在各高校间引发的争议,高层行政领导人员就十分重要了。

在改善美国研究生教育的努力中,关注学位完成率是不是我们应该采取的最佳方案,对于这个问题研究生教育界依然存在着很大争议。鉴于此,我们首先要

---

① 类似的研究包括梅隆研究生教育计划(Mellon Graduate Education Initiative)(Ehrenberg, R.G., Zuckerman, Z., Groen, J., and Brucker, S.M. 2006)和美国大学联合会(Association of American Universities)或研究生院博士教育研究项目联合会(Graduate Schools Project for Research on Doctoral Education)(http://www.aau.edu.education.ags.agsindex.html)。

明确，为什么要关注学业完成情况？其次，因为大多数研究生改革的方案都聚焦课程层面的变革和教师领导的改革，所以我们要探讨将参与博士生完成计划的研究生院院长们视为能带来可持续变革的重要代理人。最后，我们展现了博士生完成计划所取得的一些初步成果，并概述了关注学业完成情况是如何为美国和加拿大境内的研究型大学的变革提供具体策略的。

学业完成情况何以成为撬动博士生教育变革的理想杠杆？

博士生完成计划所收集的数据反映了 20 世纪 90 年代初参与博士生项目的学生的种种经历。当学生们在为攻读学位而努力时，一些具有影响力的研究生改革方案促进了美国博士生学位的变革。这些方案的赞助方有些是如美国国家科学基金会的联邦机构，有些则是一些私人基金会和非政府组织，例如，大西洋慈善基金会、福特基金会、安德鲁·W·梅隆基金会、皮尤慈善信托基金会、艾尔弗雷德·P·斯隆基金会、卡内基教学促进基金会和伍德·威尔逊全国联谊基金会。有些方案则是在大学推行，例如华盛顿大学的重塑博士生方案，还有些则是由区域性机构推动，例如美国南部地区教育委员会的师资多样性协定。虽然通常情况下，这些源自不同机构的方案都有一些共同的努力目标，包括为学生提供教学和非教学方向的职业发展机会，促进跨学科研究与协作，推动教授多元化，以及减少辍学率和取得学位的时长，但是它们会在博士生教育的改进中留下各自独特的印迹。

不少大学参与了多种项目。比如一所大学可能参与了梅隆基金会的研究生教育计划，同时又得到美国国家科学基金会的研究生综合教育与培训项目的资助，并在全校范围内推行 PFF 项目，还新近加入了卡内基教学促进基金会针对博士生的计划。不同的项目名义上单独进行，但是一个项目的理念和最佳的实践经验常常会对另一个项目及其相关的部门产生影响。在研究生院的强势领导下，这种不同项目间的相互"感染"能够最大限度地发挥各个项目的优势。

因为不同的项目彼此间并不是相互隔绝的，而是在不断地交流信息并不断跟进有关博士生项目的最新发展,所以从研究的角度来看很难单独评估一个项目的影响力。研究中很难设立属于"控制组"的系部和大学,因为学术界一直通过模仿和复制行之有效的方法来不断改善现有的博士生项目。一些大学的试点项目在得到了基金会赞助的启动资金之后便会在全国范围内掀起风潮。比如PFF项目目前的开展范围已经远远超出了最初的44个获得了资金资助的大学,而目前为博士生完成计划提供研究数据、相互交流实践成果的大学也远不止最初接受项目资金资助的那些大学。教师间会相互交流如何提高招生质量,如何留住人才,如何增加研究生的职业发展机会;并且常受到社会学科理念的启发,通过学科研讨会来开发教师的领导潜能。研究生院与研究生院的院长们往往与参与项目的老师探讨评估项目的测量基准及采用已经过评估和检验方案的可能性。

大学为撬动教育变革实现改善博士生项目的长期目标,可以借助许多杠杆,包括财政支持和对于财政支持的合理利用;学术社会化和关注学生得到的指导与建议的质量;确保项目要求与预期目标被合理设定并清晰传达给学生。还有其他一些与关注学位完成相近的事宜,如攻读学位的持久性和取得学位的时长。既然以上列举的所有事宜都值得关注,我们为什么在本质上要特别关注学位完成问题呢?尽管以上列举的所有事宜都对博士生项目产生了影响,CGS仍将关注学位完成情况视为首要目标。

对此CGS给出了如下几种解释。首先,因为学位完成率可能是在评估我们为改善研究生教育所做的种种努力的成效时所能参照的最佳评测标准。提高博士生学位完成率本身也许并不能反映什么问题,但是借助学位完成率我们可以评估出加大资金投入后的效果,或者在学业指导、选拔和录取学生方面可能存在的改善。

其次,如果博士生项目仅仅关注那些能够顺利完成学业取得学位的学生,它们就会加剧博士生教育中的"管漏现象",使得参与博士生项目中的占比重小的少数族裔和女性虽然有志向和能力成为成功的教师与专业研究人员,但因种种原因最终不能得偿所愿。同时,联邦机构、鉴定机构和各州的教育委员会越来越关注能够测评各个项目的实际效用以及评估来源于研究资金或税收投资回报的参照标准,而获得学位的平均时长与学位完成率则被这些机构视为主要的参照标准。然而,如果各个大学要长期收集与学位完成率相关的数据并以此为基准来决定很多重要的事宜，这种做法的合理性就要引起争议了。CGS目前正处在一个独特的位置上，通过它的研究生院院长及成员们来促进学术界在收集相关数据方面达成共识。而博士生完成计划则会帮助各方更好地收集和利用相关数据，一方面帮助那些有收集数据经验的机构更有效地利用这些数据，另一方面也促进那些刚刚开始收集学位完成率与辍学率的数据机构加强与经验丰富的机构进行沟通，帮助各方寻找到适用于机构与课程层面改革的策略。

为什么研究生院院长是改革最好的代理人

尽管收集和利用学位完成率和辍学率的相关数据是博士生完成计划的重要部分，但是博士生完成计划并不仅仅是一个数据分析研究。该计划的最终目标是要通过验证和广泛宣传行之有效的措施（如通过各种活动、借助资源和政策）来提高北美研究生项目的博士生学位完成率。大多数博士生完成计划资助的改革都被设计和施行在培养项目层面，因此负责项目的教师的领导力就显得至关重要了。而每所参与计划的大学中的研究生院院长则被指定为主要调查人员。CGS之所以在计划中强调研究生院院长的领导地位，是因为我们基于过去PFF项目的经验认为院长们是在大学内推动变革最好的代理人，可以确保那些行之有效的实践方案持续应用于选定的项目，并且可以通过合理的跨系部交流，在不同学科间共享这些实践方案。

在全国范围内提高大学博士生完成率有两块绊脚石——其一是对于统计数据准确性与可比性的怀疑；其二是迟迟得不到改变的偏见，认为目前的辍学率是某门学科不可变更的特色，或者反映课程质量的重要指标——发挥博士生完成计划中研究生院院长的领导作用也是至关重要的。研究生院院长最终会为不同学科的研究生教育质量负责，并在定期的课程评审中发挥积极作用。他们也越来越多地参与到招生管理的工作中来，这就促使院校研究与有关选拔录取学生的决策更加紧密地连接在一起。研究生院的院长通过制定规则策略和决策资金分配将课程评审与院校研究的成果融合在了一起，从而以最高效的方式协助各系部或项目实现它们的学位完成目标。那些参与全国性的有关博士生完成情况讨论的院长们，就会在他们各自所在的校园里就学位完成率展开基于事实证据的讨论，从而打破某些学科在学位完成率方面根深蒂固的迷信（比如："对于物理学来说，情况一直就是这样的。"），并展示给同行在这方面所取得的进展与成果。

博士生完成计划

该计划是一个为期六年有资助经费的项目，主要关注博士生学位完成情况与辍学问题。在该计划实行的第一阶段（2004—2007年），得益于辉瑞公司与福特基金会的慷慨捐助，CGS为美国和加拿大的21所重点研究型大学的改革策略与试点项目提供了研究经费，并资助这些学校对该项目在博士生学位完成率和辍学模式方面产生的影响进行了评估。除此以外，还有24所大学也参与到该计划的方方面面中来。参与计划的大学数量在第二阶段（2007—2010年）进一步扩大。博士生完成计划旨在培养出一支研究生院院长的骨干队伍，使他们可以在各自的学校发挥领导作用并在全国范围内普及关注学位完成情况的价值，从而推动博士生项目的变革并为改善博士生学位完成情况提供具体策略。

该计划并不认为可以杜绝一切辍学现象，也认为辍学在某些情况下未必是一件坏事。虽然改善选拔与录取学生的程序可以把那些学习能力不够或是缺乏完成学业动力的学生在录取前就筛除出来，但是研究表明这部分学生在学生总数中所占比例较小，因此这部分学生并不是该计划主要的关注对象。尽管随着一些"家庭友善型"政策（"family-friendly" Policies）的发展，那些曾被排除在机构干预措施考虑范围之外的因素进入了一些大学负责人的视野中，但是那些由突发私人事件导致的辍学也不是该计划关注的重点。那些所占比例较大，辍学原因在大学、研究生院或是培养项目的可控范围之内的学生才是该计划真正关注的对象。参与计划的研究者已经确定了一些影响学生辍学的可控因素，包括选拔与录取学生、向学生提供指导与建议、经济支持、研究经验、项目研究环境以及课程进程与行政手续。参与计划的机构所设计的一些干预措施就综合考虑了以上这些因素以及学生的一些个人特征。

该计划的主要目标之一是找到行之有效的策略来提高占比重小的少数族裔在所有学科领域的博士生学位完成率，并且特别要改变女性在科学、工程学和数学领域学位完成率整体低于男性的现状，提高女性在这些领域的博士生学位完成率。一些大学汇报的那些最有利于少数族裔与女性的干预措施也能惠及其他大多数学生；而另一些大学则宣布在给予学生指导建议或是论文写作团队方面的一些整体改善，并没有使少数族裔得到同样的收益。CGS 希望该计划可以将那些对少数族裔和大多数学生都有利的干预措施记录在案——既做整体记录，也按学科分类记录。

随着该计划的发展，收集和分析的数据越来越多，记录下这些干预措施的影响就成为该计划的长期目标之一。这些记录在案的措施，有些是在某些特定学科或项目中最具成效的，有些则是要在一些特定的机构环境下才能发挥出更好效果的。我们明白该计划是不可能凭借某个单独的改革策略就在改善学位完成情况方面发挥重要影响的，而这些不同策略产生的成效间的联系是值得我们探究的，同时做一些个案研究也能对我们所做的定量分析研究进行补充。最后，尽管在计划完成后的回顾中我们是可以对整个计划做一些粗略的管控，但是在该计划进行之初就控制变量设立对照组是不可能的，因为 CGS 鼓励其各个成员大学间互相交流那些取得初步成效的干预措施，并在实验进程中对各自的计划做出适当的修正和调整。而想要以时间为变量研究这些干预措施的成效，采用一些管控措施监管整个计划是必不可少的。

博士生完成计划的早期发现

通过一些重大的研究，如 1992 年鲍恩和鲁登斯坦（Bowen and Rudenstine）针对超过 30 年前的一小部分在资源密集型大学里攻读博士学位的学生所做的研究[①]，我们可以估算出全国平均的学位完成率在 50% 左右。相较之下，博士生完

---

① Bowen 和 Rudenstine（1992）推测，在 1962 到 1966 年间，参与博士生项目的学生整体的毕业率大约为 60%；而在 1972 到 1976 年间开始读博的学生，毕业率则约为 50%。

成计划所收集的数据涵盖范围更广，包括了更多有博士生项目的北美大学，也反映出那些参加博士生项目的年份较晚的学生（最早从 1992 年开始统计）的经历。在计划进行的第一阶段，学生们在以下这些学校里参与相关项目：亚利桑那州立大学、加州大学洛杉矶分校、辛辛那提大学、康奈尔大学、杜克大学、佛罗里达大学、佐治亚大学、霍华德大学、伊利诺伊大学厄本那-香槟分校、路易斯维尔大学、马里兰大学-巴尔迪默分校、密苏里大学哥伦比亚分校、密西根大学、蒙特利尔大学、北卡罗来纳大学教堂山分校、北卡罗来纳州立大学、圣母大学、普林斯顿大学、普渡大学、华盛顿大学和耶鲁大学。[①]总体看来，这些在 1992 到 1995 年间参与到以上这些大学的相关项目中的学生在入学 10 年中的平均学位完成率为 56.8%。这显示出博士生教育在过去的几十年里取得的进步，以及上文中提及的全国性研究生改革方案对提高博士生学位完成率的积极作用。虽然仍有很大的上升空间，但是我们相信当更多有关学位完成率的最新数据被收集，参与该计划的学生也从培养项目层面的改革中受益时，我们的计划会发挥出更加积极的作用。

参与相关项目的大学除了提供有关学位完成情况的数据之外，还另外提供了反映辍学情况的数据。大学提供的有关辍学情况的数据，一般会按要求——尽可能地——区分为以下三类：一类是辍学的学生（这类学生在放弃学业后不会再有继续学业的打算），这一类学生中既有取得了研究生学位的学生也有尚未取得的，既有获得了博士生候选人资格的也有尚未获得的；一类是转学的学生；还有一类是休学的学生（这类学生虽暂时中止了学业，但之后有继续学业的打算）。这些大学还会按要求对学校和各系部在以下七个与博士生辍学和学位完成情况有关的领域中进行的活动[②]、提供的资源和采取政策的影响范围和持续时间展开自评，同时

---

① 按要求，各个项目，甚至是各大学中数量较少的试点项目，都需涵盖广泛的研究型博士类型。每一个参与研究的大学都至少需要提供 8 个项目的相关数据，其中至少 5 个项目需出自 STEM 领域（包括生命科学、工程学、物理学和数学），还有至少 3 个应出自社会学和人文科学。很多大学提供了超过 8 个项目的数据，还有另外的 25 所大学虽然并没有在该计划实施的第一阶段获得经费资助，但作为该计划 25 个合作或附属机构中的成员，仍然提供了相关数据。为计划提供数据的合作机构包括：佛罗里达州立大学、福特汉姆大学、爱荷华大学、马凯特大学、纽约大学、宾夕法尼亚州立大学、罗德岛大学、罗格斯大学、南伊利诺伊大学卡本代尔分校和西密歇根大学。登录 http://www.phdcompletion.org/participants/institution.asp 可获得该计划所有合作机构的名单。登录 http://www.phdcompletion.org/participants/institution_PhaseII.asp 可获得参与该计划第二阶段的大学的获奖公告。

② 登录 http://www.phdcompletion.org. 可了解 CGS 为博士生完成计划所研发的，用以收集数据的工具和模板。

也会调查学生对这些情况的相关看法：① 选拔与录取；② 指导与建议；③ 经济支持与资金分配结构；④ 项目开展环境；⑤ 研究经历；⑥ 课程的规划与进程；⑦ 职业发展。

在本章的最后，我们会概述一些由参与项目大学设计的干预措施，而我们目前讨论的这些发现都是基于反映学位完成情况的数据收集而来的。虽然 CGS 仍然处于分析数据的早期阶段，但是单就分析学位完成情况的相关数据就已使我们有了一些初步发现，而这些发现或许会让我们对先前的一些研究结果产生新的认识。在《博士学位完成与辍学报告书》（*PhD Completion and Attrition*）[1]中，CGS 发表了一份文献综述的研究结果。该文献综述比较分析了 15 个在对北美博士生研究计划中的学生学位完成情况、学业坚持情况和辍学情况的调查中最具影响力的研究。这些研究，针对 1962 年到 1988 年间在美国和加拿大地区，参与到博士生项目中的学生，采用了不同的研究方法和界定原则，也选取了不同的研究样本，但无论是从学科还是从研究人群的角度来分析这些研究，都会得出相似的研究结论。首先，尽管学位完成率会随时间变化而改变，不同的学科学位完成率情况也不尽相同，但是先前的研究表明不同学科间的学位完成率高低关系保持得相当稳定，工程学拥有最高的学位完成率，接下来依次是生命科学、物理学、社会科学和人文科学。（CGS 2004，8）另外，从研究人群的角度来看，男性、属于多数群体（白人）的学生和留学生的平均学位完成率一直相应高于女性、属于少数族裔的学生和本土学生。

图 2.1 表明入学 7 年后，各学科学位完成率的分布情况从完成率高达近 57% 的工程学到完成率低至 29% 的人文科学一直保持着稳定的高低关系。[2]但是在第 7 年之后，不同学科间的学位完成率的高低关系发生了一些明显的变化。在入学 10 年时，生命科学的整体学位完成率已经赶上了工程学，二者都在 64% 左右的水平；而此时社会科学的学位完成率已经超过了物理学和数学。无论是社会学还是人文科学的学位完成率的走势在入学 10 年时都未进入高峰期，因此根据图 2.1 中的趋

---

[1] 资料来源：Council of Graduate Schools. 2004. Ph.D. Completion and Attrition: Policy，Number，Leadership，and Next Steps.Washington，D.C.: Council of Graduate Schools.

[2] 此数据集展现了 29 所大学的 313 个项目中学生的情况。

势线可以推测，在时间充裕的情况下甚至连人文科学的学位完成率都有可能会超过物理学和数学。图 2.1 中的百分数反映出所有在 1992 至 1993 学年，到 1994 至 1995 学年间，开始攻读博士学位的学生在入学 3 年到 10 年间的学位完成率的累计平均值。

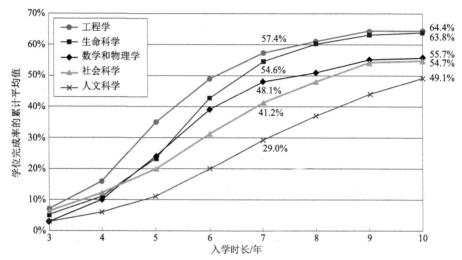

图 2.1 展示从 1992 至 1993 学年，到 1994 至 1995 学年间参加博士生项目的学生每年（从入学后 3 年开始统计直至入学后 10 年）的学位完成率的累计平均值。

来源：美国研究生院学位完成和辍学项目数据；截至 2006 年 10 月 9 日的基线数据。
备注：所有从 1992 至 1993 学年，到 1994 至 1995 学年间参加博士生项目的学生都被涵盖在入学 10 年的学位完成率的统计范围之内。

这些依据博士生完成计划的基线数据得出的一些"粗略"的初步发现表明，学位完成时间也许比辍学率更能反映出不同学科间的差异。当我们以 50%为学位完成率累计平均值的参照值来研究各个不同的学科时，我们就会很清晰地发现各个学科在学位完成时间方面的差异——比如，试问各学科半数学生平均需要多长时间才能完成学位：工程学大约需要 6 年；生命科学 6.5 年；物理学和数学 7 年半；社会科学 8.5 年；而对于人文科学而言，直到第 10 年尚有半数学生未完成学位。可见，这些学科在取得一定的学位数量以及学位完成率（或百分比）所需的平均时间方面存在着显著差异，而导致这些差异的成因是众所周知的，包括各学科在经济支持力度上的不同、集体性的实验室环境与很多人文和社会科学研究中独立性之间的差别，以及不同学科在对博士生学位论文的预期要求上存在的差异。

以上这些因素中很多都是各学科相对固定的特性。但是因为各学科间学位完成时间的差异如此巨大，所以那些以七年为标准制定政策、规划经费支出结构并计划适当改善学位完成情况的大学，应当反思它们的政策会如何影响整体的学位完成率和辍学模式，以及这些政策是否会对不同学科领域的学生产生不同的影响。

  对于这些大学而言，它们还应当考虑和分析，这些政策对于学校中不同群体的学生潜在的不同影响。之前的一些关于辍学和学位完成情况的研究关注了学位完成率在占比重小的少数族裔学生与多数学生间的差别，但是博士生完成计划整理的初步数据显示出，学位完成时间也是影响学位完成率的一个重要因素。[①]由于参与项目的少数族裔学生数量过少，所以为了保障学生的匿名性同时符合相关机构审查委员会的要求，CGS不得不要求各大学在更广的范围内统计不同群体学生的学位完成情况，而不仅仅是提供参与项目的学生的学位完成数据。虽然参与项目的少数族裔学生数量很少，但是其所占人口比例是基本符合美国博士生项目中少数族裔的实际比例的。[②]总的说来，与先前的研究结果一样，博士生完成计划的数据显示不论是以7年还是10年为期，占比重小的少数族裔在所有学科中的博士生学位完成率都要低于多数群体（见表2.1）。但是对于占比重小的少数族裔而言，7年期与10年期的学位完成率之间存在着显著差异：少数族裔7年期与10年期的学位完成率无论是在以攻读学位时间短、学位完成率高而著称的生命科学领域，还是在人文科学领域都相差了近20个百分点（对于亚裔美国学生和多数白人学生来说情况也是如此）。在所有其他学科中，少数族裔7年期与10年期的学位完成率的差异大致在8到17个百分点之间。对于所有学科而言，少数族裔与多数群体学位完成率，在7年期时的差异到10年期时都会减小，这反映出在少数族裔中存在着更多学位完成时间晚的情况。这种减小的趋势在生命科学领域表现得最为明显，在7年期时生命科学专业的少数族裔与多数群体平均学位完成率间的差距，是所有学科中最大的（有11个百分点），而到了第10年这种差距缩小为所有学科

---

  ① 自着手准备此篇文章起，有关不同群体的初步数据，便一直被更新和修正。2008美国研究生院委员会收录了有关不同群体数据集的最终分析。
  ② 博士生完成计划中，有关不同群体数据集的初步基线数据包括，55 249名学生（本土和留学生）的毕业率，其中有36 236名本土学生（美国公民和永久性居民）。参考Council of Graduate Schools 2006a和Hoffer et al.2006两书，可将这些数据与全国学生的录取率与获得博士学位的比率进行比较。

中最小的（不到 1 个百分点）。尽管亚裔美国学生在科学、技术、工程和数学（STEM）领域的录取比例要高于少数族裔，但是这些数据显示出在一些如工程、生命科学和社会科学等领域亚裔美国学生的学位完成率要低于多数群体，也许亚裔美国学生在完成学位的过程中遇到与少数族裔同样的障碍或是遇到其他一些特别的挑战。

表 2.1 入学 7 年和入学 10 年的毕业率对比，以及占比重小的
少数族裔与多数群体间的差异

学科	未被充分代表的少数族裔/%		亚裔美国人/%		多数群体（白人）/%		少数族裔与多数群体间的差异（白人）/%	
	7 年	10 年	7 年	10 年	7 年	10 年	7 年	10 年
工程学	46.4	58.7	45.7	53.6	52.3	62.5	−5.9	−3.8
生命科学	43.4	63.2	45.2	55.9	54.3	63.8	−10.9	−0.6
数学和物理学	40.1	47.6	41.8	52.3	47.9	54.3	−7.9	−6.7
社会科学	31.2	48.6	35.4	48.5	41.1	55.4	−9.9	−6.8
人文科学	32.4	52.7	33.1	55.4	35.9	55.3	−3.5	−2.6

来源：美国研究生院委员会 2006b，截至 2006 年 10 月 9 日的基线数据。

这些反映全局的数据可能会有助于我们了解，全国范围内的博士生项目推动学位完成率在少数族裔与多数群体间公平发展的进展程度，也有助于我们明白，如何将一所大学的项目与全国的趋势进行类比。因此它们是解决国内人才问题的关键。而研究总的少数人口内部各族裔的具体情况也是十分重要的，因为这也许会帮助我们了解各个少数族裔的不同诉求和相应的应对措施。比如，博士生完成计划的数据显示，总体而言，非裔和西班牙裔的美国博士生的学位完成趋势是与整体上的主流趋势相悖的。①尽管在人文科学领域，黑人学生与主流白人学生，无论是在 7 年期还是 10 年期的学位完成率，都不存在差异，而在社会与生命科学领域，这二者 10 年期的学位完成率间的差异也少于 5 个百分点，但是在工程学和物理学领域，这两组学生在 7 年期和 10 年期的学位完成率上都存在较大差异（在 9 到 13 个百分点之间）。与之相比，西班牙裔学生整体上在工程学、生命科学、物

---

① 由于样本容量小，无法推算印第安学生的毕业率。

理学和数学领域的学位完成率与主流白人学生持平甚至高于白人学生，但是在社会科学（比白人学生低 7 个百分点）和人文科学领域（比白人学生低 9 个百分点）的学位完成率则要低于白人学生。①考虑到研究中的这些少数族裔学生在项目中所占的人数比例较低，且这些趋势反映的是在 20 世纪 90 年代早期参与博士生项目学生的情况，这些研究数据也就容易被过度解读。随着该计划的发展，研究选取的数据会体现出更多的少数族裔学生的情况，而更多新近收集的数据也会显现出博士生项目在缩小少数族裔与多数群体学位完成率差异方面取得的进步。在未来，该计划还会记录下那些在帮助具体项目缩小学位完成率差异方面最具成效的策略。

下一阶段的工作

这一计划中各项目和机构采用的一些干预措施，是基于先前研究者的建议而实施的。其他一些由该计划的参与者设计的革新措施则用于处理一些具体事务，比如关注人文学科领域中后期辍学现象，或是重视在科学领域中女性和少数族裔所处的学术氛围情况。②各大学利用学位完成率和辍学率来评价的干预措施包括：

选拔与录取

- 在招录学生前组织参观校园的活动，以确保学生能选择合适的系部展开学习。

指导与建议

- 在线跟踪学生的进步情况，借助网络的互动性来鼓励学生与教师间的交流。
- 为"拖延"的学生安排定期的教师与学生会面来探讨学位论文的完成情况。

---

① 种族和民族的类别定义，参考 Hoffer, Hess, Welch and Williams 2007 一书。
② 登录 http://www.phdcompletion.org 可了解各项目概述，包括所有参与项目的机构的干预措施。

- 将给学生提供建议、指导和冲突管理作为教师研讨和反思的重点。
- 组织同辈导师间的晚餐聚会,来评审系部采取的政策和实践方案在各领域的效用,比如在 STEM 领域发挥的作用。在一所大学中,晚餐聚会已经促成了两个系部的政策改革,减弱了学生的孤独感,并降低了学生早期辍学的比率。

经济支持和经费支出结构

- 新出台的针对研究生家庭休假政策。
- 调整过的科学领域奖学金,为占比重小的少数族裔学生提供多年经费支持。

课程进程与行政措施

- 重新评估通行的综合考试的价值。
- 重新审核、修改或实施有时间限制且具有连续性要求的选课制度。

项目开展环境

- 关注少数族裔与女性在物理学领域感受到的学术氛围。

研究经历

- 组织学位论文研讨会和相关反思。
- 面向全国性会议中的少数族裔和女性,举行由关注博士生辍学和学位完成问题的学生和老师组织的壁报展示,并向各系部汇报相关情况。

职业发展

- 开展职业研讨会,鼓励学生考虑通过攻读一些非学术领域的课程来完成学业,并让学生知道博士学位在学术界内外都有很高的声誉。
- 提供一些过渡性的职业发展资源给非常想去专业性职场的硕士毕业生。

未来的研究计划包括一批个案研究,和对于博士生完成计划的多种数据集的定量和定性分析。这些分析将以测评以上这些干预措施的影响为目标,并试图探讨一些问题,例如,在针对任何学科的学位完成率和辍学模式的改革中,改变的上限和可行的目标是什么？那些学位完成率高于平均值的机构，或是那些在提高学位完成率方面取得了高于平均水平的进步的机构所具有的一些共性特征是否暗示着，一些系部层面的干预措施的局限所在？在各机构多种多样的项目和资源中，一些最具成效的系部和机构的方案（在各领域、各学科和不同人群中的实践）已被实践证明，那么哪些项目和资源或者它们采取的一些综合措施是最低效的，甚至会在实践中产生适得其反的效果？不同的机构可能会采用不同的策略来应对那些跨学科或是跨人群的共性挑战。比如虽然调整经济支持结构（例如，确保有更多持续的资金支持，或是长期的资金资助），对于一些学科而言或许有比其他学科更重要的意义，但可能不是所有机构都能进行这种调整。对于某些学科或人群而言，尽管经济支持与学位完成情况关系密切，但是真正最有成效的干预措施却是在指导与建议方面做出改善。而在其他一些学科中，最有益的策略可能是在培养项目的早期引导学生在完成课程作业的同时展开一些研究。

还有一些不在机构影响范围内的因素，比如某一学科或是周边区域经济中的就业情况，以及从参与博士生项目的学生中筛除掉那些未被公开授予硕士学位的学生。但是机构的特点以及系部的政策和实践，与这些所谓的外部不确定因素可能会产生相互影响。大学应当如何最有效地应对和革新那些特别容易受到就业市场波动影响的学科，或者大学应当如何在一个硕士学位被高度欢迎的区域环境或是学科领域中留住学生，这些问题都是该计划的参与者想要在研究中一探究竟的。而所有这些问题的解决需要CGS、被选派为各项目负责人的研究生院院长们、参与计划的各大学的老师们和广大研究生教育研究界的通力合作。

博士生完成计划已经在本章开头两页提及的问题上初步产生了一些重要影响：在全校范围内提高了对于学位完成情况的信心，以及通过基于数据和客观信息做出的决策来推动文化理念方面的变革。很多大学都报告称，参与该计划使得它们彻底更新或极大地加强了它们的数据中心基础设施建设。该计划得到了各大学校长、院长们的大力支持，同时也促使大学在制定决议时能将攻读学位的时间和辍学问题列入考虑范畴。比如，处理学位完成和辍学问题的策略已被纳入学校的策略规划，项目的审查与测评以及资金的分配正在进行（例如分配资金奖励那些在改善辍学问题方面取得成效的系部）；另外至少有一所大学，已将研究生导师指导下学生的进步程度,纳入了决定该教师的聘用期和晋升情况时的重要考核依据。很多面向学生或教师的有关博士生学业完成情况及相关成功策略的研讨会、反思会和"自带餐"餐会针对一些先前没有出现过的学位完成情况方面的问题展开了讨论。在这些讨论中,各大学还汇报了一些先前未透露过的信息,如早期的辍学模式,并以此来获得教师们的认同。

学位完成情况的相关数据,使得大学可以评估那些过去实施过的相关策略和那些在博士生完成计划的资助下尝试的改革策略在一段时间内的影响力。各大学同时也期望该计划可以提供一个基准测评工具,帮助它们在各学科内比较自己的项目与其他相应的项目:大体上可以按不同的机构类型来分类比较,也可以在情况相近的实验组间进行比较。为实现这些目标,促进这样一个基准测评工具的构建,CGS 现为每一个参与研究的合作机构定制了一份提供比较数据的报告。而开发出一个网络机制,使得各大学能够依据自身所需整理同类大学的相关数据,并观察其中的平均学位完成情况、辍学率和辍学模式,是该计划接下来在构建基准测评工具方面的一个打算。我们期待通过评估一段时间内各大学活动对自身产生的影响,和比较各大学自身与其他大学在活动影响力、学位完成情况和辍学模式方面的优劣异同,来帮助研究生院院长、各学校与学校教师们建立起更为良好的博士生就读环境,使得博士生学位完成情况被有关如何改善博士生项目的讨论列为优先考虑的重点问题。

展望未来

从统计学上讲,全美博士生学位的平均完成率仅为 50%,因此电影《力争上游》中金斯菲尔德教授的那句迎新致辞在现实中的博士生迎新会上可以进一步简化为,"瞧瞧你左边的同学"。即使与过去相比目前的学位完成率有了几分提高,金斯菲尔德教授的原话"瞧瞧你左边的同学,再瞧瞧你右边的同学"也依然过分乐观地评估了全美参与博士生项目的学生完成学位的客观情况。但是用统计思维来推动博士生完成计划的发展并不旨在告诫学生:攻读博士生学位就仿佛在一场规则死板的抽奖活动中碰运气一样存在着很多无法逾越的限制条件。相反，该计划提供的各种数据是为了帮助高层行政人员、教师和学生了解那些需要他们齐心协力重塑的客观条件和重新界定的种种限制。我们希望所有的大学都能有效地利用该计划提供的各种数据，而这一计划也能孕育出一些卓有成效的改革措施，这样我们就可以在开学演讲中说："看看你的左边，再看看你的右边，为了让你们每个人如期博士毕业，我们已经竭尽所能了，剩下的就靠你们自己了。"

第三章

提倡学徒制与学术环境——"卡内基博士计划"带来的启示

克里斯·M·戈尔德（Chris M. Golds）
安德烈·康克林·布希（Andrea Conklin Bueschel）
劳拉·琼斯（Laura Jones）
乔治·E·沃克（George E. Walker）

虽然美国出色的博士生教育蜚声世界，但国外一些新兴的教育中心还是对其构成了越来越大的竞争威胁。近期改革主要致力于提升博士生培养项目的效率，使其能够更好地服务学生个人发展、帮助学生准备就业或者促使他们为社会做出更加广泛的贡献。而增加对于学科边界、学科内外合作以及运用新方法整合知识的关注度的呼声正变得越来越高（比如，可参见戈尔德与沃克2006年的论著[①]）。正是在这样的背景之下，我们开始重新定义"学徒制"在学术环境里的意义。

"卡内基博士计划"（简称CID）集研究与行动为一体，共覆盖44所美国高校的84个系部，旨在帮助各系部重新审视它们的博士生培养项目。随着该计划的开展，两大主题成为我们关注的重点[②]。其一，重新评价博士生教育的标志性教学法，即学徒式教学法；其二，论证健康而活跃的学术环境，是最适合博士生教育良好

[①] 参考：Golde, Chris M., and George E. Walker, eds. 2006. Envisioning the Future of Doctoral Education: Preparing Stewards of the Discipline. Carnegie Essays on the Doctorate. San Francisco: Jossey-Bass.

[②] 沃克（Walker）与戈尔德（Golde）等人在2008年的研究报告中，详细探讨了本章与其他章节中的一些观点，同时，也详细介绍了CID项目。资料来源：http://gallery.carnegiefoundation.org/cid。可以查看系部工作的电子版介绍。

发展的沃土，并且证明了刻意营造这种环境的可行性。这两大主题相辅相成——强劲、健康的师徒关系有利于营造活跃的学术环境，而富有活力的学术环境又能促使师生间建立起以学习为中心的积极关系。因此，尽管它们彼此独立存在，我们仍然认为只有二者兼顾，博士生培养项目才更完善。

学徒式教学法（Apprenticeship Pedagogy）

大多数重要的教学发生在新手"学徒"（学生）与"师父"（导师）的一对一关系之中，这是博士生教育的一个鲜明特点。我们之所以会将学徒式教学法视为博士生教育的标志性教学法①，是因为虽然导师与学生间的密切交流并不是研究生教学的唯一途径——还有讲座课程与学生自主学习。但是，自美国开办大学以来，在研讨课与实验室里施行的"肘碰肘学习法"（elbow learning）就一直是研究生教学采用的主要方法。②当师生关系良好时，这种教学法会带来非常大的益处：为了培养、锻炼学生，出色的导师按照高标准严格要求学生，慷慨地分享他们的才学，并为每个学生制订符合其需求的教学培养计划。但不幸的是，当师生关系恶化时，这种教学法也会带来极其可怕的后果。

无须赘述那些可怕的故事，我们必须承认师生关系里存在的隐患：一是学徒的言听计从；二是学生无法独立思考、发出自己的声音。更危险的是，学生也许会受教于一位忽视或利用他/她的导师。单一导师制往往与教师自治传统相结合，结果就是，当学生被导师苛待或是与导师关系恶化时，总会感到孤立无援。其他老师和行政人员是不愿从中干预的。教师自治的文化阻碍了教师间开展有关改进

---

① "标志性教学法"这个词，是由促进教育发展卡内基基金会（Carnegie Foundation for the Advancement of Teachering）的会长，李·S·舒尔曼（Lee S. Shulman）创造出来，用以描述"各行业中的未来从业者，接受相关教育以及学习时，所采用的基础方法的特色形式"（Shulman 2005，52）。标志性教学法包括法学院中对话讨论式的案例教学法；医学教育中，日常查房时开展的临床教学等。所有标志性教学法都有以下三个特点：它们是普遍应用的常规教学法；它们需要公开的学生成绩；"不确定性、明显性与学业负责制，必然会提高人们对于这种教学体验的情感分"（资料来源：Shulman 2005, 56-57）。

② "肘碰肘学习法"是克拉克大学的第一任校长，心理学家G·斯坦利·霍尔（G. Stanley Hall）描述老师与学生在研究实验室里并肩工作的状态时用的词（资料来源：Ryan 1939）。当时，这是一种教育创新。

教学策略和理念的讨论。因此，我们常常听到那些优秀导师的学生自称为"幸运儿"，这凸显了学生在获得优质指导方面的不公平性与不确定性。

与其他通行的研究生培养文化相比，学徒制培养模式具备一些优势。其他的培养方法包括："耳濡目染"法（学生通过阅读优秀研究文献以及近距离接触正在进行高质量研究的老师来学习）、"自谋出路"法（学生被孤置于初步的教学经历或研究任务中，并要在很少的指导下，找到完成任务的方法）、"有才华的学生会自我发掘"假说（"优秀的"学生清楚自己的需求，会努力获得所需或舍弃无用的学习经历）以及"高压磨炼"策略（这种博士生培养项目充满高风险的考试与高难度的障碍）。以上这些培养方法并未积极地敦促学生学习，也未有目的地引导学生在学术方面的成长。事实上，认知科学告诉我们，在一个目的性较强的环境中，大多数人能学到更多东西并获得进一步的发展（欲了解这方面的概述，可参阅Bransford，Brown，Cocking 2000 年的研究文献①）。

我们相信，我们可以为 21 世纪美国大学的博士生教育定制出新的学徒制培养方案，从而重新定义"学徒制"这个名词，使其与"契约佣工"的含义分离开来。为此，我们改变了原有定义中一处介词的使用：从学生受教"于"一位导师的体系，转变为学生"与"几位导师共同学习的模式。简言之，师徒关系是一种为学习服务的互惠关系，这其中并没有"一对一"或是"上下级"的要求与限制。构成学徒制培养方案的一系列技巧、实践和特点，经过有目的性的设计和发展，可以使各方获益。我们重新设计的学徒制培养模式——学生"与"几位导师共同学习的模式——具备四个特点。

有目标的教学法

学徒式教学法是一种教学理念。布朗（Brown）和他的同事认为，学徒式教

---

① 参考：Bransford, J.D., A. L. Brown, and R.R.Cocking, eds. 2000. How People Learn: Brain, Mind, Experience, and School. Washington, D.C.: National Research Council.

学是研究生教育中使用范围最广、辨识度最高的一种教学法。[①]这种教学法要求学生从观察专家研究的实践操作入手，之后还会给学生提供很多实践的机会来锻炼他们相关的技能。在重复的练习中，学生可以成功完成一些简单的研究，并逐渐开始挑战一些更为复杂的任务，而他们所处的研究环境也越来越复杂，促使他们必须能够独立思考并做出决定。

导师在这种教学法中扮演的角色的重要性是不可低估的。[②]作为某一领域的专家（师父），导师必须要能理解和阐释专家行为的每一个环节，并能说明这些环节如何环环相扣地构成整个研究。导师的责任在于用清晰易懂的方式示范专家研究过程——包括导师自己和其他人的研究。在指导一名即将成为专业研究员和学者的过程中，导师会设计实践任务，使学生能在精心营造的、低风险的研究环境中练习重要技巧，并逐步拥有独立完成更为复杂的实践任务的能力。这些任务也许是模拟情境（在模拟的专家评审中，进行计划书答辩），用已知的办法解决问题（在已发表的文章中找到可以研究的问题），或者精心设计一个较大项目的组成部分（一节有关学术刊物或论文开题报告的课程）。学生在反复实践的同时，得到导师的指导和反馈。

导师采用"支架式"（scaffolding）教学模式，并逐渐减少对学生的支持。"支架式教学模式下，教师会在学生完成任务的过程中，向学生提供帮助。这种帮助的力度，大到为学生包办几乎整个实践任务，小到偶尔提示下一步如何操作"[③]。

[①] 我们的认知框架，主要建立在约翰·希利·布朗（John Seely Brown）及其同事关于认知学徒制的研究工作之上。认知学徒制这个概念，作为一种解决问题、实施复杂的认知任务和在正规学校中培养专业知识的策略，引起了研究者的关注（资料来源：Collins, Brown, and Holum 1991, 457）。他们将初级阶段的教学，包括阅读、写作和数学，作为研究的重点（资料来源：Brown, Collins, and Duguid 1989; Collins, Brown, and Newman 1989; Collins, Brown, and Holum 1991）。我们卡内基基金会的同事，发现这种研究有助于分析专业教育。我们相信，这项研究工作也能应用到博士生教育之中，并正在将这种应用付诸实践。

[②] 在本章中，我们选用了"导师"一词，而非"指导老师"或"老师"。指导老师是一个正式职位，大多数博士生都有一位指导老师，而导师承担着鼓励者的身份。指导关系这个词指的是，学生结束在研究生院的学习之后，与那些仍然资助与支持他们的导师之间的关系。我们使用"导师"这个词，因为这个词使用的流行性表明，任何人都可以有，或许也都应该有多位导师。"指导关系"与一个人完整的专业发展目标相联系，且并不局限于某些特定的技巧与任务之中。虽然这个词暗含喜爱与关怀之意，但我们将其与高标准联系在一起。我们需要的不是和蔼可亲的师长，而是能创造条件、帮助学生完成高质量的研究工作的导师。

[③] 参考：Collins, A., J. S. Brown, and A. Holum. 1991. "Cognitive Apprenticeship: Making Thinking Visible." *American Educator*（Winter）: 6-24.

当这种帮助削减之后，导师的影响力消退，学生则承担起更大的责任。导师鼓励学生反思他们的所学，并将他们的工作与专家进行比较。通过逐步设计实践任务，以及恰当给予"支架式"辅助，导师可以指导学生达到专家级的水平，并引导他们将自己的所思所学运用到愈加多元复杂的环境中。

这种教学法对导师的期许很高。他们自身应该是专家，对自己领域内的专业知识有足够透彻的理解，从而能够做出完整的研究示范，并能将这一过程再进一步划分为几个部分，然后采用不同的策略对学生展开分步教学，最终帮助学生进行完整的专业研究。[①]他们必须清楚何时给予指导，何时让学生自己尝试并经受失败的考验。这种教学法假设，对于有代表性的学生成长过程，导师心里了如指掌，同时，在运用支架式教学法和指导学生方面，导师也有丰富的经验，可以引导学生走向专业、独立和合作。理想状态下，导师应因材施教。我们知道，并不是每一位研究生导师都具备以上这些技能；但是，我们相信，每一位老师都可以学会这些做法并从中受益。

学生也应当努力经营这种师徒关系。对于很多学生而言，这种非正式的、一对一的学徒式教学可能是一种全新的学习方式，在正规的教学环境中，尤其如此。学徒式学习的经验性特征期望学生能够反思他们的实践经验，从中得出一般的模式和范例，应用于其他情境。学生必须为自己的学习积极负责，并且敢于冒险、不怕失败。

多重指导关系

同时向几位导师学习可以最好地满足当今学生的需求。"各学科以及跨学科工作的快速发展……意味着新生通常不会对那些实行单一导师制的项目感兴趣"[②]。

---

① 参考：Grossman, Pam, Christa Compton, et al. 2005. "Unpacking Practice: The Teaching of Practice in the Preparation of Clergy, Teachers, and Clinical Psychologists." Paper presented at the American Educational Research Association, Montreal, April 11-16.

② 参考：Damrosch, D. 2006. "Vectors of Change." In Envisioning the Future of Doctoral Education: Preparing Stewards of the Discipline, edited by C. M. Golde and G. E. Walker, 34-45. San Francisco: Jossey-Bass.

即使一个新生和学院某位老师兴趣相投，其拥有广博的知识以及广泛的求知欲依然至关重要。不管是学术界还是非学术界（或两者），工作内容都是纷繁复杂、瞬息万变的。因此，没有任何一位导师能够以同样出色的水平教授学生所有必备的技巧与能力，学生也不应当对导师存有这样的期盼与幻想。当前问题的复杂性，要求学生能够整合多方观点并展开跨学科的协作工作。

所有这些因素都说明了单一导师制的不足，因此，我们提倡为每一位处于学徒制教学中的学生，提供多元的导师指导。博士生应该在研究和教学两方面得到不同的导师指导，并与一些老师和同学建立起不太正式的指导关系。不仅仅拥有一位指导学位论文的导师，对于一些学生来说是司空见惯的事情，但对其他很多学生而言，却是一个令人惊恐的变革。事实上，在大多数情况下，一到两位导师会对一个学生的发展负主要责任。但是我们注意到，哪怕一个学生只有两位导师，导师对于学生的责任分配也会从单一责任转变为共担责任，而这种转变就需要对如何资助学生，以及如何规划学生的时间这两个问题做出全新的安排。从学生的角度来看，他们必须要能主动地为自己找到几位想要师从的老师，并且能调和多位导师给出的不同建议与期许。当然，如果系部里的学术文化能鼓励学生，自主构建受教育模式，发展多位导师指导制度就会容易不少。

目前，我们把关注重点放在学徒制教学中导师与学生的一对一关系上。但是一些集体组织——如课堂、研究实验室、写作小组和群体讨论——也是重要的小型学习社群。一些社群里的成员，学历水平高低不同，这就使各成员可以从中找到很多不同的老师。科学实验室就是一个典型的学历水平高低不同的社群，身处其中的学生既能受到他人的指导，也会学着去指导他人。在研究实验室中，"级联指导"（cascading mentoring）的文化氛围很浓，博士后研究员指导高年级研究生，高年级研究生指导低年级研究生，而低年级研究生则指导本科生。在研讨课上，一位老师可以同时指导一批学生，学生之间也能够互相请教；这就要求我们创新性地将研讨课视为一个学徒制教学场景。

共 同 责 任

虽然多重指导可能意味着学徒制之下研究与教学的责任分工，但我们相信多位导师通力合作共同指导学生成长的方法更加可取。[①]系部最重要的共同目标和责任之一，就是对研究生进行学徒制教学。导师承担共同责任意味着为学生设定明确期望并互相问责。一旦老师对参与项目的学生所需掌握的知识、技能以及所需养成的思维习惯达成共识，就能够轻而易举地为学生规划出未来发展的目标。共同承担培养学生的责任制度，就是依托于这种想法。在学徒制教学中，明确一些标准和学生的未来发展——包括学生在项目中预期会取得的进步大小、学生的发展目标、学生寻找正式和非正式导师的时间表、老师回复学生论文草稿的常规速度，以及年度审查涵盖的交流与文件范围——减少了学生的疑虑和潜在的误会，同时也使得学生有机会达到更高的学术水平。

导师间相互交流学生的发展情况，并不是一件令人生厌的事情。相反，我们相信老师之间需要多进行这样的交流："迈克最近的学习进展如何？他是你的助教，对吗？他最近的授课情况如何？"要让学生的发展情况成为人人关心的事情，就要将这种"核对情况"式的交流融入日常生活中来。正式体制中，年度审查是最起码的工作。而在非正式的环境里，这就是一种与失职行为相反的、共担责任的文化。但是，老师不仅要共同规划学生的未来发展，还要在认知不当行为方面达成共识。一些不允许出现在课堂上的行为（如缺课、呵斥学生），在课堂之外同样不可以发生。学生同样需要为自己负责。他们不可以在教育过程中，沦为被动的接受者；相反，他们必须能主动地为自己制定出近期目标与职业规划，并寻求那些能帮助他们成长的经验。对取得进步的大小设定明确的预期，并为完成高质量的工作做出明晰的规划，都是有助于实现以上目标的。[②]

---

① 博士生教育的目标，是将学生培养为各"学科的掌管人"。这是 CID 项目的核心观点。更多关于这一点的讨论，可以参见 Golde 2006, pp. 9-14.

② 参考：Lovitts. 2007. Making the Implicit Explicit: Creating Performance Expectations for the Dissertation. Sterling, Va.: Stylus.

建立在尊重、信任与互惠互利基础上的关系

与多位导师共同学习（对比受教于一位导师）的学徒制教学，需要老师全心全意地慷慨投入，方能取得不错的成效。在学徒制教学中，只有注意在师生间培养相互尊重、信任与互利互惠的品质，才更有可能建立起良好的师生关系。这些品质之所以重要，不仅仅因为它们有助于构建舒适的人际关系，更因为它们为促进学习创造了条件；另外，在有利于学习、富有活力的学术环境中，也能找到他们的身影。

相互尊重的态度，是一段良好的学徒式师生关系的标志。如何合理地将导师的想法和反馈融入学生的研究工作中，既采纳了老师丰富的经验，又尊重了学生日益增强的学术独立性？学生的想法该如何为他们的成长和发展留出空间？对于个人的尊重（不以喜爱或友谊为前提的尊重）同样也很重要，而这种尊重可以从尊重他人的想法做起。在相互尊重的基础上，师生间展开互动，彼此间逐渐就有了信任。

互惠互利是构建良好师生关系的第三个要素。依据人们通常的理解，学生可以从一段健康的指导关系中得到这些收获：训练、建议、指导、资助、支持、鼓励和反馈。教师也会有以下收获：获得新的想法、被注入能量与激情，得到见证学生成功的满足感，留下精神财富。在互惠互利的基础上发展师生关系，既可以减少师生间的等级差异所带来的负面影响，也能促进师生间知识的自由交流。

学 术 环 境

影响博士生教育的因素远不止导师与学生间的一对一关系。我们相信健康的学术环境是保障成功的博士生教育的第二要素。学术环境是完成博士生教育的核心工作——构建知识网络——的必要条件，当然也是基础。

尽管我们每个人可以独立地构建和积累知识，但是我们所学的大部分知识，都来自我们与他人正式或非正式的交流。作为学者，与他人交流增进了我们的学识，因为一次随意的交流可能会启发我们产生一种新的思路，或者我们的同事会帮助我们发现某个论点中存在的问题。认知科学提醒我们，"学习本质上是一种社会性的活动"[1]。不论是课堂上、办公室里、还是社交领域中，学术环境能为我们提供的相互交流的机会越多，我们分享和吸收的才智，以及学习的知识也就越多。

一个有活力的学术环境会强调讨论与合作的重要性，并支持研究、教学，当然还有学习活动的进行。系部的文化——也就是学术环境的本质——对于人们如何思考和解决问题，如何重视教学；学生如何与前辈交往，如何对待失败；人们如何共事，如何看待独立和承担风险的问题都有影响。汇聚所有学者的社交模式，就可以了解学者的培养过程和发展状况，对学术界的理解，也会因此进入一个新的阶段。从这层意义上来说，一种学术环境不仅仅关乎百乐餐会上的交流，或是走廊谈话的情况；还是一门"隐性课程"，传递着一些有关学术目标、资源投入以及角色扮演的重要信息。[2]

一些人也许会认为，教师奖励制度下的博士生教育以个人成就为重。但事实上，所谓的"个人成就"可能并没有表面上看起来的那么"个人"："温室效应……说明这样一种非凡的'创新发现'更有可能出自某个出色团队的集体智慧，而非个人的独立研究"[3]。能有所成就的关键并不在于成为某个团队中的一员，而在于成为某个"出色"团队中的一员：与那些有研究兴趣与热情、善于思考而富有创造力的人共事。而学术环境的一个特征就体现在促进研究团队成员间的交流以及新想法的诞生。

和学徒制教学中的师徒关系一样，学术环境也可以被有目的性地设计和营造。

---

[1] 参考：Wenger, E. 1996. "Communities of Practice: The Social Fabric of a Learning Organization." Healthcare Forum Journal 3, no. 3: 149-164.

[2] 资料来源：Bender, T. 2006. "Expending the Domain of History." In Envisioning the Future of Doctoral Education: Preparing Stewards of the Discipline. Carnegie Essayson on the Doctorate, edited by C. M. Golde and G. E. Walker, 295-310. San Francisco: Jossey-Bass.

[3] 资料来源：Kunstler, B. 2004. Hothouse Effect: Intensify Creativity in Your Organization Using Secrets from History's Most Innovative Communities. Saranac Lake, N.Y.: American Management Association.

它并不仅仅存在于研究结束后的反思中，而是融入系部生活的方方面面。知识构建可能发生在许多场合，显然，它是正规课程的一部分。研讨课能够培养良好的辩论习惯，产生新想法、新视角；实验课邀请所有学生来评判某个假说。在这些场合，学生展现出来的领导力和合作精神有助于系部的学术生活。通过探讨那些构建学科所依据的宏观概念，我们既明确了应当重视的因素，也摆脱了一些无关的干扰。因此，这些交流为学术环境带来了生机与活力。

对于学术环境，我们着重强调4个特征，其中的几个，与之前有关学徒制教学讨论中的部分内容相似。这4个特点彼此间相互影响，共同促进博士生教育的发展。

广泛的包容性：一个繁荣的学术环境，一定拥有很多活跃的参与者；也必然会欣赏多角度思考的创造潜力。鼓励想法的多元化，需要建立起学位层次丰富的学术环境，其中研究生、博士后与各个级别的教师都能各司其职。一个系部的学术环境的健康程度，体现在该系部中最基层成员对于系部活动参与度的高低上：包括在委员会任职、招待外来学者和策划活动的情况。

灵活性与宽容性：学习过程中最重要的几个环节就是尝试新领域、犯错误并从失败中吸取经验。对于学生和老师而言，建立空间——不论是从字面还是从隐喻上理解——让我们可以在其中检测新的想法，是一件重要的事情。然而在一个日益重视"生产力"的学术文化中，思考与反思的重要性被极大地忽视了。我们承认，在需要按期完成任务、提交作业的学生中提倡这一点，会面临很多挑战，但是，如果一个学生没有任何机会去从失败中吸取经验，他可能会永远缺乏承担风险、提出富有创造力的原创想法的勇气。而这些都是一个出色的学者和领导者不可或缺的能力。

相互尊重与合作共事：正如一位 CID 的参与者阐释的那样，"即使参与成员没有完全达成一致，他们也必须有一个共同努力的目标"。尽管在名义上，很多系部都在合作共事，但只有那些"强调达成共识、权利平等、共同协商、共担责任"的系部团体，才是真正更具生产力的重要社会群体。[①]尽管各个繁荣的学术环境所

[①] 资料来源：Massy, William, Andrea Wilger, and Carol Colbeck. 1994. "Overcoming 'Hollowed' Collegiality." Change 26, no. 4: 11-21.

推行的合作方式各不相同,但是它们都营造出了提倡相互交流,而非孤立隔绝的氛围。身处有活力的学术环境中的人们,愿意与他人共度时光,共享想法,并交流反馈。在 20 世纪 70 年代中期,"系部究竟在多大程度上,能被视为一个社交网络,和一个专业的、面向学科的学者社群",是评价系部环境给其中的研究生自身发展和求学体验带来的积极或消极影响的一个重要维度。①

有目的且有意识:构建"富有活力的学术环境"所需的复杂文化背景,显然是刻意经营的产物,而非意外的收获。和所有高度运转的工作场所一样,学术环境也必须被营造、维护、发展和管理。而为了保障学术环境的持续发展,就必须要有规律地进行一些共事活动。我们可以创造出适宜的环境,让处于其中的来自不同背景的人,都有机会成为专家:比如在杂志俱乐部活动上轮流主持发言,使得每个成员都有时间发表自己的见解,同时也促进了成员间的交流;墙报展示期间举行的小型研讨会,使得每一个学生都有机会展示并阐释他们自己的作品。一般情况下,这些场合都和学习机会直接挂钩。因为,没有人是无所不知的,而一个开放并倡导相互尊重的环境,可以使人们坦然面对自己不懂的知识。

最后,一些社会因素也值得我们关注。很多关于组织文化的研究,都强调了非正式交流的重要性;布朗(Brown)和杜吉德(Duguid)②将这种交流称之为"意外的学习"。尽管从定义上来看,意外的学习是不可以被预先规划的,但是我们却可以营造适宜开展这种学习的环境:咖啡厅、厨房、学生(尤其是在学校里没有办公场所的学生)可以相互交流并了解系部活动的地方。我们在做活动计划时,可以给人们预留出一些能够自然交流的空闲时间。一份议程可能涵盖了各种详细的讨论话题,但是通常也会有一些场合——用餐时、游戏时、散步时——会让人们在一种更私密的情境中,进行一对一的交流。

尽管我们经常对学术环境熟视无睹,但是它却总在潜移默化中悄无声息地影

---

① 参考:Hartnett, Rodney T. 1976. "Environments for Advanced Learning." In Scholars in the Making: The Development of Graduate and Professional Students, edited by J. Katz and R.T.Hartnett, 49-84. Cambridge, Mass.: Ballinger.
不幸的是,从总体上看,良好的系部环境似乎太稀少了。哈特尼特(Hartnett)针对 9 个起领头作用的系部所做的研究发现,只有少部分学生(这部分学生的比例大小,根据系部的不同,跨度为 6%~35%)十分同意,"其所在系部的人文环境以学生与教授间的相互尊重与关心为特色"(资料来源:Hartnett 1976,75)。

② 参考:Brown, J. S., and P. Duguid. 2000. The Social Life of Information. Boston: Harvard Business School Press.

响和构建着博士生与教师的治学经历。事实上，引起人们关注的反而常常是学术环境的缺失。我们有可能通过积极地构建学术环境来创造新的知识体系，并培育下一代学者。在这一过程中不仅提升了学术环境，还能促进环境中各项活动——包括学徒制学习的开展。

强化过程：学徒制与学术环境

上文中提及的很多活动和特点，都有重合的内容，而且彼此之间相互促进。在某一周中，领导期刊报告会的学生，可能会抛出一个所有人都需要认真思考后才能回答的问题。而这个问题，又有可能会给一位导师的期刊论文带来新的启发，这位导师也会邀请该学生与其一起开展研究。这些经历都能促进学生的发展，并为学术活动带来源源不断的新知识。尽管，我们不想把学徒制教学与学术环境混为一谈，但是我们认为，正是这二者间很多相同的特点，促进了二者更好地发展。

富有人文关怀的人际关系：无论是学徒制教学中典型的更为紧密的导师与学生间的指导关系，还是存在于很多系部成员间的、随意松散的互相学习的关系，都以愉悦气氛作为一段良好关系的标志。在信任、尊重与合作共事的基础上，培养人际关系可以使人们慷慨地共享专业知识，所有身处学术环境中的人都珍视这一点。

共同愿景：基于共同的目标，我们憧憬了一个能够有效促进研究生教育发展的学术环境。从最广的层面上来看，我们认为，一个学术环境应当以知识发展和学习为中心。具体说来，我们相信系部对一个典型研究生应当具备的技能、知识以及思维习惯要有所设想和规划。还有一个同样重要的问题是，我们对于学徒制教学的憧憬建立在互惠互利的合作环境之中。在这种环境里，所有学生都有多位导师，系部（以及系部中的所有成员）共同承担起促进学生学习与成功的责任。

学习和提升：和进行研究或写作一样，指导学生也不是一种与生俱来的能力，而是一种需要学习的技能。在学徒制教学中应用学徒式教学法的理论，就是要让教师有指导学生的实践机会，或许教师也需要接受指导。指导学生是一个针对个体、高度复杂的过程，需要不断地调整和改善；因为没有一种指导方式是可以一直适用于所有人的。英国人通过近期的改革，解决了这个问题："对于现在的学院而言，要求新导师在指导学生前接受培训，是一件司空见惯的事情；一些学院还会要求它们的导师，定期接受连贯的职业发展培训。"[①]同样，学术环境也必须有意识地营造和建设。

尽管学徒制教学与学术环境存在相似之处，彼此间也相互促进，但是我们要明确，这二者并不是一回事。学术环境不仅是学徒制教学中各种关系的集合体，同时它也是学习活动开展的场所。而学徒制教学，则是一种教学策略，一种教学法。它们独立存在，但又彼此相互促进。

可预见的阻碍

有关实现愿景的过程中可能出现的挑战与阻碍，我们已经略涉一二了。其中需要特别关注两点：教师的自治传统以及时间的匮乏。也许因为老师本就是一个个独立的个体，而很大程度上，指导关系又是一种私密的关系，所以老师间很少探讨彼此的教学或指导的理念或策略，这就使老师丧失了互相学习的机会。而要实行学徒制，就意味着直接挑战当前指导关系中通行的私密与自治传统。

当老师经营他们与学生的关系时，会得到很多内在的回报，这往往对于他们的研究也有很大的帮助，但他们很少会因此得到公开的赞誉与回报。正如美国科学院科学、工程和公共政策委员会（Committee on Science, Engineering, and Public Policy）建议的那样，如果指导工作能在一个"与奖励和晋升挂钩的制度体系里"[②]进行，那么转变现有的文化指导工作，就会变得轻松一些。

公开地讨论和辩护自己理想中的系部发展目标和任务也是一种挑战。参与这

---

① 参考：Eley, A. R., and R. Jennings. 2005. Effective Postgraduate Supervision: Improving the Student/ Supervisor Relationship. Berkshire, England: Open University Press.

② 参考：Committee on Science, Engineering, and Public Policy. 1997. Adviser, Teacher, Role Model, Friend: On Being a Mentor to Students in Science and Engineering. Washington, D.C.: National Academies Press.

种讨论，迫使系部的成员们为所处的学术环境投入脑力和个人精力。而讨论的过程，又会启发出新的想法与憧憬，从而需要花费更多的时间和精力。学着用一种新的方式做事，无论是采用一种新方法与学生交流，还是共同构建一门课程，都要花时间。如果事情进展顺利，人们很少会去反思他们的做事方式。通常情况下，促使人们做出改变的，是一场危机或来自外部的压力。

我们不提倡为了改变而改变。"增加开会次数和学术交流机会是很容易的，"一个 CID 项目组指出，"但是我们应当如何使这些交流讨论更加言之有物？使人们聚集在一个房间里，互相交流他们各自的工作很容易，但是我们应当如何刻意地增强参与者的知识分子意识，并引导他们更多地展现出学者风貌？重复同样的工作能带来质的飞跃吗？"[1] 这些问题都聚焦在了一个人们需要了解的常识之上，那就是学术环境是一种媒介。仅仅增加学术活动和场所，未必会提高学术参与、促进学术发展。所以，我们必须要依据我们预期实现的目标，来制定和评估相关的改革策略。这就要求系部的成员反复地商讨，就改革的预期成果达成一致意见。

本章的重要性

大多数博士生都是带着热情与理想进入研究生院的。但是，随着时间的推移，这股激情往往会逐渐褪去。这有好有坏：好处在于有关学术生活的浪漫理想变为更加实际的目标，坏处在于许多人投身学术的那份热诚也一并消磨殆尽。和学生一样，老师也反对这种改变，对于求知过程中学生丧失的热情和技术能力深感不满。学习的热情可以引导学生有所发现并取得成就，因此了解如何帮助学生保持这种热情就显得至关重要。

本章为我们提供了一个回顾反思的机会，批判性地审视目前博士生教育的进程与结构。通过与很多参与 CID 项目的系部里的专职教师和研究生合作，我们完成了这些工作。我们仍然为学术界与研究界很少有人重视高等教育里这个细微却

---

[1] 参考：Walker, George E., Chris M. Golde, Laura Jones, Andrea Conklin Bueschel, and Pat Hutchings. 2008. The Formation of Scholars: Rethinking Doctoral Education for the Twenty-First Century. San Francisco: Jossey-Bass.

重要的问题感到吃惊。向那些学术圈外的人解释，为什么大多数学校对于它们的博士生完成率一无所知，几乎是不可能的——更别说找到一个合理的解释理由。除了齐心协力地评估传统教育方式的效果之外，我们无法记录常见的研究生教育模式，这一点令人难过。

在本章中，我们阐述了两个概念——学徒制教学的新思路和学术环境——我们相信它们很有可能解决目前美国的研究生教育所面临的一些问题。通过使我们的博士生项目重新致力于治学，与培养能够掌管各自学科发展的博士生，我们可以取得更大的成就。针对世界中的复杂问题，我们设计了跨学科的解决办法。我们可以应对博士生辍学和多样性的难题，为系部里的研究生和新教师营造出更具竞争力的学术环境。我们可以创造出能使更多学生充分发挥潜力的博士生项目。

第四章

赢得博士生教育的三个途径——毕业进度、学位完成率和毕业时间

凯瑟琳·M·米利特（Catherine M. Millett）
麦克尔·T·内特尔斯（Michael T. Nettles）

在博士生项目中，人们常常研讨学生的学习进度和完成学位时间。[①]因为高等教育中博士学位的相关要求最少，所以缺少成文的标准来规范博士生的毕业时间。鉴于博士生教育在培养学者、研究员和大学教师方面发挥着特殊的作用，对于博士毕业时间的宽松要求可能也体现出大学为了确保培养出高质量的博士生，降低了对学生完成学位速度的相关要求。

与评价其他高等教育的方式相似，博士生教育的质量由它的成本和成效而定；因此，在重视学位完成时间与确保培养高质量的博士生之间寻找平衡点这一问题上，博士生导师与行政人员常常意见不一致。这也是研究人员一直关注学生取得博士学位所需时间的原因。取得学位的时间是评价学生成就与机构效率的一个参照标准，也是评估博士生教育进展的一种方式，而完成学位则标志着博士教育的

[①] 资料来源：Hartnett, Rodney T., and Warren W. Willingham. 1979. The Criterion Problem: What Measure of Success in Graduate Education? Research Report GREB-77- 4R. Princeton, N.J.: Educational Testing Service.

Spurr, Stephen Hopkins. 1970. Academic Degree Structures: Innovative Approaches; Principles of Reform in Degree Structures in the United States. New York: McGraw-Hill.

Wright, B. F. 1957. "The PhD Stretch-Out." In Vital issues in Education: A Report of the Twenty-first Educational Conference Held under the Auspices of the Educational Records Bureau and the American Council on Education, New York City, edited by Arthur E. Traxler, 140-151. Washington, D.C.: American Council on Education.

终极目标的实现。在内特尔斯（Nettles）与米利特（Millett）2006 年的研究报告中[1]，我们创造了另一种考评学生学习进度的方式。在这种方式中，我们利用学生在完成学位的过程中取得的一些重要成绩来把握学生的学业进度。这种新的测评方法叫作"进度考评法"，用以评估学生在完成学位的过程中取得 8 项重要成绩时的相对速度。

我们之所以要重视这三项指标并创造出一种新的测评方法，是因为我们想要找到能提高学生完成学位时效性的线索。同时，我们也想探究能使所有学生——不论他们的种族或民族、性别，以及个人背景——平等地获得重要学习体验的方法，使得人人都有可能在相似的进程之中完成学位。鉴于只有大约一半的学生能完成博士学位[2]，参与博士生项目的学生都是在冒险赌博。而我们则需弄懂提高他们在这场赌博中取胜的方法。尤其让我们感兴趣的是博士生稳步完成学位的机会，以及他们完成学位的时间。在这两个问题的指引之下，我们分析了博士生的求学经历：① 不同种族或民族以及不同性别的博士生在课程完成进度、学位完成情况以及毕业时间方面有什么不同？② 是什么影响了博士生的课程完成进度、学位完成情况以及毕业时间？

方法论和数据分析

本章呈现的研究基于我们的《完成博士学位的三大秘诀》（*Three Magic Letters: Getting to PhD*）一书。[3]首先我们会简短地介绍我们采用的研究方法和数据分析手段。（想要获得更加详细的内容，参见《完成博士学位的三大秘诀》一书中的第三章与第四章，以及附录 A–D 中的内容。）

我们计划将样本的选取分为三个阶段。在第一阶段里，我们挑选了 21 所具有

---

[1] 参考：Nettles, Michael T., and Catherine M. Millett. 2006. Three Magic Letters: Getting to Ph.D. Baltimore, Md.: Johns Hopkins University Press.

[2] 参考：Bowen, William G., and Neil L. Rudenstine. 1992. In Pursuit of the PhD. Princeton, N.J.: Princeton University Press.

[3] 参考：Nettles, Michael T., and Catherine M. Millett. 2006. Three Magic Letters: Getting to Ph.D. Baltimore, Md.: Johns Hopkins University Press.

博士学位授予资格的大学并邀请它们参与研究；在第二阶段中，我们选取了 11 个研究领域；在第三阶段里，我们采用分层整群抽样法，在参与项目的大学与研究领域中选取学生样本。攻读博士生一年级以上课程的学生，以及在 1996 年秋季主动参与到博士生项目中的学生，筛选自以下 11 个学科：生物科学、数学、经济学、物理学、教育学、政治学、工程学、心理学、英语、社会学和历史学。

此次研究设计了一份包括 88 项有关博士生的资金、经历以及成就等问题在内的调查问卷。该调查由 7 个部分组成：① 申请与入学的程序；② 目前博士生项目的经历；③ 参与模式；④ 资助你的博士生教育项目；⑤ 未来的计划；⑥ 本科经历；⑦ 背景。调查样本包含了 9 036 名博士生，得到了 70% 的回复率。样本中，男性与女性所占比例相同。而样本中种族或民族以及国籍的分布情况是：非裔美国人（10%）、亚裔美国人（9%），西班牙裔美国人（7%），美国白人（58%），以及留学生（16%）。

研究的概念框架关注学生进行博士生学习的方式，包括他们取得学位的进程。一个学生的背景特点涵盖该学生的性别、种族或民族、婚姻或同居关系、家庭收入、年龄、该学生是否有 18 岁以下的孩子以及该学生父母的社会经济状态（评价一个人受教育程度和工作情况的一种方法）。每一次分析都考虑了两个入学参考凭证——美国研究生入学考试（GRE）的普通考试成绩（阅读理解、数量推理和分析性写作），以及本科学校的招生机制。学生所参与的项目是否是其参与的第一个或唯一的博士生项目，也列入了有关学位完成情况的分析考虑范畴之列。为了预估分析结果，我们每次都会选取了解大量的博士生求学经历，包括：学生是就读于公立还是私立的研究生院？在入学之初是否拥有硕士学位？是否领过奖学金？是否做过研究助理？是否做过助教？在参与博士生项目期间，是否有过教育负债？是否总有一个专职的导师？是否有一些科研效益？是否把教师或博士后岗位视为自己期盼的第一份工作？以及学生进行博士生学习的时长。

研究采用的两种统计分析法分别为描述性分析与关联性分析。为了在不同的相依测量的研究领域中，展示不同种族和性别的群体间的异同点，描述性分析解析了连续结果的差额，并对二分结果进行卡方测定（交叉列表分析法）。关联性分析，由研究领域中的各种回归分析构成。研究生层面中，在有关资金和奖学金事

第四章 赢得博士生教育的三个途径——毕业进度、学位完成率和毕业时间　73

宜的各种标准和惯例间存在着很大的差异。我们的目标，并不是将不同学科中的学习经历进行比较，而是去探究男性、女性以及不同种族或民族的群体中是否存在着共通之处。在 5 个研究领域中，我们都进行了二分的结果回归分析。分析的主要目标是找到种族、性别和学科间差异的重要案例。

赢得博士生教育的三个途径

进度

通过将学生按照他们就读的学科以及他们所处的学习阶段进行分类，我们构建了一套测评学习进度的标准。我们将整个博士生学习的过程分为以下 8 个阶段：① 完成课业少于博士生课程要求的一半；② 尚未完成全部的课业，但已经完成了一半以上的博士生课程；③ 完成了所有博士生课程；④ 通过了初级博士资格考试或综合考试，但是仍未获得博士候选人资格；⑤ 获得了博士候选人资格，但仍未开始论文写作；⑥ 进行论文写作；⑦ 完成了获得博士学位所需的一切要求，但仍未被授予博士学位；⑧ 被授予了博士学位。在 5 个学科领域（教育学、工程学、人文科学、科学和数学以及社会科学）和 8 种可能的博士生学习阶段间，一共可以构成 40 个配对组。接下来，我们计算了这 40 种组合中，每一组组合所需时间的中位数。基于学生所处的学科和学习阶段，我们为研究样本中的每一个学生计算了求学的年数。依据每一个学生在该研究开始实施时已参与的博士生项目的时长，我们对那些特定学科与学习阶段的中位值进行了分类，并以此构建了我们评估进度的标准。具体说来，这种进度测评依据以下公式进行计算：相对进展=（中位年数 $_{fs}$/总年数 $_{ifs}$)，其中 i=个人，f=学科类别，以及 s=进展阶段。如果得出的值大于 1，就意味着该生的学习进度快于同一阶段学生的平均水平；如果小于 1，就意味着进度较慢；如果等于 1，就意味着该生完成特定阶段的时长等同于该阶段的中位时长。

在我们的研究样本中，我们发现工程学的学生取得博士学位的速度最快，之后按照速度从快到慢排列依次是科学和数学、教育学、人文科学以及社会科学的学生。工程学与科学和数学这两个学科中的博士生接受的培训与专业学校最为相似，都有明确设立的课程和对于完成学位时间的先验预期。我们发现，尽管教育学中的博士生年龄较大而且常常是在职学生，但是相较于人文学和社会科学的学生，他们的学习进度更快。在所有学科中，社会科学的学生学习进度最慢。我们还发现了一些存在于两性间的主要的学科学习差异。在工程学中，女性的学习进度要快于男性；而在社会科学中，男性则要快于女性。

学位完成率

尽管我们的研究主体上为横向研究，但它也有纵向研究的成分。一方面，我们的研究展现了至少完成了一年的学业，并在1996年秋季被录取的博士生的情形；另一方面，我们通过追踪样本中的学生个体完成学位的过程，来设定博士达标率的结果测量标准。我们依靠学位论文摘要、参与研究大学的毕业率以及美国国家科学基金会（NSF）的博士学位获得者调查（Survey of Earned Doctorates）所提供的博士学位完成情况信息，来实现以上目标。通过这一进程，我们收集汇编了学位完成率的相关资料。在我们划定的完成学位者的组别中，并没有包含那些有转学经历，并在另一所大学中完成博士学位的学生。我们收集以下三项有关学位完成率的信息：学生是否完成学位、所取得的博士学位类型以及授予学位的日期。

总的来说，依据最新的博士完成率数据，在1997到2001这四年中，研究样本中将近62%的学生完成了博士学位。而唯一能够探究剩余的38%的学生是否能完成学位的方式，就是将调查延长若干年，然后依据同样的三种信息依据来进行判断。

正如我们可以从上文中有关进度的讨论里推测出的那样，在研究样本中，工程学（75%）与科学和数学（72%）是学位完成率最高的学科。在学位完成率方面，教育学是唯一呈现出两性差异的学科，其中完成学位的女性为54%而男性则为49%。在少数族裔组中，最主要的差异表现在工程学、科学和数学以及社会科学领域中，相较于白人与留学生，非裔美国学生的学位完成率较低。而工程学则是西班牙裔美国学生与白人唯一存在差异的学科，其中完成学位的西班牙裔美国学生为 56%，而白人则为 79%。

获得学位的实耗时间

三种常用的考查博士生学习进度的测评标准为：获得学位所用的全部时间（从完成学士学位到完成博士学位的总时长）；获得学位的实耗时间（从参与博士生项目，到完成学位的时长）；完成学位时，总的注册时长（从开始参与项目课程，到注册项目课程，完成学位的总时长）。

构建测评获得学位的实耗时间的标准是我们的目标。在此次研究中有关入学模式的部分，我们调查了学生开始博士生项目的时间（按学期和年份统计）。我们用每个学生取得学位的年份减去开始博士生项目的年份与学期，以此计算他们获得学位的时长。我们收集了截至 2001 年为止的学位完成率的相关数据。我们认为所有学生都在春季获得博士学位，因此我们在每个学生获得博士学位的年份上都附加了半年时长。比如一个在 1994 年秋季学期（1994.75）开始博士学位课程，并在 1999 年年初夏获得博士学位（1999.50）的学生，获得学位耗时 4.75 年。工程学院的学生毕业所花时间的中位数是 4.75 年，在所有学科中获得学位速度最快；紧随其后的是教育学、科学和数学以及社会科学的学生，耗时中位数均为 5.75 年；而人文科学的学生需要 6.75 年，为所有参与研究的学科中耗时最长的学科。

除了研究获得学位的中位实耗时间，我们也关注平均实耗时间（5.97 年），并深入研究不同学科、种族和性别间存在的差异。总的来说，在我们的计量框架中，工程学的学生完成博士学位的平均用时最短，为 5.23 年。这个速度快于科学和数学（5.71）、教育学（6.28）、社会科学（6.35）和人文科学（7.41）中学生的平均速度。尽管教育学的学生获得学位的速度排在另两个学科的学生之后，但是他们获得学位的平均时长的标准差，却是所有学科中最大的（超过 3 个单位值），这表明相比于其他学科，在完成学位的时间上，教育学的学生间存在着最大的差异。

从整体上看，在研究期内，样本中完成学位的女性所花的时间平均要比同龄男性多出将近半年时间（女性平均耗时为 6.25 年，而男性为 5.77 年）。这个趋势，与伊瓦拉（Ibarra）[①]1996年在针对拉丁裔美国人的研究中得出的结果相似。在研究中，伊瓦拉发现女性完成学位的时间更长，他将这归因为女性中较高的在职博士率。而在我们的研究里，除了在社会科学的学生中，男性完成博士学位的平均时间为6.11年，而女性为6.59年之外，其他所有学科中，两性完成学位的平均时间都非常的相近。

鉴于留学生拥有更快的学习进度，我们可以预见留学生获得博士学位的速度在所有学生中遥遥领先。留学生平均需要5.23年，而亚裔美国人是5.99年，白人6.21年，非裔美国人6.26年，西班牙裔美国人6.34年。按学科分类来看，教育学中的留学生（5.17年）要领先于白人（6.50年）和非裔美国人（6.27年）获得博士学位。工程学中，留学生以平均4.89年获得学位的速度领先，而白人和西班牙裔美国人则分别需要5.5年与6年。在科学和数学中，留学生获得学位的平均时间为5.47年，白人为5.76年，亚裔美国人则为6.02年。在社会科学中，留学生完成学位的平均时间为5.81年，白人为6.46年，亚裔美国人为7.21年，西班牙裔美国人为7.49年。

一些研究者思考了延长完成学位时间的可能原因。不足为奇的是，延长博士学习时间的理由与不能完成学位的原因相类似。财务支持的类型也可以缩短或拉长完成学位的时间。[②]完成论文写作的方法，也能影响完成学位的时间

[①] 参考：Ibarra, Robert A. 1996. "Latino Experiences in Graduate Education: Implications for Change. A Preliminary Report." In Enhancing the Minority Presence in Graduate Education 7, edited by Nancy Gaffney Washington, D.C.: Council of Graduate Schools.

[②] 参考：Abedi, Jamal, and Ellen M. Benkin. 1987. "The Effects of Students' Academic, Financial, and Demographic Variables on Time to the Doctorate." Research in Higher Education 27, no. 1: 3–14.

Bowen, William G., and Neil L. Rudenstine. 1992. In Pursuit of the PhD. Princeton, N.J.: Princeton University Press.

Ehrenberg, Ronald G., and Panagiotis G. Mavros. 1995. "Do Doctoral Students' Financial Support Patterns Affect Their Times-to-Degree and Completion Probabilities?" Journal of Human Resources 30, no. 3: 581–609.

Gillingham, Lisa, Joseph J. Seneca, and Michael K. Taussig. 1991. "The Determinants of Progress to the Doctoral Degree." Research in Higher Education 32, no. 4: 449–468.

Hauptman，Arthur M. 1986. Students in Graduate and Professional Education: What We Know and Need to Know. Washington, D.C.: Association of American Universities.

National Research Council (NRC). 1996. The Path to the PhD: Measuring Graduate Attrition in the Sciences and Humanities. Washington, D.C.: National Academies Press.

Nerad, M., and J. Cerny. 1997. PhDs–Ten Years Later. Survey funded by the Mellon Foundation and National Science Foundation. Retrieved from www.cirge.washington.edu.

（转下页）

长短。①

什么让学生获得更好的体验

证明这三种结果各有特色的一个证据就是,导致它们变化的原因各不相同。接下来,我们会对造成这三种结果的原因逐一做出分析。

进度

进度是我们用以测量学生完成博士生项目 8 个阶段的中位时间的参照标准。这个测量标准,使得我们可以对 5 个研究领域中学生的一些重要因素做连续的记录。不足为奇,对于样本中所有的学生而言,每个学科稳步前进的最大预报器一直是全日制学生(参见表 4.1)。此外,对于教育学、工程学和人文科学的学生而言,拥有一位经验丰富的导师能极大地加快博士学习的进程。教育学、工程学、人文科学与科学和数学中年长学生的学习进度比年轻学生要快;而在人文科学与科学和数学中,留学生的学习进度要快于他们同龄的白人学生。在工程学中,男性的学习进度慢于女性。在工程学、社会科学与科学和数学中,有未成年(18 周岁以下)孩子的学生,学习进度较慢。对于教育学和社会科学的学生而言,父母拥有较高社会经济地位学生的学习进度会相对较快;对于工程学与科学和数学的学生而言,家庭收入较低学生的学习进度会较慢。

(接上页) Wilson, K. M. 1965. Of Time and the Doctorate: Report of an Inquiry into the Duration of Doctoral Study. Atlanta: Southern Regional Education Board.

① 资料来源:Council of Graduate Schools. 1990. A Policy Statement: The Doctor of Philosophy Degree. Washington, D.C.: Council of Graduate Schools.

Isaac, Paul D., Roy A. Koenigsknecht, Gary D. Malaney, and John E. Karras. 1989. "Factors Related to Doctoral Dissertation Topic Selection." Research in Higher Education 30, no. 4: 357–373.

Nerad, M., and J. Cerny. 1997. PhDs–Ten Years Later. Survey funded by the Mellon Foundation and National Science Foundation. Retrieved from www.cirge.washington.edu.

Rudd, Ernest. 1986. "The Drop-outs and the Dilatory on the Road to the Doctorate." Higher Education in Europe 11, no. 4: 31–36.

表 4.1 博士生项目进度的预测指标(按学科分类)

自变量[a]	教育学[b]		工程学		人文科学		科学/数学		社会科学	
	回归系数	标准误差	回归系数	标准误差	回归系数	标准误差	回归系数	标准误差	回归系数	标准误差
男性	−0.024	0.065	−0.248**	0.087	0.058	0.065	−0.035	0.043	0.063	0.043
非裔美国人[c]	−0.077	0.108	0.058	0.189	0.144	0.144	0.105	0.134	0.069	0.086
西班牙裔	−0.127	0.136	−0.187	0.189	−0.077	0.159	−0.112	0.137	−0.069	0.111
亚裔美国人	−0.169	0.136	0.146	0.099	−0.004	0.144	−0.038	0.070	−0.181	0.095
留学生	0.118	0.128	0.136	0.077	0.315*	0.139	0.104	0.054	0.129*	0.063
学生父母的社会经济地位[d]	0.089**	0.034	0.051	0.035	0.039	0.036	0.040	0.022	0.063**	0.024
家庭收入(以$1 000为计量单位)	0.000	0.001	−0.003*	0.001	−0.001	0.001	−0.002*	0.001	0.000	0.001
18岁以下的孩子	0.013	0.065	−0.267**	0.089	−0.086	0.095	−0.176**	0.066	−0.228***	0.060
开始博士生项目时的年龄(以1年为单位增量)	0.017***	0.004	0.053***	0.010	0.012*	0.006	0.022***	0.006	0.004	0.004
GRE阅读理解(以100分为基本点)	−0.222***	0.036	−0.086**	0.031	−0.033	0.045	−0.056*	0.023	−0.119***	0.025
GRE写作分析(以100分为计量单位)	0.103**	0.033	0.033	0.037	0.057	0.040	0.066**	0.025	0.055*	0.025
入学时拥有硕士学位	0.140	0.079	0.027	0.070	0.097	0.073	−0.030	0.060	0.134**	0.050

续表

自变量[a]	教育学[b]		工程学		人文科学		科学/数学		社会科学	
	回归系数	标准误差	回归系数	标准误差	回归系数	标准误差	回归系数	标准误差	回归系数	标准误差
私立研究生院	0.165*	0.064	0.027	0.065	−0.020	0.071	0.158***	0.044	0.093*	0.045
一直接受全日制教育的博士生	0.586***	0.068	0.315***	0.090	0.478***	0.086	0.356***	0.072	0.358***	0.059
领取过奖学金	0.101	0.066	−0.125*	0.063	−0.016	0.075	0.083*	0.042	−0.001	0.046
有助教经历	−0.166*	0.071	−0.027	0.061	−0.002	0.078	−0.013	0.046	0.027	0.047
有研究效益	−0.080	0.062	−0.121	0.064	0.004	0.067	−0.170***	0.040	−0.084	0.043
有教育债务的博士生	0.000	0.067	−0.068	0.094	−0.054	0.068	−0.047	0.060	−0.165***	0.046
拥有导师	0.182**	0.063	0.176**	0.065	0.229**	0.075	−0.010	0.043	0.047	0.048
常数	−0.482	0.271	−0.952	0.399	−1.097	0.359	−0.817	0.255	−0.242	0.234
n（未加权）	2 419		861		1 309		1 806		2 426	
决定系数（R^2）	0.108		0.091		0.094		0.062		0.120	

数据来源：有关博士生经济状况、学习经历和成就的调查。

[a] 在所有学科中，以下这些因素：有配偶/同居伴侣、就读重点本科院校、GRE 数学部分的成绩、曾做过助理研究员以及与教师有学术互动，都是无足轻重的预测指标，因此分析模型中并不包含这些因素。

[b] 非标准化回归系数；因变量经过标准化处理（算数平均数=0；标准差=1）。

[c] 所有种族团体和留学生的情况，都与白人群体进行类比。

[d] 学生父母的社会经济地位，综合考虑了他们的受教育程度和职业声望。

*$p<0.05$；**$p<0.01$；***$p<0.001$

与人们的预期相反，在 GRE 考试的阅读理解部分取得较高成绩的学生，在教育学、工程学、科学和数学以及社会科学中的学习进度反而较慢。而在 GRE 考试的分析写作部分取得较高成绩的学生,在教育学、科学和数学以及社会科学中的学习进度较快。相比于社会科学的学生,私立研究生院中教育学、科学和数学以及社会科学的学生加入博士生项目时已经获得研究生学位的学生学习进度会更快。在工程学中,得到奖学金资助的学生的学习进度较慢;而对于科学和数学的学生而言,相较于没有获得奖学金的学生,获得奖学金的学生学习进度相对较快。拥有助教金的教育学学生,以及展现出研究效益的科学和数学学生的学习进度似乎较慢。而学生债务负担,好像仅对社会科学的学生的学习进程造成了阻碍。

完成博士学位

在我们对于博士学位完成情况的分析中,只有那些在2001年年底之前完成博士学位的学生(样本中有将近62%的学生符合要求),才能归入完成学位者的组别中。或许,当更多的研究对象完成了学位,一些可变的研究因素的重要性会随之提高,另一些则会降低,但是,就目前来说,我们对于事态发展的分析比之前的任何研究都要广博。通过分析那些完成学位学生的情况,我们至少能够以一种全新的视角,来看待帮助他们成功的种种因素。

在5个研究领域中,研究能力都被证明是完成博士学位的重要预测指标(参见表4.2)。有研究能力的科学和数学的学生,完成博士学位的概率是同学科中其余学生的3.9倍。在其他4个学科中,虽然差距没有这么明显,但是也存在类似的差距:人文科学,3倍;工程学,2.7倍;教育学,1.8倍;社会科学,1.6倍。除了工程学之外,在其他学科中,坚持接受全日制教育也是完成学位的一个关键的预测指标。在科学和数学中,坚持全日制教育的学生完成博士生项目的概率是接受部分时间制教育的同龄人的4倍;人文科学,2.8倍;社会科学,1.9倍;教育学,1.6倍。除了教育学之外,在其他学科的博士生项目中,投入较多时间的学生完成学位的可能性要略高一些。到目前为止,教育学耗时最长。

表 4.2 2001 年针对一年级以上学生的博士生学位完成率预测指标统计（按学科分类）

自变量 [a]	教育学 [b]			工程学			人文科学			科学和数学			社会科学		
	比值	反比值	概率标准误差	比值	反比值	概率标准误差	比值	反比值	概率标准误差	比值	反比值	概率标准误差	比值	反比值	概率标准误差
男性	0.801	1.248	0.098	0.702	1.424	0.142	0.931	1.074	0.163	0.947	1.056	0.120	1.084		0.133
非裔美国人 [c]	0.707	1.415	0.145	0.150***	6.686	0.061	0.936	1.068	0.373	0.511	1.956	0.197	0.790	1.265	0.197
拉美裔	0.704	1.421	0.169	0.407*	2.459	0.167	0.852	1.174	0.369	0.585	1.709	0.240	0.521*	1.919	0.161
亚裔美国人	0.972	1.029	0.253	0.558*	1.791	0.122	1.110		0.404	0.645*	1.551	0.134	0.806	1.241	0.218
留学生	1.304		0.308	1.219		0.241	1.547		0.605	0.999	1.001	0.164	1.612**		0.282
开始博士生项目时的就读时间（以1年为单位增量）	0.993	1.007	0.009	0.931**	1.074	0.022	1.019		0.018	0.984	1.016	0.018	0.977	1.024	0.013
配偶/同居伴侣	1.294*		0.163	2.167***		0.346	1.247		0.228	1.306*		0.166	1.181		0.148
18岁以下的孩子	0.756*	1.322	0.101	1.031		0.246	1.333		0.371	0.889	1.125	0.190	0.860	1.162	0.156
GRE阅读理解（以100分为计量单位）	0.831**	1.203	0.059	0.821**	1.218	0.062	0.870	1.149	0.107	0.979	1.022	0.069	0.814**	1.228	0.059
GRE写作分析（以100分为计量单位）	0.889	1.124	0.056	0.907	1.102	0.083	1.072		0.117	0.974	1.026	0.076	1.198*		0.086

续表

自变量[a]	教育学[b]			工程学			人文科学			科学和数学			社会科学		
	比值	反比值	概率标准误差	比值	反比值	概率标准误差	比值	反比值	概率标准误差	比值	反比值	概率标准误差	比值	反比值	概率标准误差
入学时拥有硕士学位	1.433*		0.201	0.973	1.028	0.164	1.162		0.230	1.052		0.198	1.177		0.169
私立研究生院	1.025		0.120	1.092		0.181	1.355		0.266	1.500**		0.204	1.052		0.134
重点本科校	1.149		0.153	1.213		0.222	1.303		0.247	1.365*		0.202	1.202		0.166
博士生项目的唯一志愿	1.187		0.181	1.444*		0.223	0.919	1.089	0.163	1.503***		0.183	1.251		0.151
一直接受全日制教育的博士生	1.649***		0.218	1.374		0.308	2.761***		0.723	3.984***		0.936	1.868***		0.337
参加博士生项目的时间（以年为计时单位）	1.166***		0.028	1.261***		0.059	1.318***		0.053	1.624***		0.070	1.285***		0.042
曾获得过奖学金	1.381**		0.171	1.091		0.168	1.074		0.221	1.100		0.142	1.072		0.141
曾做研究助理员	1.142		0.153	1.284		0.229	1.125		0.210	1.379		0.179	1.240		0.154

第四章　赢得博士生教育的三个途径——毕业进度、学位完成率和毕业时间

续表

自变量[a]	教育学[b]			工程学			人文科学			科学和数学			社会科学		
	比值	反比值	概率标准误差	比值	反比值	概率标准误差	比值	反比值	概率标准误差	比值	反比值	概率标准误差	比值	反比值	概率标准误差
曾做过助教	1.482**		0.193	0.757	1.320	0.110	1.877**		0.424	1.054		0.146	1.252		0.170
拥有一位导师	1.390**		0.169	1.675***		0.249	1.352		0.290	1.185		0.152	1.491**		0.204
预期的第一份工作为助教师/博士后	1.285*		0.154	0.829	1.206	0.132	1.181		0.242	1.615***		0.194	1.356*		0.170
有研究效益	1.800***		0.215	2.733***		0.413	3.021***		0.555	3.895***		0.515	1.556***		0.197
常数	0.964		0.509	11.004	11.221		0.014		0.015	0.044		0.035	0.132		0.093
n（未加权）	1 436			769			1 107			1 581			2 105		
似然比检验	207.43***			219.33***			183.52***			552.10***			216.30***		
麦克法登内决定系数	0.101			0.144			0.185			0.235			0.114		

数据来源：有关博士生经济状况、学习经历和成就的调查。

[a] 在所有学科中，以下因素：父母的社会经济地位、GRE数学部分的成绩以及在博士生期间有教育债务，都是无足轻重的预测指标，因此分析模型中并不包含这些因素。

[b] 因变量为二分类因变量（No=0, Yes=1。）。优势比系数，比值小于1的值，提供反比值（1/比值）大小。

[c] 所有种族团体和留学生的情况，都与白人群体进行类比。

*$p<0.05$；**$p<0.01$；***$p<0.001$

拥有一位经验丰富的导师，在帮助工程学（1.7）、社会科学（1.5）和教育学（1.4）的学生完成博士学位方面，起到了微小却关键的作用。在教育学、科学和数学以及社会科学中，预期的第一份博士后工作为大学教师或博士后研究员的学生，可能会略领先于其他学生完成博士生项目。

在预测学位完成情况方面，各种各样的资助方式发挥着有限的作用。对于教育学和人文科学的学生而言，成为一名助教可以稍微提高一点他们完成学位的概率。在科学和数学领域，助研奖学金能提供很少的帮助。而拥有奖学金，仅仅被教育学的学生视为一件重要的事情。

在预测学位完成情况方面，录取标准又发挥着怎样的作用呢？对于工程学与科学和数学的学生而言，被第一志愿的博士生项目录取，在帮助他们完成学位方面发挥着微小但重要的作用。在教育学、工程学、科学和数学中，在 GRE 阅读理解部分取得高分的学生完成博士学位的可能性，反而要低于那些取得低分数的同龄人。而在 GRE 分析写作部分取得较高成绩的社会科学学生完成学位的概率同样较低。

在任何学科中，性别差异都没有对学位完成情况造成影响。在工程学中，白人学生完成学位的概率是非洲裔美国学生的 6.7 倍，是西班牙裔美国学生的 2.5 倍，是亚裔美国学生的 1.8 倍。相比于同龄的白人，社会科学中的西班牙裔美国学生，以及科学和数学中的亚裔美国学生完成学位的概率同样偏低。在工程学中，年长的学生完成学位的概率要低于年轻的学生。但是，已婚或是有同居伴侣的工程学学生完成博士学位的概率是其余学生的 2 倍，对于教育学与科学和数学的已婚学生而言情况也是如此，只是与剩余学生的差距没有那么明显而已。唯独对于教育学的学生而言，家中有 18 岁以下的孩子是完成学位道路上的一个不利因素。

毕业时间

对于样本中近 62% 的在 4 年时间内完成学位的学生，我们通过将他们与各自开始博士生项目的日期匹配来计算学生的毕业时间。在 5 个研究领域中，除了可能将接受连贯的全日制教育，视为预测较快的学习进程的共性指标之外，其他的重要预测指标会依据学科的不同而变化（参见表 4.3）。

第四章 赢得博士生教育的三个途径——毕业进度、学位完成率和毕业时间 85

表4.3 2001年，完成学位的博士生实耗时间的预测指标统计（按学科分类）[b]

自变量[a]	教育学		工程学		人文科学		科学/数学		社会科学	
	回归系数	标准误差	回归系数	标准误差	回归系数	标准误差	回归系数	标准误差	回归系数	标准误差
男性	-0.071	0.221	0.155	0.139	-0.085	0.260	0.110	0.085	-0.265	0.154
非裔美国人[c]	0.200	0.387	-0.032	0.388	-1.155	0.615	0.249	0.329	-0.128	0.328
西班牙裔	-0.239	0.466	0.695*	0.348	0.105	0.661	0.370	0.287	0.869	0.443
亚裔美国人	-0.103	0.435	-0.172	0.168	-0.119	0.569	0.362**	0.139	0.877*	0.342
留学生	-0.114	0.422	-0.136	0.130	-0.147	0.557	0.012	0.114	-0.087	0.225
学生父母的社会经济地位[d]	-0.217	0.113	-0.167**	0.056	0.062	0.147	-0.017	0.044	-0.243**	0.086
家庭收入（以$1 000为计量单位）	0.006	0.003	0.009***	0.002	0.009	0.006	0.012***	0.002	0.003	0.003
配偶/同居伴侣	-0.245	0.263	-0.375**	0.120	-0.670*	0.315	-0.345***	0.098	-0.107	0.177
18岁以下的孩子	-0.217	0.232	0.558***	0.148	0.863*	0.356	0.134	0.135	0.805***	0.213
参加博士生项目的时间（以1年为单位增量）	-0.047**	0.015	-0.028	0.016	-0.017	0.026	-0.019	0.013	-0.016	0.016
GRE 阅读理解（以100分为计量单位）	0.691***	0.119	0.171***	0.050	0.081	0.176	0.255***	0.045	0.398***	0.088
GRE 写作分析（以100分为计量单位）	-0.434***	0.108	-0.067	0.058	-0.097	0.156	-0.130**	0.050	-0.278**	0.089

续表

自变量[a]	教育学[b]		工程学		人文科学		科学/数学		社会科学	
	回归系数	标准误差	回归系数	标准误差	回归系数	标准误差	回归系数	标准误差	回归系数	标准误差
重点本科院校	0.030	0.240	0.384**	0.123	0.210	0.289	-0.163	0.097	-0.248	0.177
私立研究生院	0.300	0.214	0.389***	0.103	0.272	0.276	-0.236**	0.087	0.339*	0.153
入学时拥有硕士学位	-0.768**	0.267	-0.304**	0.112	-0.164	0.283	0.064	0.123	-0.203	0.178
一直接受全日制教育的博士生	-1.860***	0.225	-0.333*	0.146	-1.906***	0.338	-0.674***	0.151	-1.273***	0.220
拥有一位经验丰富的导师	-0.294	0.220	-0.152	0.109	-0.762*	0.320	-0.111	0.090	-0.469**	0.176
有教育职务的博士生	0.111	0.229	-0.082	0.150	0.375	0.266	0.182	0.120	0.676***	0.163
常数	7.866	0.911	5.442	0.606	9.725	1.372	6.068	0.519	7.392	0.816
n（未加权）	1 304		650		610		1 299		1 281	
决定系数（R^2）	0.179		0.113		0.189		0.079		0.203	

数据来源：有关博士生经济状况、学习经历和成就的调查。

[a] 在所有学科中，以下因素：GRE 数学部分的成绩、曾做过助理研究员、曾领取过奖学金、曾做过助教以及有一些研究效益，都是无足轻重的预测指标，因此分析模型中并不包含这些因素。

[b] 非标准化回归系数；因变量经过标准化处理（算术平均数=0；标准差=1）。

[c] 所有种族国体和留学生的情况，都与白人群体进行类比。

[d] 学生父母的社会经济地位，综合考虑了他们的受教育程度和职业声望。

*$p<0.05$；**$p<0.01$；***$p<0.001$

人口统计特征中的一些种族或民族问题和社会经济地位的作用对学生毕业时间造成了影响。相比于白人完成学位的时间，工程学中的西班牙裔美国学生要多花 3/4 年，科学和数学的亚裔美国学生要多花 1/3 年，而社会科学中的亚裔美国学生则要多花将近 1 年的功夫。在工程学与社会科学中，学生父母的社会经济地位越高，他们为获得学位投入的时间就越短。家庭收入相对较高的工程学与科学和数学的学生完成学位所花的时间更多。

在人文科学与社会科学中，拥有丰富经验导师的学生完成学位的时间较短。这是显示导师指导对学生的学习体验产生积极影响的又一例证，但这种影响并不是在所有学科中都表现显著。在决定毕业时间的长短方面，学生获得资助完成学位的方式所发挥的作用不大。在学生最主要的 3 大资金来源中——奖学金、助教金或助研金——没有一个可以用来预测学生完成学位的时间。只有在社会科学中，债务才是导致学生毕业时间延长的因素之一。

在教育学、工程学、科学和数学以及社会科学中，在 GRE 阅读理解部分取得较高分数的学生完成学位的时间显著增长了。相反，在 GRE 写作分析部分取得较高分数的教育学、科学和数学以及社会科学学生，完成学位的预期时间却较短。本科就读于重点大学的工程学学生，以及曾就读于私立研究生院的教育学和工程学的学生，完成学位的预期时间较长。但是对于科学和数学的学生而言，就读于私立研究生院意味着相对较短的毕业时间。对于教育学和工程学的学生而言，在开展博士生课程之前获得硕士学位，有助于他们缩短完成学位的时间。对于工程学、人文科学以及科学和数学的学生而言，拥有配偶或同居伴侣预示着只用较短的时间就会毕业；而对于工程学、人文科学以及社会学的学生而言，家中有 18 岁以下的孩子则是预示着需要较长毕业时间的有力判断指标。只有在教育学的学生中，年龄才有可能起到减少毕业时间的作用。

针对实践的提示

在博士生教育中，办学效率和问责带来了不可小觑的压力。在未来，博士生的毕业时间、进度以及学位完成率，会与本科生的相关问题一样引起普遍关注，并且这些问题所引起的研究生导师的关注程度，将会与发表率、资助经费和学生素质这些问题不相上下。"进度"是我们推行的一种新的评价学习效率的测量标准，我们相信这是评估毕业时间的合理标准，可以使师生共同对学习成绩和学习进展进行考评。最终，研究生教师可能会希望把对学生进度和毕业时间的预期，设置为可以供学生参考的评价标准与期许。那时，我们或许就能消除不同学科间存在的进度差异——或者至少能够根据不同学科和领域间存在的需求差异来解释这种进度差异。

第五章

面对大众观念——设计以未来为导向的博士生教育

玛瑞斯·内拉德(Maresi Nerad)

Temporamutantur et nosmutamur in illis。这句拉丁格言的意思是,"时代在变化,我们要与时俱进"。有人认为这句格言适用于生活和社会的方方面面。然而在美国,博士生教育在很大程度上仍然是固定思维模式,它似乎依然是为了将学生培养成大学教授,仿佛时代并无变化,研究生也一成不变。这种过时的假设是目前许多老师和高等教育政策制定者脑海中普遍存在的错误理念之一,同时长存于主流媒体的观念之中。其他错误理念包括:

1. 所有攻读博士学位的学生都想成为教授。
2. 教授职位炙手可热,但是只有最优秀的学生才能成为教授。
3. 博士生的职业道路是一帆风顺的,完成博士学业然后成为助理教授,其间可能读两年博士后,之后便成为副教授,最后成为正教授。
4. 成功的博士毕业生会选择最理想的工作,不受夫妻关系和家庭问题的限制。
5. 与从事非学术工作的博士毕业生相比,教授们对他们的工作满意度要高出许多。

这些假象大多都已过时,多是基于道听途说,而非经验数据。

令人惊讶的是,对于博士毕业生及其毕业后5~10年内的职业状况,我们所知甚少。①直到最近，我们面临着一个令人困惑的问题：当我们不知道博士毕业生到底发生了什么时，我们如何判断博士生培养项目的有效性？如果我们没有建立起一个反馈体系让那些博士毕业生从他们职业经验角度来评价博士生教育的质量，那我们如何做到教育模式的更新换代？②虽然通过大学毕业调查当下入学的学生能够评估他们的经历，但他们不能在没有运用所学知识的情况下充分评价所受教育的质量。③为了解博士生教育的有效性，相关研究人员开展了三项全国范围的研究，通过提供经验证据来回答这些问题，填补上述知识空白。这三项研究是：① 1996 年和 1997 年内拉德和塞尔尼在梅隆基金会和国家科学基金会的资助下开展的名为"博士生：毕业十年后"的研究；② 2001 年他们在盖蒂基金会（Getty Foundation）的资助下开展的名为"艺术史博士生：毕业十年后"的研究，是专门针对艺术史学者的调查；③ 2005 年和 2006 年由华盛顿大学研究生教育研究与创新中心（简称 CIRGE）主任玛瑞斯·内拉德（Maresi Nerad）负责、受福特基金会资助的名为"社会学博士生：毕业五年后"的研究项目。

本章主要向读者展示这三项综合性的针对全国范围内博士生职业路径和教育结果的研究。本文探讨了有关博士毕业生的大众观念，探究了我们的博士生教育是否有助于我们的博士毕业生在全球化时代适应当下以及未来的环境，并指出在知识经济（看重质量的生产型经济）下博士生教育应相应巩固其对国家利益的作用，这些研究就是本文的论点基础。此外，过去这些年，作者也对澳大利亚、德国、日本的博士生教育创新进行了一些比较研究，这些研究使我们能够找到以未来为导向的博士生教育特征。④笔者认为，我们需要从现在开始就实行这种有远见的博士生教育。下一代的教授不仅要帮助他们的学生成为专家学者，还需要将他们培养成世界公民，知晓全球化的负面影响，有能力成为明智的领导以及

---

① 参考：National Research Council 2005b; Nerad 2004; Long 2001; Nerad and Cerny 1999（b）; National Research Council 1998; Nerad 1997.
② 参考：Aanerud，Homer，Nerad，and Cerny 2006.
③ 参考：Golde and Dore 2001.
④ 参考：Considine and Marginson et al. 2000; Marginson 2004; Mcwilliam and James 2002; Nerad and Heggelund，2008; Nerad 1994.

有责任心的世界公民。①大学的发展走过了一个循环的过程,古时候的大学是全球的学习中心,现在的大学追求国家和民族利益,将来要回归成为全球学习和领导力的中心。②

经验研究结果质疑过时的假设

以下发现来自 3 项在全国范围内开展的针对博士生职业路径的研究——"博士生:毕业十年后"③"艺术史博士生:毕业十年后"④以及"社会学博士生:毕业五年后"⑤。第一项研究"博士生:毕业十年后"调查了 61 所美国大学的 6 个学科,覆盖了这些学科 1982—1985 年博士毕业生的 57%。在该研究中,美国公民和永久居民博士毕业生调研回复率为 66%,外国博士毕业生的回复率为 51%。调研的学科为生物化学、计算机科学、电子工程、英语、数学以及政治学。第二项研究"艺术史博士生:毕业十年后"调查了所有 1985—1991 年间完成博士学位的艺术史博士毕业生,该研究的回复率为 70%。第三项研究"社会学博士生:毕业五年后"调查了毕业于 1995—1999 年的人类学、传播学、地理学、历史学、政治学以及社会学的博士生,该研究的回复率为 45%。

这三项研究中用到的调查问卷收集到的信息包括:职业路径、找第一份工作、对博士生培养项目的回顾性评估、博士学位的效用评估以及对在读博士生以及当下的博士生培养项目的建议。自 2002 年起,在以艺术史为首的学科中,我们用调查工具追踪了与职业路径相关的感情关系以及家庭关系⑥。

---

① 资料来源:Banks 2004; Parker 1996.
② 资料来源:Kerr 1994.
③ 资料来源:Nerad and Cerny 1999a; Nerad and Cerny 1999b; Nerad and Cerny 2000; Nerad and Cerny 2002; Nerad, Aanerud, and Cerny 2004.
④ 资料来源:Sadrozinski, Nerad, and Cerny 2003.
⑤ 资料来源:Nerad, Rudd, Morrison, and Picciano 2007.
⑥ 资料来源:Sadrozinski et al. 2003.

所有博士生都希望成为教授

"博士生:毕业十年后"的研究表明,第一条一般性假设(即所有研究生都想努力成为教授)部分成立,因为来自调研的 6 大学科的博士毕业生中只有一半的人有这样的想法。[①]此外,不同学科领域的差异很大。当博士毕业时被问及职业目标时,大多数英语和政治学博士毕业生(分别为 81%和 72%)希望成为教授,而只有 19%的电子工程学科的博士毕业生和 32%的生物化学领域的博士毕业生有学术职业抱负。在艺术史博士生中,毕业时有 71%的人希望成为教授。[②]"社会学博士生:毕业五年后"的研究发现,想要成为教授的意愿高低不等,意愿最高的为历史学者 78%,最低的是地理学者 65%。这些发现表明,总体而言,在完成学位时,大约 1/4 的博士毕业生和大约 1/2 的科学和工程博士生不想成为教授。见表 5.1、表 5.2、图 5.1。

表 5.1 博士毕业时的职业目标和博士毕业五年后获得终身教职或预备终身教职百分比

学科	(1) 想成为教授的比例/%	(2) (1)中已获得终身教职或预备终身教职比例/%	(3) 所有博士毕业生中已获得终身教职或预备终身教职的比例/%	全部博士毕业生人数 (1)	(2)	(3)
人类学	72	64	52	407	261	371
传播学	75	84	71	319	214	299
地理学	65	74	53	155	96	152
历史学	84	76	66	789	614	757
政治学	76	80	66	674	489	647
社会学	75	78	63	521	362	495

资料来源:华盛顿大学研究生教育研究与创新中心的"社会学博士生:毕业五年后"研究项目。

---

① 参考:Nerad et al. 2004; Nerad and Cerny 1997.
② 参考:Sadrozinski et al. 2003.

表 5.2 博士毕业时的职业目标和博士毕业 10~14 年后获得终身教职百分比

学科	（1）想成为教授的比例/%	（2）（1）中已获得终身教职的比例/%	（3）所有博士毕业生中已获得终身教职的比例/%	全部博士毕业生人数
生物化学	32	34	19	605
计算机科学	46	61	34	282
电子工程	19	67	22	328
英语	81	64	55	767
数学	54	73	54	522
政治学	72	66	53	455

资料来源：华盛顿大学研究生教育研究与创新中心的"博士生：毕业十年后"研究项目。

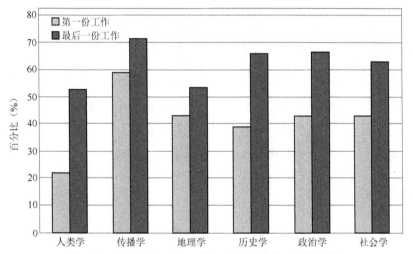

图 5.1 第一份工作和最后一份工作中终身教职或预备终身教职百分比

资料来源：华盛顿大学研究生教育研究与创新中心的"社会学博士生：毕业五年后"研究项目。

我们这里讲的三项全国范围的博士生教育结果研究表明，不论职业目标为何，总体而言有 50%~65% 的参与者在调查结束时拥有教职。另外的 35%~50% 的博士毕业生任职于商界、政府和非营利组织（以下简称 BGN）。没有进入学术界的博士毕业生中，占比例最高的是电子工程和计算机科学，接下来是生物化学。在艺术史领域，53% 的博士生在毕业十年后拥有教职，另外 47% 从事非学术工作，其中只有 9% 的人是讲师。整体研究发现表明，不是所有的博士生都希望成为教授，而且在那些从事学术工作的学生中，不是每个人都实现了职业目标。

最优秀的博士毕业生成了教授

另一条一般性假设为"最优秀"的博士生成了教授。这里所谓"最优秀"是根据传统标准来衡量的，如短时间获得博士学位以及毕业时发表了多篇论文。这条假设只在"博士生：毕业十年后"研究所调查的英语和政治学领域内成立。逻辑回归分析（Logistic regression analysis）表明，在生物化学、电子工程和数学领域，短时间内完成学位以及论文数量与博士毕业生的终身教职状况无关。完成学位时间越短与计算机科学家获得终身教职有关，至少在调研时是这样。从排名更高的博士生培养项目毕业的博士生更有可能在调研时获得终身教职。但是，在那些学界之外的就业市场更加具有吸引力的领域，比如计算机科学和电子工程领域，博士生培养项目的排名关系不大。对艺术史学者来说，完成学位时间长短与调研时他们的终身教职状态无关，而且只有对女性来讲论文数量与获得终身教职正相关。研究发现表明，衡量博士毕业生质量的传统指标，如完成学位时间短以及发表多篇论文，对于预测博士毕业生的职业结果作用有限。

线性平稳的职业路径

另一条被证明是不成立的假设认为，从博士生到博士后岗位（如果某个学科需要的话）到助理教授再到终身教授是博士毕业生主要的职业路径，而且这条路径的主要特征是直线性。这三项研究都表明了这种假设是错误的。大约 1/3 的博士生一毕业就得到了预备终身教职，但是在调研时超过一半的博士生获得了终身或预备终身教职。这一点发现表明，学术职业路径并非线性。许多人都从非终身教职岗位做起，四年或更多年之后，再转到终身教职岗位。[①]这一发现强调，为了准确把握博士生的职业路径，我们需要观察博士生毕业几年以后的职业路径，而不仅仅是完成学位之后的一到两年。

---

① 参考：Nerad et al. 2007; Nerad et al. 2004; Nerad and Cerny 1999a.

每个人都可以不受家庭问题的约束
接受最好的学术工作

关于线性职业路径的假设中潜藏着第四条假设，即一个人能够充分优化其职业选择并且在博士毕业后获得最好的工作。在"博士生：毕业十年后"的调查参与者当中，我们发现，大多数女博士的另一半都是哲学博士、医学博士或法学博士，而男性这一比例只有 1/3 或更少。在生物化学和数学领域，这种差别更大：75%的女性生物化学家的另一半是哲学博士、医学博士或法学博士，而男性这一比例只有 24%。在数学领域，84%的女博士有高学历配偶，但男性这一比例只有 25%。[1]在艺术史博士生中，大约一半（47%）已婚女性的配偶具有哲学博士、医学博士或法学博士学位，而只有 1/3 的已婚男性有高学历的配偶。[2]

完成学位后，找工作时，双职工家庭的问题就出现了。我们的调研有一个问题是：选择第一份工作最主要的原因是什么？对于这个问题，男性和女性的回答差异很大。女性远比男性更为关注她们的配偶也能有好的机会。这种差异的原因在于这些女性的配偶可能无法轻易放弃一份工作后能在其他任何地方找到类似的工作。而大多数男性的配偶的流动性更强，因此，男性不用为配偶的流动性担心。这一发现表明，对于女性来说，职业追求远比男性要复杂。

职业路径研究"艺术史博士生：毕业十年后"让我们能够更加了解双职工家庭面临的复杂境遇。随着女博士的人数增加，这个复杂境遇需要在现在以及将来得到解决。[3]在针对艺术史的研究中，我们在调查职业路径的同时还追踪了情感关系和家庭关系。男性和女性都说他们的配偶是他们择业的主要影响因素。但是，与男性相比，明显有更多女性将她们的配偶视为影响择业的最主要因素。女性将小孩视为影响择业的第二大因素。第三大因素则是照顾家人，包括父母，这项工

---

[1] 参考：Aanerud et al. 2007.

[2] 参考：Rudd et al. 2008.

[3] 参考：Rudd et al. 2008.

作绝大多数情况下是由女性来完成的。①

我们按照艺术史博士生的性别和家庭状况比较了调研时他们的终身教职情况，结果显示家庭、性别和职业之间存在复杂的互动关系。单身的男性和女性获得终身教职的概率相同。感情稳定尚未生育的女性获得终身教职的概率与单身女性相同。但是，与单身男性或感情稳定的女性相比，感情稳定的男性获得终身教职的概率明显更高。与感情稳定尚未生育的女性相比，感情稳定且已生育的女性获得终身教职的概率更低。但是，感情稳定且已有小孩的男性获得终身教职的概率最大。感情稳定和小孩增加了男性职业成功的可能性，但是这两个因素却会降低女性获得终身教职的机会。总之，女博士的婚姻状况对她们的职业路径有很大的影响。过去，女博士要么因为反裙带关系法律被禁止与丈夫在同一所大学工作，要么为了留在学术界她们只能做行政而非教研工作。②如今，鉴于越来越多的女性获得博士学位，外加高校不断变化的经济结构，学术界二级劳动力市场（指的是以兼职类工作为主的劳动市场）的问题变得尤为突出。以上研究清楚地表明，不是所有的博士学位获得者都能不受父亲关系和家庭问题的约束而自由选择职业。

学术人员的工作满意度最高

另一条一般性假设，即学术人员的工作满意度最高，也被证明已经过时了。在"博士生：毕业十年后"的研究中，BGN 部门的经理和高层管理人员对他们的工作最满意，而不是终身教授。③他们满意度高的原因不是工资，而是工作中的智力挑战以及工作场所的自主性。这两点都是传统意义上学术工作环境所具有的工作特征。在"博士生：毕业十年后"的调研中，终身教职人员的工作满意度排名第四。"社会学博士生：毕业五年后"研究在对 20 个因素进行因子分析后，从三

---

① 资料来源：Sadrozinski et al. 2003.
② 资料来源：Shoben 1997; Stephan and Kassis 1997.
③ 资料来源：Nerad, Aanerud, and Cerny 2004.

个维度比较职业满意度:对工作本身的满意度、对社会地位的满意度以及对总体生活质量的满意度。总的来讲,社会学博士毕业生在工作中以及对于工作本身都有很好的满意度,但是对于他们的社会地位(包括收入和晋升机会)不够满意。对于生活质量的满意度(包括工作和家庭之间的平衡)介于上述两者之间。我们比较了预备终身教职和终身教职人员与其他学术人员(包括非终身教职老师和高级专业职位)和 BGN 部门的工作人员,结果显示他们的满意度没有太多差别。然而,最显著的是,拥有教授级别的教师更有可能在工作中和对于工作本身感到满意,而那些受雇于学术界但没有终身教职的人员更有可能表示对整体生活质量感到满意。BGN 部门的雇员以及那些预备终身教职和终身教职人员对社会地位和生活质量具有同等的满意度,尽管 BGN 部门的雇员似乎更不可能表示对工作感到非常满意。所有三项调查研究都发现,在所有学科领域包括英语专业,受雇于 BGN 部门的博士毕业生的薪酬比在学术界高。

这些发现具有以下几点意义:第一,博士学位本身被用于许多不同的就业部门;第二,在许多部门中,博士生教育可以是并且已经成为职业成功的通行证了;第三,大学并不是最有吸引力的工作去处,虽然人们普遍认为如此。这样的实证信息对于我们将来培养博士生至关重要。这些信息告诉我们,事实证明博士生教育对博士毕业生是有用的、有价值的。但是,它也表明,博士生教育需要做出一些改变,因为前文提到的错误的、但是具有影响的假设依然在左右着课程、研究以及职业发展。

面向未来的博士生教育的特征

时代在变化,博士生教育也需要跟着改变。当我们展望未来的知识型社会时可以看到,社会的发展需要越来越多的博士学位获得者担任更为广泛的社会角色。我们需要思考,现有的以及新兴的博士生培养项目是否能很好地培养博士生去应对在学术界以及非学术界工作的挑战,以及全球化语境下跨国家、跨学科的挑战。基于长达十年的博士生教育结果研究、其他 CIRGE 研究以及以往的评估

工作的经历①,面向未来的博士生教育呈现出以下特征:

1. 博士生培养项目将培养博士生在毕业之后从事多种职业,包括学术工作和非学术工作。教师需要同等重视学术界以外的职业。

2. 博士生培养项目将通过提供关注知识本质、基础以及效用的认识论课程培养学生在交叉学科领域中工作的能力。由于科学、技术或社会问题变得太复杂,无法单独或从单一的角度来解决,所以,需要利用多学科的视角来进行研究。很少有学者能同时精通几门学科,但所有的学者都需要学会彼此了解、相互沟通。正如凯瑟琳(Catherine Stimpson)在2002年提出的那样,一般性的研究生教育入门课程应把重点放在我们所知道的、我们是如何知道的,以及我们视为证据的内容上。②

3. 面向未来的博士生培养课程在博士生教育中整合了专业技能建设。途径就是:在教学中为学生提供经验、在不同的观众面前展示研究结果、发表并为读者写作——简言之,为博士生应对各种未来职业做好准备。

4. 这些培养项目将引入集体辅导(如果目前还没有的话)。希望一个人成为全才——理想的导师——是不现实的,并且会导致大学教师过度劳累。成立导师小组,可以为学生提供更多的建议、洞察以及有连续性的指导。

5. 面向未来的培养项目将引入有效的团队合作原则,并提供实践机会。形式可以是小型研究项目合作,或与其他学生或者教师合著论文。

6. 这些培养项目与其他国家的博士生培养项目建立了框架性的国际合作,以开展研究解决全球性问题。

7. 这些培养项目将重新引入外语要求,特别是在以英语为母语的国家中。博士生教育缺少外语要求会产生负面结果:第一,不能直接与同事和合作者交流导致信息流失严重;第二,仅用英语交流沟通赋予了部分人特权却对其他人不利。③

8. 面向未来的培养项目将文化知识、国际博士生的知识和要求整合进美国的

---

① 参考:Nerad 2004.
② 参考:Catherine Stimpson 2002.
③ 参考:Kerdeman 2003.

课程中。

9. 这些培养项目为学生将来担任领导人角色做好准备。

10. 这些培养项目开启了世界公民教育，以复兴公民参与的意识和义务。这包括公民跨越国界但不求同化、同质化，而是接受差异并拥抱多样性的理念。

为了应对知识型社会，高等教育将需要做出改变。我们建议，博士生培养项目要专注于为博士生提供机会成为全球公民，他们不仅可以在学术界施展才华，而且能够开展具有社会责任的研究，为提升人类的生活质量做出贡献。下一代教师需要实施与时俱进的博士生培养项目，这些项目能够培养博士生在学术界和非学术界高效地工作，跨越国界和学科界限，并且在日益全球化的世界中担任领导角色。

第二部分
吸引本科生攻读博士学位

第六章

人文学院如何培养博士候选人

罗伯特·J·莱姆基（Robert J. Lemke）

人文学院是博士生的重要来源。人文学院只培养了全美 11% 的本科生，却输送了全美 17% 的博士候选人。最新数据表明，来自一流人文学院的博士生中有 5.3% 能顺利拿到博士学位，而在来自名牌综合性大学的博士生中，只有 2.2% 的人能顺利拿到博士学位。各个人文学院之间也存在很大差异。一流人文学院输送的本科毕业生生源是普通人文学院的 3 倍。

为什么人文学院比其他大学做得出色，能一直源源不断地输送毕业生继续攻读博士学位？这个问题本身就错综复杂。本章首次尝试就这一问题进行剖析。

高等学府可以为社会提供一种福利，那就是提高公民受高等教育的程度，这一点是很好理解的。众多科学发现、有创造性的艺术作品、精彩的政策分析和选民的高文化素养都能造福社会。然而，高等学府之间也存在很大差异。在人文学院，很少有培养硕士的院系，所以他们的首要使命是集中精力和资源，大力培养本科生。尽管输送生源继续攻读并顺利拿到博士学位并非人文学院的唯一目标（甚至不是首要目标），但是学生在攻读研究生期间所取得的成就，对人文学院来说，仍然是至关重要的。作为具有社会意识的机构，大学非常看重教育的作用以及研究生教育的效益。很多人文学院的教师把自己培养的学生质量看作个人为社会所做贡献的一部分，包括学生是否在读博期间开展有意义的个人研究，并顺利取得博士学位。说得更具体一点，继续攻读学位的学生比率大体反映了学院是否擅长引导学生学习，并在本科毕业之后沿着自己的学术道路继续探索下去，从而可以建立更好的理解。人文学院也至少稍微倾向于招聘有人文背景的教师。这就表明，人们——至少是人文学院的院长们——普遍认为，人文学院的毕业生也许并不比其他人更加热爱教学，但是他们却更加重视教学。更务实一点说，学校排名、合格审查过程以及像美国国家科学基金会（NSF）这样的资助单位在评估高等教育机构时，都会考虑本校校友在研究生院取得的成绩。

本章也探究了教师的学术研究和研究生院校录取学生之间的关系。在人文学院，教师是否必须进行学术研究，这是一个一直以来人们热议的话题。20世纪50年代，学院教师不用进行学术研究。而现在，精英学院都要求教师深入钻研，努力探索。其他的大多数院校在授予终身教职时也会考虑教师的学术成就，尽管在质量和数量方面的要求比精英学院要低一些，而且各个院校之间也有差别。

有人认为，对教师施加一些没有必要的学术期望难以保证高质量的教学，而教学是文学院教师最重要的使命。再则，科研会占用本就稀缺的资金和教师的时间。那些把更多时间投入科研中的教师，没有足够多的时间专注于教学和指导学生，从而会导致继续攻读博士学位的学生数量减少。[1]相反地，也有人认为，教师投入科研有助于提高教师素养，至少在最顶尖的几所文理学院是这样的（McCaughey 1994）。教师做科研可以让学生直接参与其中，这样可以促进教学。因此，学生选择继续攻读博士学位的可能性就更大。[2]以上所述表明，教师科研所带来的两方面的影响都存在，而在最顶尖的大学，积极影响最强。

产生博士候选人

为了我们的研究目的，"产生"博士候选人的过程通常发生在本科教育阶段。更具体一点，当本校毕业生取得任何一个美国博士授予单位颁发的博士学位才算是培养了一位博士候选人。自1970年以来，美国各个层次的大学，包括有博士授

---

[1] Boyer（1990）认为人们对学术的传统定义很狭隘，尤其是在文科的设置上。他认为，只要能加强且有益于教学的任何活动都是学术。

[2] Ehrenberg（2005）建议利用这样的交流鼓励研究型大学的本科生攻读博士学位。

予和没有博士授予资格的院校，每年都会产生 20 000 到 24 000 名博士候选人，而人文学院每年可以产生 3 600 到 4 900 名博士候选人。①

美国教育统计中心的高等教育通用信息调查（HEGIS）和高等教育集成数据系统（IPEDS）的完成率调查提供了各个学校每年授予的本科生学位数量，而美国国家科学基金会主持的取得博士学位的调查则报告了各个学校每年获得博士学位的校友数量。②尽管这些调查包含了数千个高等教育机构的信息，人们也常用卡内基高等教育机构分类体系来研究人文学院（标注文学士一级和二级的机构）和各类大学（标注研究型一级和二级、博士型一级和二级、硕士型一级和二级的机构）。依据这些定义，有 604 所学院和 732 所大学。但是，我们这里只讨论那些一流院校。标注文学士一级的学院有 165 所，标注研究型一级的大学有 87 所。尽管一流的综合类大学和同级别的学院所授予的本科生学位只占全美的 1/3，但是出身于一流综合类大学的博士候选人在所有综合类大学的博士候选人中的占比一直保持在近 50%，而一流学院出身的博士候选人在所有学院出身的博士候选人中占 2/3。

取得博士学位调查和完成率调查的数据表明，每个院校或者各类院校产生博士候选人的比率是可以计算的，人们把这一比率简单地称作博士产生率。但是，这里有两个问题需要指出：第一点，取得博士学位调查并没有指出博士学位获得者是什么时候拿到本科学士学位证书的。因此，从本科学位到研究生学位 5 年的滚动窗口就被用上了。③第二点，为了使每年的数据更加连贯，人们通常将两年内所有取得博士学位的人数与同时段内所有本科毕业生人数的比值作为每年的博士生学位完成率。举个例子，1975 年所有人文学院的博士产生率就是 1973 年至 1977 年所有取得博士生学位的人文学院校友人数与人文学院在 1968 年至 1972 年所有取得学士学位毕业生的比值。

---

① 尽管美国各大学及学院的博士候选人在学业完成率已经有了很大改观，但是国外机构在 1980 年后见证了博士候选人学业完成率的巨大提升。资料来源：Blandchard, Bound and Turner, 1980; Ehrenberg, 1991。

② 两个调查的数据详见 http://www.webcaspar.org。

③ 如果使用七年的录取窗口，这一结果的性质则不会改变。Fuller（1986）也允许使用五年的窗口。

博士生教育与未来的教师

图 6.1 以对比的形式展示了一流文学院与一流综合性大学、所有文学院和所有综合性大学每年的博士生学位完成率。从 1975 到 1985 年以来，不同类型院校博士候选人的完成率一直在下降。而从 1985 年之后，只有一流人文学院的博士完成率有所上升：从 1987 年的 4.7%以下上涨到 1992 年的 5%以上，2000 年以后，更是超过了 5.3%。相对地，到 1980 年，一流综合型大学的博士产生率跌至 2.5%以下，1980 年以后一直在 2.2%和 2.5%之间徘徊。类似的情况是，所有的学院和所有综合性大学的博士生学位完成率也一直存在差异，但是并不大。所有学院的博士生学位综合完成率从 1980 年的 3%以上跌至 2000 年的 2.4%，所有综合性大学的博士生学位综合完成率则由 1980 年的 1.8%跌至 2000 年的 1.6%以下。

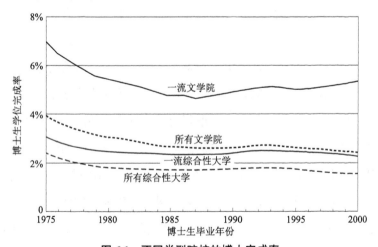

图 6.1　不同类型院校的博士完成率

来源：作者利用取得博士学位调查和完成率调查提供的数据加以计算，得出此图。

注意：所有的学院均为 1994 年根据卡内基高等教育分类体系划分的文学士一级和二级院校。所有的综合性大学均为 1994 年根据卡内基高等教育分类体系划分的研究型一级和二级、博士型一级和二级、硕士型一级和二级院校。一流学院均为文学士一级学院，一流综合性大学均为研究型一级大学。

博士生学位完成率之间的这些差异是巨大的。以 20 世纪 90 年代为例，在那个年代，人文学院每毕业一个学生，相当于从综合性大学毕业 8 个学生。人文学院每输送一个博士生，相当于综合性大学输送 5 个博士生。在那些一流院校，这种比率的差异更明显。从 1985 年到 1995 年，一流人文学院培养的博士候选人的比率一直是一流综合性大学的两倍。到 2000 年，那些一流人文学院培养出的博士候选人相当于一流综合性大学的 2.5 倍，就跟 20 世纪 70 年代的情形一样。

选择成为博士生

为什么人文学院培养的博士候选人数量多于同类的综合性大学呢？这种现象可以有很多种解释。对于那些喜欢研究的学生来说，人文学院可能更具吸引力。与综合性大学相比，人文学院学生与教授的交流次数更加频繁，通常也更有深度。这种更亲近的师生关系可能会使得教师更频繁地鼓励学生进入研究生院继续深造，也会有更多的学生听从这一建议。其他原因还包括：对人文学院的学生来说，除了父母的职业，最熟悉的职业莫过于本校教授所从事的工作了。这种相似性可能会导致学生继续进入研究生院深造。①

有人认为，这一现象并非因为学生采纳了教师的建议，而是因为人文学院为学生提供的学习经历自然而然推动了学生继续深造的欲望。打个比方，沃奇（Warch）2001 年指出，人文学院所提供的这种"一对一"指导的本科研究经历具有转变性的作用，而在综合性大学，这种机会很少甚至根本没有，学生如果要做研究，首先要保证实验室和设备是空闲的，而且还要确保教授有时间帮你指导。②一些学者认为，这种一对一指导的研究经历很可能会对学生产生变革性的影响，而人文学院的教师尤其适合主导这样的学术研究。只有这样，才会对学生产生自然的影响。③但是，对这种效果，我们仍缺少定量的研究数据。

---

① Ehrenberg（1991）特别强调了期望在做决定时扮演的角色，他讨论了有可能影响学生继续攻读博士学位的因素，包括金钱与非金钱方面的好处，完成学业所需时间以及研究生院的花销。在人文学院，由于教授和学生之间的关系更加亲近，按理，学生们对在这样的院校当一名教授所带来的非金钱方面的利益有一个相当好的预期。

② 参考：Warch, 2001.

③ 参考：Astin, 1999;Bourque, 1999; Warch, 2001.

为了填补这个空白，有人对人文学院的850位全职教师做了一项调查。询问他们当年是什么时候确定想去研究生院深造以及有哪些重要因素促成了他们的决定。有358名教师对调查做了反馈，反馈率达42%。在这些反馈的教师中，有152名教师本科是人文学院出身，有206名教师本科毕业于综合类研究型大学。表6.1列出了具体数据。①

A栏列出了时间。无论本科出身于哪一类大学，大约有50%的受访者在本科最后两年决定继续到研究生院进修。还有些受访者在进大学以前或者刚进大学不多久就决定继续进修，这些人大多是综合类大学出身，还有一部分受访者在工作一段时间后做出此决定，而他们大多来自人文学院。但是这两类情况只占5%，因此不起决定性作用。

表6.1 受访者本科阶段决定到研究生院继续进修的时间和动机

调查项目	人文学院		综合类研究型大学	
本科院校类型	（数量=152）		（数量=206）	
A.你是什么时候决定要去研究生院继续进修的？				
上大学以前	14	9%	30	15%
大一/大二	14	9%	30	15%
大三/大四	83	55%	102	49%
毕业之后	41	27%	44	21%
B.促使你做此决定的最重要原因是什么？				
家庭	16	11%	15	7%
本科院校	89	58%	97	47%
未来想从事的工作	43	28%	73	36%
自我激励	4	3%	21	10%

来源：作者的调查。2006年夏，作者随机挑选了850名任教于顶尖人文学院的教师，开展了此项调查。其中收到358份反馈。

---

① 个人对本科院校的选择、到研究生院继续深造的理由以及是否决定在人文学院任职这些因素对结果产生了多大程度的影响，目前还不清楚。

B 栏展示了导致受访者做出此决定最重要的原因。受访者的答案大致可分为四类：家庭、本科院校（包括教授、同学、研究经历或者是某一节课）、未来想从事的工作（包括对现有工作很失望，需要读博从而可以在感兴趣的领域做研究，或者想去大学任教），还有自我激励。是哪些动机导致了受访者想去研究生院继续深造呢？我们应该对此做更多的研究和探索，但是这个简单的调查却揭示了一点：人文学院与学生之间保持联系的方式是综合性大学所不具备的。出身于综合性大学的受访者中有 48% 的人把读博的最重要原因归结于与本科院校相关的因素，而在出身于人文学院的受访者中有 58% 的人是因为本科院校的相关因素而选择读博。（这一差异的假定值是 0.032，对结果非常重要）。

表 6.1 中体现在数据上的另一个重要差异是自我激励因素。本科毕业于综合性大学的受访者中有 10% 的人认为自己读博最重要之处在于能自我激励，而本科毕业于人文学院的受访者中只有 3% 的人这么认为（这一差异的假定值是 0.005）。这一差异也许可以用来解释综合性大学和人文学院在师生沟通方面的差异，或者可以简单看出综合性大学的在校生数量。对综合性大学的学生来说，要想在学术方面拔尖，就必须打败数千个竞争者，而不仅仅是数百个竞争者。要做到这一点，学生需要具备强烈的想在学术上有所建树的内在驱动力。毫无疑问，人文学院那些学术方面特别优秀的学生具备这种内在驱动力，但综合性大学的学生更需要这种内在驱动力，这就是为什么在以上调查中有很多毕业于综合性大学的受访者将自己读博的原因归结于自我激励了。

人文学院如何培养博士候选人

我们的样本数量可能比较小，研究方法可能不太完善，但却能看出，人文学院确实信守承诺，与学生沟通频繁。然而，有关这一领域的更多问题也非常有研究价值。尤其是，让学生直接参与本科研究项目对读博与否会产生怎样的影响，对此问题，我们知之甚少。如果人文学院在这个领域有优势，是否应向美国国家科学基金会等机构争取更多资金赞助，用来拓展这方面的机会，这些都有待探究。①

定量研究

  我们现在暂且不比较人文学院和综合性大学的差异，而是思考一下，为什么很多学院能比其他院校表现更出色，培养出了更多的博士候选人，以及如何用实验探究此问题。我们这里只讨论根据 1994 年卡内基划分体系所定义的文学士一级的学院。结合各个学院从 1989—1998 年的毕业生数量以及各个学院 1994—2003 年顺利拿到博士学位的校友人数，就能计算出各个学校的博士生学位完成率。样本数据显示，每所学校平均有 4.2% 的毕业生选择继续攻读博士学位。

  为了对博士生学位完成率进行统计分析，我们从以下两种途径收集了一些数据。1994 年，《美国新闻与世界报道》评出的"美国最好的大学"（1995 年版本）列举出了 161 所一流人文学院，并提供了大一新生在学术能力测验（SAT）75% 录取标准（均分为 1235）和每位学生的开支情况。②每个学生的花销从 4 510 美元到 23 715 美元不等，人均花费 13 420 美元。巴朗教育系列丛书 1994 年版本的《美国大学概览》介绍了在校生数量、女性学生所占百分比、师生比率以及在美国本科标准入学考试中批判性阅读和数学部分达到 700 分以上的大一新生比例等。

  最后，利用科学网数据库可以确定各个大学 1989—1998 年在不同索引下发表的论文数量，这些索引包括艺术与人文科学引文索引（简称 A&HCI）、社会科学引文索引（简称 SSCI）和科学引文索引扩展版（简称 SCI-Expanded）。③利用各个大学的在校生数量和师生比率，可以计算出每个教师在十年的时间里所发表的论文数量。一般学校的教师在整整十年时间内，在艺术与人文科学引文索引、社会科学引文索引和科学引文索引扩展版的人均发表论文数量分别为 0.3、0.4 和 0.6 篇文章。从这些低比率可以看出，它是按照以学院分类的方式计算出每个教师人均出版量，而并非细分到每个专业下的教师。综合考虑这三种索引，每个学院平

---

  ① 参考：Warch，2001。另外 Boylan 在本书中发现了一个规律，即本科生的科研经历与对其攻读博士学位具有积极影响。

  ② 当美国大学生入学考试（简称 ACT）成绩公布时，这些分数都通过大学考试成绩转化表转化为 SAT 体系的成绩。为了防止漏掉数据，有些大学的数据通过其他来源取得。

  ③ 科学数据库网站信息详见 http://scientific.thomson.com/products/wos/。

均每个教师 10 年时间内大约发表了 2.5 篇文章，且并不仅仅限于刊物；或者换一种方式说，平均每位教师每四年向几类索引贡献一篇文章。尽管产出率最低的学校一篇也没有贡献，但是产出率最高的学校平均每年每位教师可以发表一篇文章。

我们这里只讨论文学士一级的院校，它们的学生注册人数在 500 到 3 500 之间，且没有数据丢失，所以选取了 148 所院校作为样本。表 6.2 展示了分析中提到的所有大学，以及各大学的博士产生率（指 1989—1998 年毕业的学生）。

解读博士生学位完成率

我们可以借由这些数据探索几个特定因素与博士生产出率之间的关系。为此，笔者运用普通最小二乘回归法构建了两个模型——一个是处在第一和第二层级的 81 所大学，另一个是处在第三和第四层级的 67 所大学。这些层级是依据《美国新闻和世界报道》[1]的排名划分的。正如表 6.2 所揭示的那样，因变量就是每所大学的博士生产出率。解释变量包括学术能力测验（SAT）75%录取标准、注册学生数函数、女性学生比率（范围是 0～100%）、学生的人均开支（以 1 000 美元为单位）、20 世纪 90 年代是否授予商科学位、该大学是否位于东北部[2]以及每位教师 1989—1998 年在科学网引文数据库发表论文的数量。[3]提供商科学位包括以下两个方面的原因：首先，提供这样一个学位意味着会吸引更多倾向于追求职业学位以及毕业后急于求职的学生。其次，在人文学院商科专业的学生与其他传统专业的学生竞争研究生名额，而这也许会影响学生是否选择读博。学院的地理位置也被考虑在内，因为许多历史悠久的名校和一流学院群都位于美国东北部，考夫

---

[1] 所以我们根据学院的不同层级将数据样本进行了分离，以代表不同学院的学生质量水平。我们也对每个学院的学术能力测验（SAT）75%录取标准成绩进行了分析，以便对学生的不同质量做进一步研究。由于里德学院拒绝完成调查，《美国新闻和世界报道》将其列为第四层级学院，尽管如此，在这里为了更好地反映出里德学院的名气，我们将它列为第二层级学院。

[2] IPEDS/HEGIS 数据表明，学院必须在 1989—1998 年授予至少 100 个商学位证书，才能被视作提供商学位的学院。位于康尼狄格州、马萨诸塞州、缅因州、新罕布什尔州、新泽西州、纽约州、罗德岛州以及佛蒙特州的学院都被视作东北部学院。

[3] Siegfried and Stock（2007）和 Townsend（2005）研究了未来攻读博士学位学生的来源，在经济和历史方面分别做了调查。考夫曼（Kaufman）等人做了一项计量经济学分析。其中包括对人文学院博士候选人学业总体完成率的分析，尤其是经济学专业。资料来源：Kaufman and Woglom（2005）；Lemke et al.（2005）。

曼和沃格洛姆 2005 年的研究也将其归因于地理位置。[①]

表 6.2 学院名单以及 1989–1998 年博士学位完成率

学　　院	比率	学　　院	比率	学　　院	比率
艾格尼丝斯科特学院	4.8	盖茨堡学院	3.0	奥格尔绍普大学	1.2
阿尔比恩学院	2.8	戈登学院（马萨诸塞州）	3.5	俄亥俄卫斯理大学	3.8
阿尔布莱特学院	3.2	高盛学院	4.6	匹泽学院	3.9
阿利基尼学院	5.9	古彻学院	4.4	波莫纳学院	11.4
艾尔马学院	3.1	格林内尔学院	11.1	长老会学院	1.6
阿默斯特学院	9.3	基尔福特学院	2.3	兰道夫-麦肯学院	2.3
安迪亚克大学	1.8	古斯塔夫奥德罗普学院	2.9	兰道夫-麦肯女子学院	4.0
奥古斯塔那学院（罗克岛）	3.2	汉密尔顿学院	4.5	里德学院	18.4
奥斯汀学院	3.1	哈姆莱大学	1.5	罗兹学院	5.9
巴德学院	4.1	汉普顿-悉尼学院	1.9	瑞盆学院	5.1
巴纳德学院	7.4	罕布什尔学院	6.6	萨勒姆学院	1.0
贝兹学院	5.4	汉诺威学院	3.3	莎拉劳伦斯学院	3.3
伯洛伊特学院	7.5	哈特威克学院	2.1	斯克利普斯学院	4.7
贝森尼学院（西弗吉尼亚）	2.1	哈斯丁斯学院	2.9	薛普尔学院	0.3
伯明翰南部学院	2.5	哈弗福德学院	12.1	锡耶纳学院	1.1
鲍登学院	6.5	汉德里克斯学院	6.4	斯基德莫尔学院	2.2
布林茅尔学院	7.5	希拉姆学院	3.7	史密斯学院	5.3
巴克内尔大学	4.1	霍巴特和威廉史密斯学院	3.2	西南大学	2.8
卡尔顿学院	14.6	霍灵斯学院	1.8	斯贝尔曼学院	2.6
中央学院（爱荷华州）	2.6	霍普学院	4.7	圣安德鲁斯长老会学院	2.5
中央学院	4.5	霍顿学院	3.5	圣约翰大学（明尼苏达州）	4.0
查塔姆学院	3.4	杭丁顿学院	1.9	圣劳伦斯大学	3.3
克莱蒙特·麦肯纳学院	2.2	伊利诺伊学院	1.2	圣玛丽学院（马里兰州）	1.4

---

① 参考：Kaufman and Woglom，2005.

续表

学　　院	比率	学　　院	比率	学　　院	比率
寇伊学院	2.7	伊利诺伊卫斯理大学	3.5	圣奥拉夫学院	7.1
科尔比学院	4.5	杰尼阿塔学院	5.1	索思摩学院	18.0
科尔盖特大学	4.3	卡拉马祖学院	11.2	甜石南学院	1.9
圣本尼迪克学院（密歇根州）	1.7	凯尼恩学院	5.1	特兰西瓦尼亚大学	2.5
伍斯特学院	7.7	诺克斯学院	7.5	三一学院（康涅狄格州）	3.8
圣十字学院	3.6	拉斐特学院	4.1	联合学院（纽约州）	3.4
科罗拉多学院	5.0	森林湖学院	2.6	达拉斯大学	1.6
康考迪亚学院（密歇根州）	2.3	劳伦斯大学	7.7	北卡罗来纳大学	1.3
康涅狄格学院	3.5	路易克拉克大学	1.6	普吉特海湾大学	1.7
康奈尔学院	3.2	路德学院	3.4	西沃恩南方大学	4.5
戴维森学院	7.0	麦卡利斯特学院	7.3	伍尔辛纳斯学院	2.4
迪堡大学	3.4	曼哈顿维尔学院	1.8	瓦萨学院	6.8
丹尼森大学	3.5	麦克丹尼尔学院	1.5	弗吉尼亚军事学院	2.0
迪金森学院	3.5	明德学院	4.3	弗吉尼亚卫斯理学院	1.1
德鲁大学	2.6	米尔斯学院	2.1	瓦伯西学院	7.9
厄勒姆学院	8.3	米尔萨普斯学院	2.7	沃特伯格学院	2.2
埃克学院	2.5	蒙默斯学院	2.7	威拉姆特大学	1.5
厄斯金学院	2.0	墨瑞维恩学院	1.9	威廉贾威尔学院	1.7
印第安纳富兰克林学院	1.0	莫尔豪斯学院	1.2	威廉姆斯学院	8.2
富兰克林和马歇尔学院	5.7	曼荷莲学院	7.4	威腾堡大学	3.5
福尔曼大学	4.3	穆伦堡学院	3.6	沃福德学院	2.5
乔治城大学	1.3	内布拉斯加卫斯理大学	2.6	韦斯顿学院（马萨诸塞州）	5.1
华盛顿学院	1.8	欧柏林学院	13.4	惠特曼学院	6.3
华盛顿与杰弗逊学院	2.2	西方学院	7.0	惠特学院	1.4

续表

学　　院	比率	学　　院	比率	学　　院	比率
华盛顿与李大学（伊利诺伊州）	2.0	威斯敏斯特学院（宾夕法尼亚）	1.7	威斯敏斯特学院（密苏里）	2.4
威尔斯利学院	8.2	韦斯特蒙特学院	2.5	韦斯顿学院	2.4
卫斯里杨学院	6.9				

表 6.3 呈现了两个模型的报告结果。在两类大学中，学术能力测验（SAT）成绩在前 25% 的学生比例都与其博士生学位完成率成正相关，其对第一层级、第二层级学院的影响要远超过第三层级、第四层级学院。尽管在校生数量和女性学生比例对回归值影响不大，但表 6.3 中第一层级、第二层级学院与第三层级、第四层级学院博士候选人人数有何不同，值得我们深入分析。博士候选人的数量与学院开支、是否提供商科学位、学院位置以及奖学金有着千丝万缕的联系。下面会对此逐一讨论。①

表 6.3　两个模型的研究报告

	一级和二级学院	三级和四级学院
学术能力测验（SAT）75% 录取标准	0.020 3***	0.003 7**
	（0.004 9）	（0.001 7）
招生函数	0.357 8	−0.078 2
	（0.836 1）	（0.346 4）
女性学生比例（0~100）	0.004 8	−0.006 9
	（0.017 2）	（0.067 3）
每位学生的支出 $1 000	0.072 1	0.148 4*
	（0.127 1）	（0.067 3）

---

① 在第一个模型中，虚拟变量对第二层级的学院不重要；在第二个模型中，虚拟变量对第四层级学院统计的影响为 10%。但是，系数估计值与虚拟变量的关系不大。如果囊括每个学生的开支（就像现在这里做的）或者是每个学生开支的函数结果的性质也不会改变。资料来源：Kaufman and Woglom（2005）.

续表

	一级和二级学院	三级和四级学院
学术能力测验（SAT）75%录取标准	0.020 3***	0.003 7**
	(0.004 9)	(0.001 7)
学院提供商学位（0/1）	−1.948 5***	0.212 3
	(0.689 3)	(0.392 2)
学院是否位于东北部（0/1）	−3.017 8***	0.811 0*
	(0.667 7)	(0.445 1)
每位教师发表的论文数量，1989—1998	0.449 7**	−0.016 1
	(0.228 9)	(0.185 6)
常数	−24.385 4	−2.828 0
	(8.379 2)	(3.666 4)
观测次数	81	67
决定系数	0.561 5	0.248 2
调整的可决系数	0.519 5	0.248 2

注：因变量是每个学院博士学位完成率，从 0~100，并且根据 1994—2003 年学院校友取得博士学位的数量计算，以 1989—1998 年这些学院产生毕业生的数量为基数的百分比标准差用圆括弧标出。

***重要性占 1%；
**重要性占 5%；
*重要性占 10%。

统计结果表明，在第一层级、第二层级的学院，学院对学生的人均开支与博士生学位完成率关系不大，对第三层级、第四层级学院的学生影响却高达 5%。尽管如此，其影响也是微乎其微。学生人均开支每增加 1 000 美元，博士生学位完成率增加不到 0.15 个百分点。对于这层级学院来说，这就意味着每年增加 100 万美元的预算才能增加 1 个博士候选人名额。

在前两层级的学院中，提供商科学位的学院与不提供商科学位的学院相比，其博士生学位完成率要低两个百分点。与之不同的是，据统计，在后两层级的学院中，学院是否提供商科学位与博士生学位完成率关系不大。产生此现象的原因可能是，前两层级学院中的优秀学生热衷于选择类似商科的非传统学科，但是在研究生院接下来的学习中逐渐丧失了兴趣，或者是因感觉难以取得学位而放弃。

在第一层级、第二层级的学院中，位于东北部的学院，博士生学位完成率比同层级学院低三个百分点。与之相反，位于东北部第三层级、第四层级的学院，选择读博的毕业生比同层级学院高一个百分点。如果集中于美国东北部的商业圈拥有特权，可以从当地一流学校中优先雇佣最优秀的学生，华尔街、美国金融业或者银行业也许能合理解释这一现象。

最后，博士生学位完成率与学院奖学金多少的关系也因学院级别不同而有差异。在第一层级、第二层级的学院中，学院奖学金与博士生学位完成率正相关；而在第三层级、第四层级学院中，学院奖学金与博士生学位完成率无关。这表明，之前提到过的两个观点——教师在科研方面投入的精力越多，就会占用指导学生和教课的时间，或者可能会促进教授与学生的交流——但是学院不同，影响也各有不同。在一流的学院，教师重视科研，会促进教师积极鼓励学生去研究院继续深造。但是，在级别较低的学院，效果并不明显。①

解读跨学科的博士生学位完成率

运用以上数据，我们对博士生学位完成率在不同方面做了探索。为此，我们前面运用了仿佛不相关回归分析模型（SUR）进行了分析。如果误差项与方程式相关，这些不相关回归分析可以使我们针对不同变量做出更精确分析。每个模型都有三个方程式，来计算学院博士生学位完成率，每个方程式又有独立的变量，变量分别为人文学科、社会科学和自然科学。②自变量与表 6.3 的一致，唯一不同

---

① 尽管前两个层级和后两个层级学院中学生的平均能力差别很大，但是不同学院教授的科研能力也有可能有所差别。学院支付给学生或教师的学院奖学金产生的影响还无法估计，但是在未来这将是一个非常值得研究的课题。

② 不同分支的博士候选人学业完成率是根据学院所有毕业生计算出来的一个百分比，而不是根据各个分支内部的毕业生计算的，因为在这方面完成率调查不要求精确的结果。根据计算，人文学院的平均比率为 1.0%，社会科学分支的平均比率为 1.3%，自然科学分支的平均比率为 1.9%。人文分支包括艺术、艺术史、交流/图书管理、英语、外国与现代语言、历史、哲学和宗教；社会科学分支包括人类学、经济学、政府学、政治科学、心理学和社会学；自然科学分支包括生物学、生物化学、化学、数学、物理学以及所有工程计划。此分析不包括教育、社会服务专业、职业技术研究、家政学专业的博士项目。

之处在于每个方程式包括不同学科内教师的论文发表数量。①

统计结果清晰表明，人文学院的博士生学位完成率与不同学科之间关系密切。误差项之间的相关性也超过50%，正相关比例系数保持在0.01。而且，误差如果任意分配，预计约有10所学院（每8所学院就有1所）在这三个方程式之中皆为正误差或者皆为负误差。在81所第一层级、第二层级学院中，21所皆为正误差，28所皆为负误差。与此相似，在67所第三层级、第四层级学院之中，14所皆为正误差，22所皆为负误差。

据估计，博士生学位完成率与在校生数量、每个学生的开支、是否提供商科学位、学院是否位于东北部、教师科研情况是否相关很大程度上支持了表6.3的统计结果。然而，明显不同之处在于女性学生所占的比例。学院女性人数所占的比例最初并不影响博士候选人总体比率，但是不同学科之间有所不同。与自然科学相比较时，人文社科类学院女性学生所占的比例越大，博士生学位完成率越高。

根据SUR模式计算对考试分数进行计算，其结果也与表6.3大致相同。在两组学院中，学术能力测验（SAT）75%录取标准与博士生学位完成率成正比。在前两层级学院，考试成绩每增加100分（不同的学科会有所不同），博士生学位完成率增加0.6到0.9个百分点，而在后两层级学院仅增加0.1个百分点。如果我们把75%的比例改为每科成绩都超过700分学生的百分比，这个模型就会进一步扩大。但是由于接近20%的学院没有公布这些数据，导致即使是很小的样本容量也会产生很大的标准差，许多估测的系数在统计时无效。但是我们还是可以看出，学生的能力对于选择专业和研究生学校有一定的影响。批判性阅读部分得分超过700分的学生比率与在人文社科领域的博士生学位完成率成正比，与自然科学领域的博士生学位完成率没有任何关系。与之相反，数学部分得分超过700分的学生比率与在自然科学领域的博士生学位完成率成正比，但是与人文社科领域的博士生学位完成率无关。

还需要提一下关于稳健性的最终测试。学业完成情况调查数据分解得还不够细致，我们无法统计每一所大学每一学科毕业的大学生数量。例如，当学生辅修

---

① 根据要求，笔者提供了一整套虚拟变量结果。

了双学位时只有其中一个专业有数据记录。因此，只有双专业属于同一个学科分支时，才能精确计算不同学科内的博士生学位完成率。假使学业完成情况调查数据能正确反映在校大学生成绩分布，如果这个大胆的假设成立，就可以根据不同学科学生成绩分配情况计算出不同学科内的博士生学位完成率。一旦将每个学科的博士生学位完成率作为因变量并且在这个学科的方程式中将在校学生各个学科成绩的分布情况作为自变量，原来的模型就要进行重新评估。根据定性计算，每种模式的计算结果都与原始的 SUR 结果相匹配，但是通过方程式和模型得出的估算结果却远没有那么稳定，标准差也偏大。

学院政策与产生博士候选人的关系

一流学院的博士候选人产生过程仍然是一个谜团，本章我们就来比较一下不同大学之间的差异。首先，在学院内，博士生学位完成率与不同的学科分支关系密切。其次，学院的特色以及学生的特点也至关重要。最重要的是学生入学时的能力（以考试成绩作为衡量标准）。学院的位置、女性学生的比例（与人文社科类博士生学位完成率呈正相关，与自然科学类博士生学位完成率无关）、课程（提供商科课程的学院博士生学位完成率较低）等也都有一定的影响。再者，教师科研也有一定的影响，但是影响具有针对性：毕业生的博士生学位完成率与教师科研投入呈正相关，尤其体现在社会科学和自然科学学科，但是这仅仅局限于排名前 80 以及类似的学院。

以上提及的因素都至关重要，但是并未涵盖全部内容。对于第一层级和第二层级学院的博士生学位完成率，在前两层级学院中，回归值只能解释 50%博士学位完成率与其他因素间相互影响的原因，后两层级就更难解释了。为了更好地理解博士候选人的产生过程，以回归数值作为标准，我们选取了 21 所其博士生学位完成率要高于回归分析预测的学院，21 所其博士生学位完成率要低于回归分析预测的学院。我们就这两组学院的职业中心网站及其向研究生学院提供的相关服务开展了一项研究。假设当今学院的职业中心仍然像 20 世纪 90 年代一样关注学生读研申请情况,那我们现在对这两组学院的对比也许会取得相当可观的成绩。部分学院的博士学位完成率一直高于期望值,而有些学院则表现不佳,其博士学位完成率一直低于期望值。尽管对不同学院的职业中心进行定量有一定的困难,但是总体的测评结果表明,那些博士生学位完成率一直高出预期值的学院一般会为有意继续深造的学生提供更多的信息和渠道,整合更多的网络资源。前者提供的渠道和资源有后者的两倍之多。

那些一流学院职业中心的领导也经常提供咨询意见,想方设法满足学生们的需求。职业中心领导提出的主旨是,他们关注的不是如何引导学生继续深造,而是当学生来向他们咨询时,他们可以给学生提出相关建议——工作、深造、职业学校、志愿者工作等。尽管学院的工作重心并不在鼓励学生申请研究生学院上,但是必要时继续深造也是一个可行的选择。所有的职业中心都有相应的可以利用的资源,用以帮助学生申请研究生院——包括提供研究生入学资格考试的练习、提供校友联系方式、交流研究课程,帮助书写个人陈述。当然,我们尚不清楚,是职业中心的使命和服务激发了学生对研究生院的兴趣,还是因为学校的博士生学位完成率很高,所以要求职业中心提供此项服务。

除了职业中心,还可以通过教师调查结果进行比较。在收回的 358 份调查反馈中,有 31 位受访者来自博士生学位完成率一直高于预期值的学院,有 17 位来自博士生学位完成率一直低于预期值的学院。虽然样本容量很小,却出现了一些非常有趣的模式。与博士生学位完成率一直低于预期的学院的学生相比,博士生学位完成率一直高于预期的学院的学生更倾向于在大学后两年做出继续深造的决定(61%∶47%),很少有人在上大学前或者刚上大学不久就打定主意要申请研究生院(16%∶35%)。还有一个显著的不同点就是老师大多建议继续深造。与博士生学位完成率一直低于预期值的学院相比,博士生学位完成率一直高于预期值的学院的学生更倾向于把这一决定归因于某一位教授(36%∶24%)而不是特别的课程(7%∶18%)或者是享受工作(3%∶18%)。在所有的调查反馈之中,两类学校因为本科研究计划(7%∶6%)或者不想停止学业或热爱学习(7%∶12%)而选择继续深造的学生比例比较接近。

最后,关于成功的源泉,每个学院都有自己的想法,能直接听到这些答案也是非常有意思的一件事。有些学院每年培养的博士候选人高于预期值。这些学院院长（或同级的人）都被问到以下问题："请描述一下为什么该校表现这么优秀，有那么多的学生拿到博士学位？"所有院长都将其归因于课程安排。哪些学校更有可能培养出未来的博士候选人？尽管学生的能力和天分是一个很重要的原因，但是学生在校学术经验也发挥着一定的作用。安排有一定难度的课程，可以鼓励学生迎接挑战，营造一个尊重好奇心的良好氛围，这些都非常有利于学生的发展。研究生院在校园文化方面做得很好，得到了大家的称赞，许多学院的院长都曾清楚地表达过营造校园文化的想法。其中有两个学院表现出众——卡拉马祖学院和斯克利普斯学院。

卡拉马祖学院的博士生学位完成率一直很高。20世纪70年代博士生学位完成率保持在9.2%，80年代为10.6%，90年代升至12.2%。志愿加入和平队的学生比例也位居前列。20世纪60年代卡拉马祖学院在课程方面做了一次彻底改革，称作K计划，计划明确了学生大学四年应该做什么。所有的学生都要在第一年参加研究班课程，第二年参加校外实习，第三年积极鼓励学生出国，有80%的学生都会参与。在大学四年级所有学生都要独立完成一个研究项目，很多都要付出整年的努力。①

斯克利普斯学院是在克莱蒙特学校联盟的唯一一所女子学院。学院一直非常重视学生人文素质的培养。但是在20世纪80年代，学校不断丰富其课程，并围绕课程进行招生。原先的人文课程成为学院的核心项目，②全体教师都要围绕核心计划有规律地实施教学。核心计划包含三个课程序列，其共同主题是"文化，知识，呈现"。其间学校还开设了一门跨学科课程，1990年一座新科技大楼投入使用，理科教师的数量迅速增加。每年科学领域博士候选人的人数也从20世纪70年代的个位数增长到了30~40位。这些发展，大大提升了学院的总体博士生学位完成率——不仅局限于科学领域。20世纪70年代学校的博士生学位完成率为2.4%，80年代为4.2%，此后一路高歌猛进，到90年代，平均比例已经达到了5.7%。

本章就以下问题进行了探究：为什么一些学院的博士生学位完成率比其他的

---

① 关于K-Plan的更多信息详见 www.kzoo.edu/about_kplan.htm。
② 关于斯克利普斯学院的核心计划详见 http://www.scrippscollege.edu/dept/cor/about/index.html。

学院高？我们还需要做更多的研究，尤其是可以针对学生为什么选择去研究生院继续深造展开细致的分析，那样的话可能会取得丰硕的成果。究竟是学院教育最后造就了博士生学位的高完成率还是学院擅长招收未来博士候选人？本科积累的科研经历是否有助于学生继续读博深造？如果是的话，学院与大学的科研经历有什么不同？人文学院输送的博士生是综合性大学的两倍，这是因为人文学院的学术风格更吸引学生吗？通过对这些问题的回答，我们会对学生个人本科经历及其决定申请研究生院的关联性有一个更加清晰的认识，也可能帮助美国院校更好地认定这个目标。

第七章

STEM 领域的本科生研究经历对其在研究生阶段研究兴趣的影响

迈尔斯·博伊兰（Myles Boylan）

在科学、技术、工程、数学（简称 STEM）领域的本科研究经历是否会影响学生参与 STEM 领域研究生项目并取得成功的可能性？很多论文都研究了本科阶段的研究经历（简称 UGR）产生的影响，他们罗列了很多问题，而上面这个问题就是众多问题中的一个。通常，这类研究都会评估 UGR 在以下几个方面的影响：STEM 某一领域的本科生毕业率；学生在本科毕业之后继续深造的可能性；本科生对于研究生阶段学习的意愿或者兴趣的变化（因为很多学生已经决定申请研究生院）；是否决定或者打算在 STEM 领域开拓事业尤其是在 STEM 领域做研究；习惯性研究技巧（包括操作实验仪器、运用恰当的数据分析方法、研读并总结他人的研究成果、在图书馆搜集重要研究资料、独立工作、写作方式恰当且有科学依据）；像科学家一样的思考能力；掌握沟通技巧（做陈述报告，与团队成员如同事、研究生或者本科生进行有效的合作）。

很多研究也考虑到了本科生研究的花费、收益和局限性。比如，系科规模大小不一，能提供的研究经历也不一样，到底有多大比例的本科生可以参与高质量的研究呢？

实证研究的局限性

现有研究质量通常会受以下因素的影响：相对复杂的实验组，查找高质量、能支付得起的评估数据，获取学生从本科学习过渡到研究生阶段全职学术研究的长期数据。短期评估性研究非常依赖调查问卷。幸好，人们还保留有许多长期研究的数据，那些实际被研究过的本科生研究经历大多具有相当高的水准，相对而言是为其客户即本科生量身打造的。

在很多提供本科生研究经历的大学，为本科研究所选拔出来的学生本身就已经小有成绩，且志在申请研究生院继续学术研究。举个典型的例子，美国国家科学基金委员会（NSF）设立的为本科生提供研究经历项目（简称 REU 项目）就是这样。只有少数研究探讨了本科生研究对 STEM 专业一般或者普通学生的影响。要研究本科生参与科研对学生学业和读研的影响，放开对学生能力的验证标准将得到更为实用和准确的测验数据。

因为只有实验组，没有对照组，所以很多研究不得不对本科研究计划做实施之前和实施之后的预测，这样学生和导师在调查问卷中的回答就显得特别重要。另外，大多数研究都没有对学生的选择做长期观察，所以也就不能直接判断 UGR 可能的影响。在很多情况下，学生参与研究生项目的计划和职业规划经常被忽视，而直接观察则可以避免这一问题。加州大学洛杉矶分校的高等教育研究中心做了数十年的研究并得出了很多数据，美国年刊《美国大一新生：国家标准》也给出了很多数据。（从这些数据中我们可以得出，与后几年的变化相比，大一新生决定参加研究生项目尤其是博士生研究的过程非常乐观。这显示了对学生深造的志向进行深入探究的价值以及开启科学和工程事业的价值。）

像在 REU 评奖里的同行评审，其本身有质量控制的环节。而像项目评估这样较大规模的研究则不然，它们并不能完全控制 UGR 经历本身，也无法提供完全的数据。然而不同资料来源所提供的经历和学科确实不同，已出版的研究中所提到的大部分经历似乎更可靠一些。

事实上，所有的数据都是基于研究而得出的。在采用了李克特量表的问卷调查中，当问题与现实事件无关时，受访者，包括学生和教授，大都会打 4 分或者 5 分。在这种情景下，问题的设置就特别重要。在 5 分制的问卷中，5 分和 4 分是有差别的，而口头呈现数字的方式会影响这种差别。而本文献综述里所参阅的研究大都没有对这两者做细致的对比。本科生阶段各种各样的学科似乎起了很大的作用。在没有本科研究经历的情况下，与物理等专业的本科毕业生相比，数学专业的本科毕业生在近期继续攻读研究生项目的概率更小一些。对各学科之间进行比较所依据的标准（指 UGR 参与者继续攻读研究生项目的比例变化）本身就是很难制定的。很多学科的 UGR 把机会留给优秀学生，而有些学科的 UGR 也有一般学生参与。

在其他学科中，人们发现，UGR 以及其他一些干预措施降低了本科生的辍学率。辍学率有所降低归功于认知方面的转变和一些有效的收获，在很多情况下是由于相对较高的夏季科研补助，例如，美国国家科学基金会和霍华德•修斯医学研究所（HHMI）赞助的夏季研究项目都提供了诱人的科研补助。这就为该调查创造了一个更大的研究群体，即更多的参与过 UGR 项目的学生，但这部分人可能一开始继续深造的意愿较小，而更有可能在参加过 UGR 项目后转变想法。

众多研究发现

一项令人欣慰的研究发现是，除个别情况外，不同学科之间实证研究的观察和发现是具有广泛一致性的。说得更详细一点，很多研究检测了 UGR 参与者的学习和提高效果（更强烈的意愿）。这些研究得出了很有说服力的定性研究结果，这一结果表明，大多数的 UGR 参与者在学习上取得了较大进步，得到了发展等诸多好处，对进一步参与 STEM 研究产生了更大的热情，对成为 STEM 领域的学者这一职业有了更深入的了解，这一研究非常有说服力。研究检测出学生参与UGR 项目获得的好处看起来合情合理——经常令人印象深刻——很多情况下，这类研究特别细致，且有特别详细的采访数据。

矛盾的是，参与者在 UGR 项目中对职业选择了解得越多，对未来职业规划就越不确定。但归根结底，这种不确定感是由于学生获得了更丰富的知识和信息而导致的。另外一个可能增加这种不确定性的因素是，UGR 的经历将学生与学术（基础）研究联系到了一起——而学术研究只是毕业生面临的众多职业选择的一个，而且是一小部分。通常，主持 UGR 项目的教师，本身对非学术生涯之外的职业选择知之甚少。

对那些在本科阶段各方面都没有那么出色的学生来说，参与 UGR 项目之后，继续到研究生院进行 STEM 领域研究的想法特别强烈。对于那些在 STEM 领域特别出色的本科生来说，相比参与 UGR 项目，他们会优先选择在 STEM 领域内或者医学院做研究生工作。还有几个丰富多彩且得到学生高度评价（与 UGR 一样的高度评价或者比其更高的评价）的活动：在公立中介机构、非营利组织和私企实习，合作性的活动（通常为工程类专业的学生设立），或者进行高级论文的写作。这些活动都能促进学生在学业上的进步。

实证研究结果总结

在定量研究中，有来自选拔标准极高的大学的学生或参与竞争激烈的 UGR 暑期项目的学生，对这两类学生来说，UGR 的影响明显小得多。[1]UGR 项目前后共有4项这样的研究对此做了大致上的总结。这些研究指出计划毕业后参与 STEM 研究的学生比例本就已经很高，实际上并没有增长，但是学生参加研究生 STEM 研究项目的决心却大大增强。

比如，罗帕托发现，有 27% 的 UGR 参与者至少参加过一次由霍华德·修斯医学研究所赞助的暑期研究项目，他们有更强烈的意愿去研究生院深造。另外有 4% 的人非常确定会在研究生院继续学习，但同时也有 5% 的人发现这一职业生涯并没有那么吸引人。两者互相抵消。在 1 526 名参加了 2003 年暑期的 41 个 UGR

---

[1] 参考：Wilson Gonzalez—Espada and Daphne zaras, 2006, Douglas Gould and Brian MacPherson, 2003, Anne—Barrie Hnter et al, 2006, Davrd Lopatto, 2004.

项目的本科生中，罗帕托总结了 1 135 名参与者的调查反馈情况。

亨特等人的研究选取了 76 名研究对象，他们都是在 2000 年暑假在四所人文学院参与 UGR 的学生。他们并没有发现有志于上研究生院的学生改变计划（尽管所有学生和 55 名教师都获得了较大的进步和发展），却发现那些在 UGR 项目中发觉做学术不适合自己的学生比例减少了 9%。与罗帕托一样，亨特等人发现，对其他学生来说，"UGR 的角色就是提高学生在 STEM 领域的研究兴趣，增加其继续攻读研究生的可能性，弄清楚要在哪个领域深入研究下去"（2006，28）。一年以后，即在毕业之前，研究者对这 76 名学生进行了回访；2003—2004 年，这些学生已是校友，研究者又对其进行了第二次回访。他们设置了一个由 62 名学生组成的对照组，这些学生都没有参加过 UGR 项目。研究者也依照上述时间对这些对照组的同学进行了多次采访。

其他的一些相关研究结果见表 7.1。

表 7.1 已出版研究的特征概述

研究身份（主要作者）	学科；UGR 类型，控制组情况	UGR 项目举办地点	学生数量，学生来源，反馈率	起止时间
罗帕托	与生物学相关（最初）；NIH 或其他机构赞助；无控制组	41 所研究型和以教学为主的院校（未指明）	1 135 名，超过 41 所大学；74%	2003 年
亨特	自然科学；正式 UGR；有控制组	4 所文学院（未指明）	76 名，超过 4 个大学；100%	2000 年
冈萨雷斯·伊斯帕达	气象学和物理学；无控制组	国家气象中心	38 名，超过 30 所大学；100%	2001—2005 年
古尔德	跨学科的神经系统科学；无控制组	肯塔基大学	应参与 80 名，实参与 66 名，75 所大学，约 90%	1998—2003 年
菲茨西蒙斯（承包商报告）	STEM 所领域；NSF 资助的 REU 项目；无控制组	由 NSF 赞助的上百所院校	1 915 名，上百所大学，约 70%	1987—1990 年
齐德尼	工程学；正式和非正式 UGR；有控制组	特拉华大学	245 名，特拉华大学；38%	B 级别毕业生：1982—1997 年

续表

研究身份（主要作者）	学科；UGR类型，控制组情况	UGR项目举办地点	学生数量，学生来源，反馈率	起止时间
鲍尔	STEM所有领域；正式和非正式UGR；有控制组	特拉华大学	986名，特拉华大学；42%	B级别毕业生：1982—1997年
罗素（承包商报告）	STEM所有领域；NSF资助的UGR项目；其他UGR；有多个控制组	由NSF资助的约700所院校	4 500（76%）；3 300（56%）；3 400（约20%）；	2001年暑假，2002—2003学年，B级别STEM专业毕业生：2005
普赖斯；贝克尔和普赖斯	经济学；少数人种学生的REU；有多组控制组	一所大学，每几年换一所学校	821名，众多院校；尤其是少数人种占很大比例的院校	1973—2006年

表格中的缩写：
UGR：本科研究。
NSF：美国国家卫生基金会。
NIH：美国国家卫生研究院。
REU：本科生研究经历（NSF项目）。

冈萨雷斯·伊斯帕达的研究观察了38名来自各大研究型和教学型大学的优秀学生，他们都曾在2001—2005年参与国家气象中心的研究项目。研究发现，有11%的同学在参与研究后，到研究生院深造的意愿减弱或改变计划，与之相比，有更多学生在体验了研究项目之后，读研的意愿更强烈了，这部分同学的比例为37%。然而，当我们将关注点放在职业规划上时，有32%的人倾向于选择学术研究，另外有29%的人放弃学术研究，两者几乎相抵消。

古尔德的研究选取了来自75所院校表现优异的本科生为研究对象，其中，研究者特意从非一级院校（根据卡内基高等学校分类法）中选了53位学生，他们参与过由美国国家卫生基金会赞助的"本科生研究经历之跨学科神经系统科学研究"（2003，A24）。"本科生研究经历"（简称REU）每年举办一次，目的是提高申请研究生院的学生比例，增强学生对跨学科神经系统科学职业发展的兴趣。1998—2003年，有80位学生参与。其中1/3的学生是经常被忽视的少数族裔，约

2/3 是女性。

在参加完 REU 之后，很多学生发现自己有更强烈的意愿或更大的可能性报考肯塔基大学学习神经系统科学。有更多的学生在参加完 REU 之后，已经计划要申请研究生项目了。截至 2003 年，有 19 位学生仍然在参与本科生项目，还有 14 位学生没有提供数据。在剩下的 47 名 2003 届毕业生中，有 32 名学生已经在研究生院学习或者正在申请研究生院（这些学生占到了 68%的比例），有 8 位学生在专业学校学习，还有剩下的 7 位应聘到了科学领域，做老师或技术员。上面提到的 32 名被科学研究吸引的学生有可能是被 REU 的研究经历所说服，从而决定申请研究生学校，上面提到的 14 名并没有选择进研究生院的学生也有可能是在参与 REU 之后发现科研并不适合自己。

当院校选拔、学生个人选择、项目选拔没有那么严格，对学生能力的考察范围拓宽时，学生改变想法倾向于申请研究生院的比例会高得多。5 个已出版的研究中都提到了以下几组研究：卡伦·鲍尔和琼·班奈特（2003）；史蒂芬·菲茨西蒙斯、肯尼斯·卡尔森、拉里·科迈尔曼、戴安娜·斯通纳（1990）；格雷戈里·普赖斯（2005）；苏珊·罗素等（2005）；安德鲁·齐德尼、琼·贝内特、艾德波斯·沙希德、卡伦·鲍尔（2002）。

1990 年，菲茨西蒙斯和来自阿布特联合公司（Abt Associates Inc.）对其研究做了报告。他们发现，NSF 赞助的本科生研究项目之后对参与的学生产生了微小但却深刻的影响。这一研究是对 NSF 赞助的 REU 项目实施早期的评估，那时候人们还在适应这个项目。这项研究调查了将近 2 000 名学生。后来几年，资助数额和学生选拔比例都有所提高（在高等教育界最终了解这个项目之后）。很遗憾的一点是，该项目并没有单独研究倾向于读博的学生数量增加或减少的情况，而只是计算了两者的差额。参加完 REU 项目之后，打算读博的学生占到了 12%。该研究也发现，有 17%的学生表示自己参加研究生项目的可能性更大了，或者这方面的意愿更强烈了。这一研究专门探讨了 NSF 赞助的 REU 研究，其独特视角和研究发现将其置于低效区间和高效区间之间。

齐德尼等人的研究（2002）选取了特拉华大学工程系的毕业生（1982—1987 年）作为研究对象，那时候 UGR 项目对所有学生开放，齐德尼等人对 UGR 项目的影响展开了探究。齐德尼选取了651名毕业生作为研究对象,其中,有229名学生以前参加过UGR,这一数字可以从注册数据里得到。该研究的反馈率为38%(245份反馈)——比率较低,但是至少没有因为UGR的研究类型而出现有偏见的反馈;在245位发回反馈的受访者中,91位是正式UGR项目参与者,66位是非正式参与者,还有88位没有参加过UGR项目。在被研究院顺利录取的学生当中,参加过正式UGR项目后又入学研究生院的学生比例(80%)比那些未参加UGR项目也入学研究生院的学生比例(50%)高出30个百分点,比参加过其他形式UGR项目的学生比例(67%)高出13个百分点。在那些从事博士层次研究的校友中,参加过正式UGR项目的校友(占35%)比那些参加过其他形式UGR项目的校友高出8个百分点,比那些从来没参加过UGR项目的校友高出27个百分点。

在齐德尼的研究中,参与过正式UGR项目的学生,其平均绩点(GPA)为3.52,是最高的,其次是27%参与过其他形式的UGR项目的学生,他们的平均绩点是3.37。而没有参与过UGR项目的学生,其平均绩点为3.33。这三个群体的平均绩点有差异,而且他们选择申请研究生院和读博的人数比例也不一样,前者是否可以解释后者?这其中似乎存在重要的共通性,因为参加正式UGR项目的学生比率比参加非正式UGR项目的学生比率高。造成这种情况,可能是因为最优秀的学生倾向于选择正式UGR项目,也有可能是因为正式UGR项目可以提高GPA。(下文将提到鲍尔的研究,他曾尝试解答所有这些令人困惑的问题。)

齐德尼的研究表明,学生认为UGR和其他主要的活动都是有效且有价值的。级别最高的是与工程学专业相关的实习。(爱德华·哈克特曾在其1992年的一项研究里得到了相似的结果,他比较了企业学校合作式实习和UGR对本科生的不同影响;学生来自一所大型理工学院)出国留学和写高级论文与正式UGR研究几乎处于同一级别。

最后,齐德尼的研究也表明,当参与过四个学期或更长时间的UGR项目时,其影响更大(相当于工程学领域高级别的实习)。然而,这也可能是体现自我选择偏见的一个例子。

鲍尔的研究(2003)是对齐德尼研究的一种延伸。他对1982—1997年间在特拉华大学求学的所有专业的校友（并非只有工程学专业）做了一项调查。他试图解释所有的结果——包括学科的影响——从单一角度评估 UGR 的影响。笔者将其研究结果与齐德尼研究结果做了大概的比较。该研究的反馈率为 42%（在 2 444 名目标校友中，收到了 986 份可用反馈），这与专业和两组的 GPA 有关——即已经参与过和未曾参与过 UGR 项目的两组人。在 986 份反馈中，有 418 位参加过正式 UGR 项目，213 位参加过其他形式的 UGR 项目，而有 355 位没有 UGR 项目经历。该研究中，女性校友的比例（56%）比齐德尼的研究要高。

鲍尔估计，典型 STEM 领域的校友（GPA3.5）占 67%，他们都曾参与过正式 UGR 项目，并最终进入了研究生院学习。与之形成对比的是，有 57%的校友没有任何 UGR 的经历。相似的情况是，参加过正式 UGR 项目的 STEM 专业的校友，其读博的可能性为 43%，与之形成对比的是，参加过非正式 UGR 项目的校友，其读博的可能性为 36%，而没有 UGR 经历的校友，其读博的可能性为 23%。博士级别的不同点是本文献综述讨论的重点之一。

NSF 与国际斯坦福研究协会（SRI International）之间有合作，罗素就是基于这种合作而开展研究的（2005），该研究调研涉及的人数最多。他调研了 NSF 在 2002 年和 2003 年赞助的所有 UGR 项目。除了 REU 项目外，还包括本科院校研究项目，和其他 6 个 NSF 计划中的项目，涵盖目标项目。调查对象包括大量的少数族裔和女性。在所有的反馈中，有 15%的调查对象 GPA 低于 3.0，还有 28%的人 GPA 在 3.0~3.5 之间。因此，该调研涉及了大量的普通学生和数量适中的优秀学生。

罗素所做的这项评估工作包括四项 2003—2005 年完成的基于网络的研究。最初的研究只是针对 NSF 赞助的 UGR 项目的 4 500 名本科参与者展开的探究。其反馈率为 76%。两年之后，他又对这 4 500 名参与者做了跟进调查；收到了 3 300 份可用反馈。

除此之外，为了获得基础数据，罗素做了两项具有全国代表性的调查，他选取了 STEM 专业已获得学士学位的毕业生，年龄在 25 到 35 岁之间：包括自然科学和工程学专业的毕业生（3 400 名），还有一组是社会学和行为科学专业的毕业生（3 200 名），这两组专业均被 NSF 定义为 STEM 学科。在每一个具有全国代表性的样本中，约有50%的反馈都提到了个人的UGR经历。约有7%的受访者表示，其UGR经历是由NSF、美国国家卫生研究院（简称NIH）或美国国家航空航天局（简称NASA）赞助的。前文提到过4 500名NSF赞助的UGR项目的参与者的调查结果，而这组受访者的调查结果与之相似。

在以上两个具有全国代表性的调查中，UGR的参与率并没有因为院校类型不同而有所差异。（根据最新的卡内基分类计划，可将各院校分成本科大学、硕士大学、研究密集型大学、研究广博型大学，这几类大学的UGR参与率几乎是一样的）。UGR参与率并没有因为本科专业的不同而产生特别大的差异，比如，数学专业的UGR参与率为34%、计算机科学专业为37%，这两个专业的比率略低；心理学专业的UGR参与率为63%、环境科学为74%，这两个专业的比率略高。

一方面，罗素从三组研究对象的数据中发现，参与UGR项目大大提高了学生从事STEM领域工作的兴趣（在后来的跟进调查中，有68%的受访者参加过UGR项目，在具有全国代表性的研究中，有60%的学生已获得学士学位）。另一方面，在后来的跟进研究中，约有8%的受访者对STEM领域的工作意愿有所减弱，有16%的受访者发现科研对自身没有吸引力。当被问及是否有读博的打算时，在所有跟进调查的受访者中，有29%的人表示，在上大学之前并没有打算读博，但是后来改变了想法。以下的一些基础数据可以解释这种结果：自然科学和工程学的全国样本中，又有19%的毕业生增加了NSF、NIH或者NASA赞助的UGR经历，各个专业有UGR经历的学生多出12%，没有UGR经历的学生多出5%。随着受访者年龄的增长，29%很有可能缩水，变成了19%。很多受访者后来产生读博的打算是因为先前有读医学院的规划。在UGR经历之前，有很多学生打算读医学院，在后来的跟进调查中，有这种倾向的人减少了5%。

罗素发现，大多数的种族群体差异很小。论积极影响，少数族裔比非西班牙裔白人多一些。他同时也发现，改变变量，男性和女性所受积极影响的大小实际上是一样的。最后，与齐德尼和鲍尔对特拉华大学所做的研究相似，罗素发现，花费在科研上的时间越长，本科毕业生攻读博士学位的意愿就越强烈。

在另外的一项研究中，普赖斯（2005）调查了2000—2001年在美国各大学任教的180位获得博士学位的知名非洲裔美国教师。普赖斯发现，像本科生一样，有14.4%的教师参加了一个暑期项目。这个项目指导教师教给学生一些专业技能，这对学生研究生阶段的研究和参与名师指导的研究计划都很重要。这个项目受NSF旗下REU项目的赞助，由美国经济协会（简称AEA）主办，因此被称为美国经济协会暑期项目（AEASP）。该项目自从1973年以来每年举办一次，每隔几年换一所学校举办。少数族裔的学生经常被忽视，这是专门针对他们而设立的，目的在于动员他们申请研究生院，强化专业技能。由于在180位大学教师中，有很多老师因为年事已高，没法参与AEASP项目，所以实际数据要比14.4%大，影响也更大。

然而，正如普赖斯指出的那样，并没有直接的证据证明这个结果是该项目发挥了作用。但他发现，这些参与AEASP项目的教师相比同龄人，在顶级学术杂志上发表文章以及获得NSF资助的可能性更大。另外，贝克尔和普赖斯（在本卷中）发现，2001—2006年参与AEASP项目的有162位校友，其中有64位已经在经济学领域开展了博士研究，有37位"正准备这样做"，两者共占比62%。据贝克尔和普赖斯的评估，通常有15%左右的校友可能会参加博士研究项目，在162位校友中，15%就是25位校友。事实上，实际参加或者将要参加博士研究项目的人数是这一数字的4倍，这一事实似乎是AEASP项目产生影响的有力证明。贝克尔和普赖斯预估，鼓动少数族裔的学生继续读博深造的直接影响就是，全美的博士生产出率可以提高1/3。

研究总结及对联邦政策的意义

近年来，教育家和政策制定者越来越重视STEM专业的学生进行真正的学术研究所产生的价值。人们发现，这些经历可以提高本科生对STEM领域的兴趣，并且往往能够提升他们攻读研究生学位的兴趣和完成学位的决心。

尽管难以对几项已发表的研究中的数据进行比较，这些数据也经常不能拿来完美地解释学生申请研究生项目的问题，但是这些研究的发现在性质上是相似的，且被后来的研究者多次引用。

很多参与真正研究项目的本科生是从最优秀的 STEM 专业学生中挑选出来的，他们在导师的指导下进行学术研究。基于这个事实，我们很难全面探究 UGR 可能的影响，因为这些高才生中，有很多在参加项目之前就已经决定要申请研究生院，通常是读博。在这些人中，有一小部分学生有读医学院的打算，对这些最优秀的本科生来说，UGR 所产生的影响就是，改变这一部分人的想法，鼓励他们申请研究生院，并增强他们读博的意愿。

幸运的是，很多探讨 UGR 影响的研究都关注了 STEM 专业的非尖子生。这些研究揭示了 UGR 吸引学生继续在研究生院深造方面的巨大影响，并阐明了真正的 UGR 经历加上导师密切指导所产生的能量。这样的能量似乎在男性和女性身上起到了同样的作用，对那些在 STEM 专业或者 STEM 领域的博士生培养项目中一直被忽视的少数族裔学生也起到了作用。这就表明，支持 UGR 项目的联邦机构在选拔本科生时，应该把选拔标准放宽，将不同种族和性别的能力符合者也作为考核目标。尤其是，以上研究提供了一项证据，女性和那些经常被忽视的少数族裔学生也有机会参加 UGR 项目，这将有效地说服他们申请研究生院，并在 STEM 领域开展研究。

第三部分
提高有色人种博士生比例

第八章

科学和数学领域的少数族裔学生——在美国，大学依然不了解种族

理查德·塔皮亚（Richard Tapia）
辛西娅·约翰逊（Cynthia Johnson）

为什么只有少数的西班牙裔和非洲裔美国人可以进入诸如科学、技术、工程和数学（合称 STEM）这类对国家经济和社会健康至关重要的领域呢？简单地说，随着攻读学位的成本加大，美国的教育体制越发显得跟不上美国西班牙裔和非洲裔人口的增长。这里可以借用"管道"比喻。对于西班牙裔和非洲裔学生来说，美国的教育体制就像一个"管道"，从小学到大学他们一路惨遭淘汰，试图努力完成课程却只获得零星支持，而成为 STEM 领域的教师则是"管道"最后、最窄的那一段。很多大学开始抱怨，科学和工程学领域不仅缺少大学老师，而且这两个领域的毕业生也有缺口。这一问题的弊端也能从工业上看出来，工业发展需要技术娴熟的劳动力，而这一需求越来越难以得到满足。商业和工业有很强的市场导向性，面对多样化的大众，它们也需要多样化的劳动力；至少可以说，大学里呈现的多样性没有那么明显。除此之外，大学应该提供可让学生创造多样性的环境，这样有助于他们适应毕业后的生活。然而，大学本身就是学术机构，且学术导向性越来越强。它们想要有良好学术素养的优秀学生。说到招生，STEM 领域的大学教师依然更赞成将学生按成绩排名的体系，并且倾向于认为占比例小的少数族裔学生在能力和潜力方面不如白人男性学生。虽然女性学生取得了显著的成绩，

但是她们的境况仅仅比弱势的少数族裔学生好一点点而已。

美国教育有两个独立的系统，分别服务于两个人群，其中一个正在迅速增长。50 年后，西班牙裔美国人预计将达到 1.026 亿（2004 年美国人口普查数据）。作为教育者，我们需要学会跟少数族裔的学生打交道，除非我们想把自己与这个即将成为一半人口的族裔隔离。我们也许可以想想初高中教师的抱怨："你教的是你招到的学生。"

STEM 领域的劳动力整体减少，尤其是 STEM 领域招生减少，这已经不是一个新问题了。过去，为解决招生少的问题，人们从海外引入人才，美国从这一举措中受益良多。在这些引进的人才中，有很多人是为逃离阿道夫·希特勒的暴政而来到了美国的，还有很多人是因为各种各样的原因而移民到美国。真的很难想象，在 20 世纪中期，美国技术领域没有这些人会怎么样。在过去的几十年中，我们也引入了很多其他族裔的教师。当然，美国还是挺幸运的，因为很多学生在完成学业之后选择留在了美国。

然而，人才引进这一举措的可行性有所降低。因为其他国家正努力将人才留在国内，或者在学者们完成研究生工作时将其召回本国。正因为引进且留住国际人才变得越来越困难，美国此时需要更多的科学家和工程师，比以往任何时候都需要。像其他国家一样，我们也越来越依赖科技及与其相关的学科。事实上，科技的发展是科学发达的结果，而非多项技术叠加所致。

面对这种空缺，另一种考虑是，科技的复杂性大大增强。过去，很多人从事技术工作是通过高中学习或者职业教育接受的专业训练，为其职业发展做好了准备。而现在，社会非常依赖大学来培养这部分劳动力。我们不应忘记，我们国家也需要有很强科学背景的中小学教师。

所以我们缺少技术方面的劳动力，可是老办法已经行不通了，或者已经无法满足我们的需求了。但是我们确实有资源——尚未开发的少数族裔美国人。这就意味着，我们对以上问题有了答案：欢迎大量的少数族裔学生接受 STEM 领域的教育。这还没有发生。事实上，我们现在有一个需求和供应的问题。在各大学的 STEM 专业，非洲裔和西班牙裔学生的辍学率相当高，而且很多学生早在上大学以前，即高中阶段，就刻意避开了数学和科学，而选择了其他科目。人们渐渐意识到，如果我们不能培养更多的科学家和工程师，美国很有可能会在科学和技术

（对经济健康至关重要的两个因素）上失去竞争地位。尽管如此，引进外国学生而不是培养美国少数族裔学生，仍然是人们建议的解决方案。美国可能会浪费其最珍贵的资源，看起来很少有人真正关心这件事。事实上，人们认为，非洲裔和西班牙裔这些少数族裔对科学、数学和技术没有什么可贡献的。

2004 年，有 73 327 名非洲裔美国本科生注册入学，并申请到了四年制、第四（Ⅳ）级别（根据卡内基高等学校分类法）且授予学位的高等学府，主修生命科学、数学、物理科学和工程学。西班牙裔美国人的对应数据是 55 725 人，而美国原住民的对应数据是 10 987 人。[①]以上人口共有 8 350 万。能完成本科学位的少数族裔的人数甚至更少，因为对这些人群来说，大学辍学率以及退选科学和技术课是一个很严重的问题。[②]

还有，就其自身而言，少数族裔在 STEM 领域的代表性不足——这个原因导致了他们在至关重要的技术领域也缺乏代表——这表明了才能的极大浪费，而且规模随着少数族裔人口的增加而不断扩大。但是对各大学来说，如果他们招不到更多少数族裔的学生，也会面临很多负面影响：他们很有可能会在很多活动领域失去支持——政治、社会和金融领域。正如以上所提到的，各大学在拥护民主权利方面已经非常活跃，或者说小一点，各大学在支持平等机会和平权法案方面特别活跃；尽管如此，高等教育内部的情况并没有多大改善，尤其是研究生教育和教师构成。大学与社会其他主要方面步调不一致。

要理解高等教育的现状，我们必须将代表性不足的少数族裔的教育过程看成一个整体。当我们这样去看的时候就会发现，他们的教育过程从一开始就有问题。小学的时候，他们就认为自己学不了数学，到高三的时候，有人会建议他们选择一些"软性"科目，离科学远远的。少数族裔在高等教育上面临的最大问题是，他们在之前的各个学习阶段准备不足。

很多人都讲过或者著书写过美国公立教育的困境。困扰学校的这些问题，对少数族裔的学生有尤为恶劣的影响。他们上的几乎都是公立学校，他们的父母是

---

① 资料来源：Commission on Professionals in Science and Technology，U.S. Department of Education 的数据，National Centre for Education Statistics；以及未发表的数据。
② 有关辍学问题的有趣视角，详见 Alexander et al. 1998.

所有人口中最脆弱的一个群体。相比白人家庭，非洲裔和西班牙裔家庭里父母的受教育程度相对较低。这不仅仅是父母不能辅导孩子做家庭作业的问题，尽管这也是一个问题。同时，这也意味着，西班牙裔和非洲裔家庭的父母在孩子的教育过程中无法很好地引导他们——尤其是高等教育阶段。

很多少数族裔家庭对高等教育的语言、过程、需求或好处不了解。他们不知道，拥有学士学位的人工作机会更多，而拥有博士学位的人职业选择范围相对狭窄。他们也不知道怎样为申请大学做准备——从高中选修合适的课程到报名参加 SAT 考试，他们都不了解。近几年的墨西哥移民接受了不同的教育体系，父母可能会多多少少参与一点，也有的一点都没有参与；这些学生和家长可能是受限于薄弱的语言能力。高等教育就像一块外国的土地，在这块土地上，其生活方式和语言都是不同的，这个比喻不仅对西班牙裔的学生是这样，对非洲裔学生也适用——包括从正式入学、安排住宿到毕业典礼。鲍恩和博克曾在 1998 年对少数族裔受高等教育情况做了一项研究。总而言之，正如他们在研究中所指出的那样①，很多少数族裔父母没法做到在孩子的受教育过程中独具远见并为其提供支持，受教育对他们来讲是一场考验——这是一场所有学生都会经历的考验，但是对少数族裔的孩子来说，可能是毁灭性的后果。

在承担着巨大压力的社区、条件欠佳的父母、过度工作的教师，以及资金短缺的学校，在这样的环境下，很难产生未来的研究人员。所以，教师在所分配的科目上准备不足或没有资格任教——这是美国学校一个很普遍的问题。各个水平的美国学生与同等水平的外国学生相比没有竞争力，这个趋势越来越明显。通过比较，在我们学校就读的外国学生越来越多，这也暴露出美国学生在学习准备上的不足，白人和少数族裔都是一样的情况。②

---

① 对研究生来说，其中一个考验可能是与导师的关系。多年以来，很多学生都因为导师要求严格而受尽了折磨，因为导师的目标似乎是击退尽可能多的学生。陈旧的模式是，当老师说"跳的时候"，学生需要回答"多高？"今天很多大学教师都能列举出那些苛刻的导师和自己当年所经历过的折磨。不幸的是，在学术界，这种欺凌弱势学生的风气依然存在。对少数族裔学生来说，这种行为是不能忍受的。欺凌其他学生可不是好玩的，即便不涉及种族，也是一种糟糕的行为。很多学生因此而备受摧残或者选择辍学。再加上种族差异（到今天，大多数教师都是白人），我们有一长串灾难的例子。

② 说句公道话，这些赴美学生的才能在其母语国家可能不是很出色。但是他们在跟我们最优秀的学生竞争，而且表现不凡。他们不需要做发展性工作。

第八章 科学和数学领域的少数族裔学生——在美国，大学依然不了解种族

讽刺的是，学生表现不佳，很多大学和政治家会迅速指出，这是中小学教师和学校的失职。然而，在学术界也存在类似的问题，却很少有人从教授和大学身上找原因。

对于那些要进入 STEM 领域但准备不足的学生来说，数学在这些学科中的重要性使这一状况更加复杂。数学没有打好基本功，学生不仅会在数学学习上举步维艰，在其他所有科学和工程学科目的学习上也会有危险。不管学生的天赋高低，若没有坚实的基础，要想成功申请到数学的博士生项目或以数学为基础的其他领域的博士生项目，几乎是不可能的。对于代表性不足的少数族裔中的大多数人来说，准备都不够充足。少数族裔学生在 K-12 教育阶段没有接受良好的教育，在与学术成就关系较小（但依然很重要）的技能上（如写作、辩论技巧、对科研方法的理解），他们也可能基础不牢。

西班牙裔和非洲裔学生教育不足的现状令人担忧。学校做了很多努力试图弥补这种不足，比如支持项目、"赶追课程"等，不幸的是，这些举措经常伤到学生的自尊心。如果不加以认真设计和实施——有时候即使认真设计和实施了——这些项目也通常会被认为是补习课程，而这是少数族裔学生的一个痛点。他们把这些视作一种偏见和援助，所以这些项目可能会引起少数族裔学生的负面情绪。[①]

事实上，人们发现，当西班牙裔和非洲裔学生试图弥补自己薄弱的基础时，他们处于一种进退两难的境地。如果设计这些项目是为了帮助白人学生赶追国际学生，它们是否也会像那些帮西班牙裔和非洲裔学生补课的项目一样使学生"败坏名声"？或者这些项目会被看作是"充电"吗？如果人们以不同的眼光看待少数族裔的项目，就可以解释为什么人们在以不同的眼光看待少数族裔这个群体。

在过去的 50 年中，尽管整个美国社会都在倡导少一些种族主义，但少数族裔仍然必须要面对各种各样的歧视与偏见。在学术圈，最潜移默化的一种偏见是，人们认为少数族裔在学术上不会有多大成就——这是阻碍学生发展的一个很重要

---

① 人们想到的一种解决办法是，引导学生进入一些能提供扶持环境的服务少数民族的大学。尤其是那些由来已久的黑人大学（简称 HBCU），很多少数族裔家庭都与他们建立了长久愉快的关系。然而，对于那些想任教于名牌大学、研究 STEM 任一学科的少数族裔学生来说，黑人大学或者服务西班牙裔的大学并不是最好的选择。仅有限的研究实验室资源这一条就阻碍了很多学生进入竞争异常激烈的 STEM 领域。选择一个服务少数族裔的大学固然有很多理由，但是考虑到该选择为学术生涯可能带来的长期影响，学生和家长还是应该现实一些。

的因素。我们可以说，今天的学生很少抱怨校园里有公开的种族歧视，[①]但是，相比中小学教育，人们对少数族裔在大学阶段的低期望更加明显；所以这也是平权法案所带来的恐慌——现在仍是这样。少数族裔学生从他人身上感受到，他们被大学录取是一种慈善行为，而不是实实在在赢得这些权利，他们对此表达了愤怒，内心也受到了伤害。

对于这些学生来说，还存在第三类问题，很难把它们讲清楚，因为它们与少数族裔深植内心的信仰有关。布朗诉托皮卡教育局案（Brown V. Bard of Education of Topeka）后 50 多年过去了，对于美国少数族裔种族有别的思想已经内化，这对于校园里非洲裔和西班牙裔学生的幸福感水平依然是一个挑战。

种族有别的思想存在于西班牙裔、非洲裔美国人和美国原住民学生的概念里——还有亚裔学生——已经存在很长时间了。他们想到的是自己会被其他学生看成少数族裔，而不是被看作学生或者普通个体。事实上，少数族裔的学生经常觉得自己过着两种生活——一种是独特的私人生活，另一种是作为种族代表的生活。对西班牙裔和非洲裔美国人来说，自己的失败从潜在含义上说就意味着代表着整个族群的失败，不难想象，将自己看作种族的代表会影响他们的表现——尤其是在承担风险方面，而这一点对创造性研究特别重要。少数族裔的学生特别不想"让自己的种族失望"，他们必须要工作，而且需要避免一些危险的境地，在将两者进行协调时，这种想法正是内在冲突的来源。

大学教师可能会发现，这种根深蒂固、一直存在的种族有别的思想很难理解——当然，除非他们自己是少数族裔。事实上，我们经常会听大学教师说，"我不在乎学生的肤色"，人们会认为种族问题已经偃旗息鼓了。告诉一个少数族裔的学生种族不重要、没什么用，少数族裔的年轻人仍然能在白人所察觉不到的地方辨别出各种形式的偏见；事实上，他们有时候会相信，即使在没有人存在的地方也存在偏见。但是他们的感觉，用社会学家 W·I·托马斯的话说就是，"最后的结果就是这样的"。这些感觉以及结果不能被忽视。

在这种情况下，只有少数人能在 STEM 领域达到学术界的顶端就不难理解了。

[①] 这个评论是基于 2006 年对莱斯大学学生的采访。

相对来说，很少有少数族裔的学生学习科学和数学——而且是在人们怀疑其能力的氛围中，这种怀疑基于其在标准考试中的表现——这一事实创造了一种消极的环境，或者至少是一个没有归属感的环境（正如其他学生在本科阶段的感受一样）。他们可能会怀疑自己是否会成功，这一点并不令人惊讶。当他们在很大程度上克服这些关于接受研究生教育的保守想法，他们的优势——基于社会经验而拥有的解决问题的独特思路、各种创造性的表现，有可能为其他少数族裔学生树立榜样，他们对科学和人文相交叉的领域有很大兴趣，这里只列举几条——都有可能不被重视。同时，他们失败的概率也被夸大了。人们用专为其他群体设计的评价体系来评估这些少数族裔；他们找不到同辈；包括教师在内，很少有人能理解他们面临的挑战，也很少有人愿意讨论他们。当说到少数族裔代表性不足这个话题时，尽管有越来越多重视学生多样性的项目出现，大家明显没有投入足够的热情。

要建立公平，单靠已废除的隔离法是远远不够的。平权法案是为持续创造一个公平竞争的环境而设立的。平权法案实施的前几年，人们普遍抱有这种乐观主义和天真的想法，期待快速产生隔离法所没有达到的效果。尽管废除隔离法并创立平权法案是实现公平的必备条件，但是要改变一些陈腐的错误观念，为所有美国人创造平等的机会是一个很长的过程，需要一步一步来，而以上仅仅是第一步。然而，当这一过程趋向于慢速发展时（或者在很多情况下这一过程实际并不存在），人们就会变得沮丧，这引起了对社会变动的强烈反对。这种反对仍然在持续。[①]

文化变革是一个很慢的过程。早期民权运动导致了巨大社会动荡期，在那之后，50 多年已经过去了；从平权法案设立至今也有 30 多年了。我们现在处在一个可以被叫作民权运动第三阶段的时期，需要解决那些深植于社会以及人种和民族方面的问题。要做这项工作，还有比大学更好的地方吗？当然，我们尚不清楚大学是否正在做一些必要的工作以帮助少数族裔进入经济主流——至少涉及科学和技术的地方——或者这些大学是否有能力面对这项挑战。

当然，全国有很多部门都营造了友好对待少数族裔的良好氛围，也有很多少数族裔学生从一些好的项目中收获良多，但是这些情况经常是偶然的——比如，

---

① 资料来源：Chubin and Malcom 2006。

依赖于擅长处理少数族裔学生问题的系部主任、大学教师或者给予支持的院长。但是这并不能保证下一届的主任、导师或者院长会有同样的兴趣,或者愿意提供同等水平的支持。另外,我们可能还没有这些有效项目制度化的先例;除非将这些倡议恰当地制度化,否则这些倡议将只是浪费老师的时间和精力,当教授、导师或者院长离开的时候,这些倡议也就成了一纸空文。如果不制度化,就不会有持续的运动来为学生创造良好的氛围。

在学术设置上进行制度化的改变具有很大挑战性。教师需要且要求有充足的自主权,他们反对自上而下的管理模式。事实上,当各大学重新构思一个角色,对学生群体给予关怀,或者当各大学重新评估人们对学生天赋根深蒂固的想法和学术界的使命时,不仅会有大量反对改变的声音,而且也没有好的制度模型或者有效的领导。①但是,这并不是说,大学不能或者不会改变,甚至在他们看待自己的方式上也可能会有所改变。看一下最近的趋势,很多大学将自己定位成研究型大学或者城市研究型大学,而不是简单的大学。学院、中心和联盟的数量激增,在这些地方,教师们一起工作,也有部分学生参与。新的设施空间可以容纳下这些新增加的事业。外展服务的方案或者指导计划——越来越多是由员工组织,很少是教师主导——数量也在激增,但是 K-12 教育与大学教育之间的界线仍然特别明确。

各大学在成长、改变并重新定义自己。人们对教师的要求越来越强调做研究、拉基金赞助以及出版学术成果。在大多数大学,教师的教学以及教学技能的重要性不及从事科研,到目前为止,这已经是一个很老的故事了。这种转变对代表性不足的少数族裔学生来说,已经产生了很多负面影响,对他们来讲,指导具有特别重要的意义。高级行政官员改善非洲裔和西班牙裔氛围的方式有很多种,其中一种最有效的方式就是将重心放在教学上,并推崇优秀的教学和成功的指导——尤其是在评定终身教职的过程中。

从殖民地时期到 20 世纪早期,大学主要是为精英而设置的,然而国家领导人

---

① 尽管我们知道标准化考试不能可靠地预测女性和少数族裔在学术上的成功,但是面对改变,气氛很快变得"不友好",而且教课的老师也推崇标准化考试——不断变化的人口统计数据遇上"不可移动"的大学,会产生一种不可抗的力量,这就是一个重要的例子。当提到标准,我们总是会以少数族裔在 STEM 领域人数少为理由将其疏远,尽管是小心翼翼,比较间接。

展现出了足够的智慧和远见卓识,还设置了很多专业院校以满足教师培训的需要,或更好地服务其他人群,比如农业和技术院校。值得一提的是,哥伦比亚大学在20世纪早期做出了很大改变。即取消了"拉丁语"作为录取要求,而更好地服务于不断增多的其他学生群体。①

美国大学的第二个发展时期是从《军人安置法案》(GI Bill)开始的;这项立法使得教育成为保障社会公平的有力举措。《军人安置法案》是第二次世界大战之后开始实施的,它为大学课堂带来了完全不同的生活体验。这些退伍士兵与19世纪末20世纪初入学的年轻人有很大不同。如果没有政府提供的激励和帮助措施,他们很有可能无法取得学位。

很多学生有不同的文化和种族背景,这使得他们在其他学生群体中与众不同,这部分学生的加入将会创造美国教育的第三个发展时期。这种学生构成如果真能改变的话,将会产生与《军人安置法案》相同的效果,或者跟哥伦比亚大学转变思路、决定为移民人口提供服务一样,将带来很多好处。正如20世纪50年代的学生所做的那样,大量西班牙裔和非洲裔学生的加入将改变我们的校园面貌,尤其会改变那些国家经济所依赖的学科。

那么,很明显,当我们在问为什么STEM领域很少有大学老师是少数族裔这个问题时,我们实际上就在讨论事情的结果。少数族裔的早期教育经常不达标,这是问题的起源,但又不止于此。我们发现,这些学生在大学也面临很多挑战。这些挑战可能并没有K-12教育的缺陷那么明显,事实上,大多数的挑战都不易察觉。美国最大的少数族裔群体与STEM各学科之间存在着喜忧参半的关系。这种关系源于以下几个方面:大学如何定义自身并看待其在社会中的角色;大学教师如何描述自己及其专业职责;各大学学术方面的竞争,这种竞争影响着行政官员和系主任的决定;大学评估学生潜能和激发其才能的能力,这些学生与过去的学生大不一样。目前,大部分高校都是人数上占优的种族占主导地位,他们没有经历过少数族裔所经历的人种问题——无论是情感上、个人情况,还是学习上。最终,还有任何正面、积极可言吗?

---

① 资料来源:Lewis,2006,50。

在非洲裔和西班牙裔的教育和支持上有很多挑战，尽管我们并没有可用的系统连贯性地解决所有的问题，当然也没有适用于每一种情况的解决方案。但是我们已经收集了大量信息，有些信息介绍了雇佣、留用所需要的条件，有些是关于已毕业的少数族裔科学家、工程师和数学家。很多大学老师已经发展了很多好的模型，[①]这些模型包括：

- 新的评估方法，重新评估标准化考试在评价学生表现中的作用。
- 本科生从入学到早期事业发展，给予大量的建议和指导。
- 为克服孤立感，建立了重要的少数族裔团体。
- 建立社区，创建网络；在一些学生数量格外少的领域，在系科之间建立这样的社区很有帮助。
- 陈述部门职责，并确保教师实现诺言，帮助少数族裔学生取得学习上的成功。
- 精心设计项目，帮助学生弥补准备阶段的不足，学生也不会觉得丢面子。

除了以上成功模型里提到的这些因素外，我们要加一条，对少数族裔的学生来说，过渡点也特别重要。最重要的过渡点就是到研究生院的过渡，尤其是当我们考虑增加其他族裔的科学教师数量时。所有的模型都应该注重在一个学习阶段与下一个学习阶段的过渡点提供支持。

从本科学习到研究生项目的过渡为所有学生或者大多数学生带来了挑战。然而，当少数族裔有越来越多的朋友或者亲戚持有学士学位时，他们可能仍然对博士项目或者拿到博士学位之后的事业发展不了解。事实上，对大多数或者很多人来说，从本科到研究生教育的过渡就跟从高中到大学的调整一样重要。就像大多数本科生一样，他们也会谈到"继续攻读"硕士或者博士学位，就像他们要从16年级升入17年级一样。对学生来讲，理解本科生和研究生教育之间的差别很重要——大学老师已经讲得特别清楚了。

研究生阶段的学习任务是很繁重的，因为课程很难，而且没有"放松"的时

---

① 在大卫·曼德夏德（David Manderscheid）的带领下，爱荷华大学已经开发出了一个高效的项目；马里兰大学巴尔的摩县分校的弗里曼·洛堡斯基（Freeman Hrabowski）教授已经在梅耶霍夫奖学金项目中取得了好的结果；理查德（Richard）和塔皮亚（Tapia）在莱斯大学的项目也取得了显著的成功，为国家培养出了一半的西班牙裔女性博士学位获得者。

候。研究生阶段的课程安排和活动并不是像本科阶段那样分配在每天。孤独是研究生阶段的特点；而少数族裔学生的孤独感可能更强，因为总体上来说，在STEM领域读研究生的少数族裔人数较少。一个非洲裔或西班牙裔的学生成为全系唯一的少数族裔学生也并不稀奇。少数族裔学生不停地提起种族隔离这个问题，这就说明，大学并没有将支持少数族裔学生付诸实践。做更深入的研究以加强对少数族裔问题的整体认知是很重要的，尤其是辍学率和坚持学下去的问题，但是对大多数大学来说，为学生持续提供指导和资助学生项目比创建另外一个工作组来得更实际。在一段时间某一个点之后，再深入研究少数族裔问题就开始采取回避策略了，或者往大了说，是一种缺乏领导力的表现。正如本文所指出的那样，好的模型是存在的，现在正是使用它们的时候。

作为公众学者，大学校长在校内和校外都有一定的影响力和权力。如果没有校长的领导，很难在高等教育方面做出重大改革。有了大学行政部门的支持和领导，并且在过程中的每一个层级都担负责任，可能会有更多西班牙裔和非洲裔学生成功的故事。但是大学也是权力高度下放的地方。尽管校长有很多权力，但是如果没有大家的同意（尤其是在系科级别），各大学在支持少数族裔教育、正视教师构成方面就不会有实质性的改革。

关于录取、招聘、测试、雇佣方面的决定和教师终身教职的评选——这些学术机构核心的活动——都在很大程度上取决于系科，在很多情况下甚至由其单独控制。事实上，我们可以通过观察教师在系里的表现而能学到很多人际交往的技巧和目的。

大学作为一个整体，有各种各样关于平等雇佣机会、防止偏见等政策，但是单独的系科就是这些政策实施或者不予实施的地方。开发更有效的指导项目、创建学生社团等倡议必须在系科级别上实施起来。我们需要这些中等范围的活动，系科正是行政部门和大学课堂之间重要的衔接点。

每个教授在指导或者赞助学生组建社团的过程中所展现出来的才能，对于这些项目的成功是至关重要的。当然，这些都是一些非常重要的社交活动。通常，这不仅需要能与不同年龄段的人进行沟通的交往技巧，还需要能与不同文化背景的人进行有效沟通。在自己的专业领域教学与跨越不同种族和民族进行讨论是不一样的。从意识到需要建立对话到创建对话，有很长的路要走，但这是重要的第一步。

在校园里，我们每天都会听到多样性这个话题。大学对各种各样的人开放，从这个意义上讲，大学在多样性方面做得很成功。当然，这是事情本该有的样子。但是，这种多样性并不能解决少数族裔代表性不足的问题。创建一个多样化的校园，录取来自不同宗教、国家和民族的学生，或者成功帮助大量少数族裔美国人接受高等教育，前者比后者要容易。如果没有大量的西班牙裔、美国原住民学生和非洲裔学生的加入，我们校园的多样性将只会停留在表面上，而不能体现在精神上。代表性不足的问题是在建立多样化校园之后出现的，但是人们并没有重视这一问题。录用一位来自布宜诺斯艾利斯的教授并不是一种多样性的表现，录用一位来自洛杉矶东部的墨西哥裔美国人才是。录用一位非洲裔教授并送给其6个头衔是另一种形式主义，这并不会改变大学教师的构成。非洲裔教师扎堆在黑人研究项目上，西班牙裔教师扎堆在墨西哥裔美国人的研究项目上，但是没有一个是跟STEM搭边的，这并不能很好地说明少数族裔在学校里有代表性。

在美国，我们喜欢事情快速发展，我们是以这个特点出名的——所有人，包括少数族裔，因为我们在很多方面是相似的。然而，要实现种族平等是需要时间的。种族平等需要每一个参与这个过程的个体做出改变，包括少数族裔学生。在过去的几年中，人们似乎没有那么大的热情来解决代表性不足的问题，也没有那么大的积极性来创建一所大学，从而从人口统计的角度更精确地反映社会，尤其是在那些驱动经济的领域。也许这种慢得令人失望的改革速度可以解释以上现象。但是我们不能失去势头或者无法恢复势头，我们承担不起这个后果。当我们国家1/3的人口都处在科学和技术专业的边缘，大学及其对人类潜能的理解又有什么可说的呢？

挑战与成果并存。我们已经学到了很多，知道怎样的措施可以发挥作用；现在就是把所知付诸实践的时候了。除非我们看到大量的少数族裔接受高等教育，开始研究生的学习，不仅在人文艺术学科而且在STEM领域也有很多少数族裔的代表。除非实现以上这些，否则多样性只能是橱窗里的裙子，可望而不可即，而大学也会对校园之外的世界无能为力。假如这种情况真的发生，将很难预测它对少数族裔和整个民族带来的伤害。

第九章

数理生物学和理论生物学研究院——在数学科学领域提高少数族裔比重的成功范例

卡洛斯·卡斯蒂洛–查韦斯（Carlos Castillo–Chavez）
卡洛斯·卡斯蒂洛–加索（Carlos Castillo–Garsow）

维莱斯教授（William Yslas Veles）是亚利桑那大学的一位著名教授，他曾任墨西哥裔和印第安裔科学发展协会的会长，在指导和支持少数族裔学生方面做出过杰出贡献并被记录在册，因而被授予美国白宫总统奖章。他一直要求，名牌大学应想方设法提高少数族裔学生在数学科学领域内的代表比重。[1]在康奈尔大学，我们已经按照这个要求做了。1996年，维莱斯教授将我们介绍给了詹姆斯·桑切斯（James Schatz）。桑切斯先生时任美国国家安全局数学科学部部长，现任国家安全局研究部副主任。他认为，数学科学领域少数族裔学生所占比重少，这是国家安全问题，也是他个人深度关注的问题。因此，1996年，在维莱斯教授的建议和桑切斯先生的鼓励下，哈维尔·罗霍（来自得克萨斯大学埃尔帕索分校）和卡洛斯·卡斯蒂洛–查韦斯为那些服务西班牙裔学生的大学起草了一份指导计划。得克萨斯大学埃尔帕索分校是哈维尔当时工作的地方，看起来是最为理想的。我们开始计划如何将埃尔帕索分校打造成数学科学领域培训少数族裔学生的全国模范大学。[2]

---

[1] 莱斯大学教授理查德·塔皮亚是全美首屈一指的应用数学家和少数族裔导师，他也曾表达过类似的观点。
[2] 1995年，得克萨斯大学埃尔帕索分校曾经得到过国家科学基金会的拨款，使其得以成为在科学、技术、工程和数学领域都很出色的少数族裔大学。

维莱斯也将我们介绍给了赫伯特·梅迪纳——洛约拉马利蒙特大学的一位数学系教授——维莱斯知晓其对本科生教育和学生多样性有兴趣。[1]我们准备好要向国家科学基金会提交提案，旨在资助10名应用数学领域本科生的研究计划。暑期研究将在得克萨斯大学埃尔帕索分校进行。遗憾的是，得克萨斯大学埃尔帕索分校数学系的领导并不认为这个项目有吸引力。当时国家科学基金会拨款申请还有不到24小时就截止了，我们打给了康奈尔大学教务长唐·兰德尔（Don Randel），[2]并请求他的支持，帮助我们将该项目实施地点从得克萨斯大学换到康奈尔大学。兰德尔很快为我们提供了启动该项目需要的经费支持，并坚信我们的项目将在数学领域树立一个全国性的导师制标杆。1996年，在康奈尔大学教务办公室的大力支持下，数学和理论生物研究院（简称MTBI）诞生了。2004年，MTBI搬到了全国最大的为西班牙裔服务的研究型大学亚利桑那州立大学。MTBI项目及其发展得到了亚利桑那州立大学教务办公室和迈克尔·克罗尔（Micheal Crow）的鼎力支持。

MTBI：对数字的简略回顾

11年以来，通过历次暑期研究计划，MTBI已经指导了277名本科生和31名研究生，其中包括很多少数族裔学生。MTBI最初是从那些几乎"申请就能上"的学院和大学里选的大三或大四的学生——他们可能从来没想过将来要去研究生院深造。MTBI的参与者都有一个坚实、优异或者出色的学习成绩。对全部或者大部分学生来说，他们有一个很清晰的目标，渴望发现数学对解决现实问题的重要性。这些指导项目借助了社会对少数族裔学生的深度关注，自然地，它必将吸引大量少数族裔群体学生。

---

[1] 1996年，赫伯特·梅迪纳参与过这个项目，又在1997年创造了一个类似的项目，即本科生数学暑期学校，但专注于纯数学领域。梅迪纳和埃维萨·如毕欧（Ivessia·Rubio）的项目是在波多黎各大学乌马考分校开展的，为1998年到2002年的少数民族数学科学培训做出了很大贡献。

[2] 2000年，兰德尔由原来的康奈尔大学教务长升任芝加哥大学第12任校长，后又成为安德鲁·W·梅隆基金会的主席。

在亚利桑那州立大学、康奈尔大学和爱荷华大学，MTBI 的校友为少数族裔学生毕业生社群的成功建立付出了很多。[①]MTBI 的校友帮助这些学校的教师在研究生项目中招到并留住了很多少数族裔学生，这对教师来说很重要，他们还将一小部分少数族裔学生输送到了一些名牌研究型大学，如哈佛大学、普林斯顿大学、斯坦福大学和密歇根大学。MTBI 的首批校友收获颇丰，已经在 2005 年完成了博士学位，现在正从事科学研究事业——从博士后做起。这些学生数量虽然较少，但却代表了一种有别于过去的重要改变。2005 年，有 10 位 MTBI 校友拿到了博士学位，其中有 7 位是少数族裔学生。[②]7 位 2005 届毕业生获得了重点大学的博士后职位（其中有 6 位是少数族裔学生），有一位还拿到了波多黎各大学马亚圭斯分校的预备终身教职。MTBI 2005 届的博士学位获得者中有 4 位拉美裔女性，1 位非洲裔女性。西班牙裔美国学生大多毕业于非名牌大学，换句话说，这一项目服务了 277 位本科生，大大提高了全国范围内西班牙裔美国学生在数学学科上的学者产生数量。这些毕业生有很大的机会可以成为研究型大学的教师，如果他们选择这条路的话。

实施过程中的挑战

人们一直在尝试解决少数族裔代表性不足的问题，很多年过去了，一直没有成功过。但是很多数学界的人认为，这一问题很好解决或者不算是问题。很少听到教师说很难招到毕业于非名牌大学的少数族裔（"自然选择"理论）。学术界的变革是很困难的。可用模型的实施方案完全依赖于每个个体的参与。相当一部分大学老师不承认甚至不理解区别美国少数族裔和外国学生的重要性。除非少数族裔代表性问题受到全国的广泛关注，否则很难有大的系统性的改变。

---

① MTBI 为爱荷华大学数学系输送了大量的少数民族学生，他们理应感到骄傲，但是大部分的功劳应该属于该大学的数学系教师和系里的领导，因为正是他们欢迎学生加入并一直指导、支持着这些学生，一直到他们毕业。2004 年，爱荷华大学数学系因其对学生在数学、科学和工程学领域的优秀指导而被授予总统奖章。

② 这些人都是拉美裔、非洲裔和印第安人，为美国永久居民或市民。

模　型

我们曾做过一项研究，主题是"新型美国大学：数学科学领域的指导"（卡斯蒂洛–查韦斯和卡斯蒂洛–加索，即将出版）。在这个章节里我们将在此研究的基础上进行拓展，以强调 MTBI 成功模型中的一些关键因素，希望这种大规模的适应性成为一种标准。

共同语言

MTBI 项目认为，学生很熟悉基础微积分（两个学期）；已经接触过线性代数（特征值和特征向量）；比较熟悉以下几个板块：概率、基础统计学（概率密度和分布、随机变量和贝叶斯法则以及期望值）、出生和死亡的随机过程，以及计算机编程语言。在 MTBI，分工合作的氛围很浓厚，所以这些领域所具有的缺陷也就不重要了。在该项目的前三周，学生将在生态学、流行病学、免疫学和生物保护学这几大类学科背景下学习动态系统。他们也会通过精心准备的计算机实验室活动学习如何使用 MATLAB 和 XPP 程序，并精通 Maple、Minitab 和 LaTex 等程序。

学生们需要解决与课程紧密相关的 16 类广泛复杂的问题。老师在讲解线性代数和概率的要点前会提供预习课程。准备阶段结束后会有一个小型引导性项目，它会迫使学生发散思维思考问题，而不仅仅局限于课堂所提到的内容。通常，这个项目会在两种完全不同的时间维度上探讨有固定动态的生态系统。分叉分析、模拟仿真以及解释模型结果是训练的核心。学生每天上课、参与问题和系统模型的建立、泡在实验室的时间平均有 5 个小时。

建立系统模型方面的指导

相关性对个人动力和成功似乎特别关键。学生如果坚持使用某一种特定的方法而不考虑其适用性，通常会遇到困难。为了解决这种困难，MTBI 形成了一种文化，在这种文化中，学生可以和导师交流，而导师会进行演示、确定其价值，并协助学生解决与数学建模方面高度相关的问题。

最初的几周，杰出的研究者会就一个话题上 2 节或 3 节 90 分钟的课，并辅以相关问题的讲解。这些课程会重点指出一些有趣"纯粹"的数学问题或者有效的应用。

该项目的校友（本科生和研究生）一周会举办两次建模研讨会。这些校友将讨论自己作为项目参与者的一些经验，他们会分享如何定位并选择自己的项目，如何说服同事们（3~4 名）加入项目并一起完成。校友会着重指出如何确定一个问题，这是在选择方法之前的一个过程。

参与者会得到本地教师和研究生的帮助，教师和研究生会鼓励参与者与其他参与者一起工作，一起度过夏天。在社区晚餐期间，学生可以与教师、研究生沟通交流。大体遵照奥博沃尔法赫模型，[①]课程、研讨会和讨论都是在社区晚餐之后。纸质桌布有两个用途，一种是写作，另一种是绘画；在这些学习群里，餐巾纸是不够用的。

阶层的消失

根据设计，暑期学校的研究规划是由本科参与者来定的。这一传统始于 1997 年，即学院创办的第二个年头。今天，很多学生都会带着自己的项目来，从"数学夏令营"开始做起，这已经不是什么稀奇的事了。前三个星期，这些学生会尝试将项目"推销"给另外的 2~3 名参与者。这些学习小组是由 3~4 个人组成的，

---

① 德国南部的 Oberwolfach 数学研究所是一个僻静场所，非常出名，数学家们可以聚到一起交流看法。研究所的设计也能增进卓有建树的数学家和年轻数学家之间的交流。

并没有其他组队规则。这些学习小组一旦形成（没有教师的监督），小组成员就开始向不同的教师、研究生或访问者口头介绍他们的项目。这些活动的最初目的是帮助学生细化自己的研究范围，但是不会改变其项目的整体目标。通常，建议会集中在以下几个问题上：酒精对大脑活动的影响是什么？饮食失调的动态发展过程是怎样的？在什么条件下可以保证黑脉金斑蝶能够存活下来？在尼日利亚，社会结构对艾滋病病毒的传播有什么影响？一旦选定一个可以抓住项目核心的问题，下一步就是建立模型。建模已经将我们带入了一个网络、动态系统（其中包含的随机过程得到了广泛理解）和模拟的世界。在这个过程中，会给学生分配教师型导师，研究生也会提供可靠的建议。这三者的组合基于导师参与项目的意愿和研究生对此项目的兴趣。项目动态，包括组成小组、选定一个研究问题、选择模型统统都是由本科生自己掌控的。参与者致力于解决那些教师参与者没有答案的问题。在探索的过程中，大学教师、研究生和本科生变成了合作伙伴。

直面期望

接下来的三周时间，参与者需要频繁地回答相关问题。在常规的开放型会议上，每个小组会介绍自己的项目并辩护自己的观点。（在很多场合，即使在暑期学术研究即将结束时，学生也必须对模型做较大的改动。）三周的紧密合作之后，参与者将展示集中在某一问题上的一系列成果（数字、分析和数据方面）。之后，学生就需要非常努力写出一篇25~45页纸的技术报告，该报告需要抓住问题核心和背景，详细介绍所用模型、方法和最终成果。

成　果

参与者需要在报告（11年里积累了111份报告）中阐明所做的努力，准备一个30分钟的展示，并在海报上突出自己的研究。2006年，该项目始于6月6日，结束于7月29日。2006年7月30日至8月4日，在美国北卡罗来纳州罗利市举办了工业与应用数学学会（生命科学组）和数理生物学协会的联合大会，在会上，有 7 组参与者对项目做了口头介绍并展示了 7 张海报。2006 年 10 月 7 日，佛罗里达州坦帕市曾举办过墨西哥裔和印第安裔科学发展协会的年度会议；2007 年 1 月也曾举办过一场美国数学协会年度会议。这些海报在这两次会议上都曾展示过。项目完成的第二年，学生会定期在自己的大学或当地会议上介绍他们的研究。平均每年会授予 MTBI 项目 2～3 个奖项。

提升自然科学学科的多样性

要实现 MTBI 和数学科学强化理解协会（简称 SUMS）的目标，首先第一步就是提高数学学科内少数族裔的研究生数量。[①]在最开始的 11 年里，MTBI 和 SUMS 已经输送了 138 名少数族裔学生进入研究生院。而且，52% 是女性，她们是 65 名来自不同少数族裔的女性。2001 和 2002 年，在 MTBI 培养博士生之前，曾经有 10 位西班牙裔美国人取得了博士学位。[②]2005 年，有 10 位 MTBI 的校友在数学科学领域拿到了博士学位，其中有 7 位是少数族裔学生。也就是说，当年全国范围内所有拿到数学科学领域的博士学位的少数族裔中，有将近 1/4 毕业于 MTBI。2005 年，MTBI 校友中，有 1/3（5 名/15 名）是少数族裔女性，她们均拿到了数学科学领域博士学位。其中有 4/5 是西班牙裔女性——她们的人数超过了全国取得数学科学领域博士学位人数的一半（4/7）。2006 级获得博士学位的 MTBI 校友有 10 位，他们也同样成功，大多数来自少数族裔。

MTBI/SUMS 的校友科研产出很多，他们在过去的 11 年中合著了 111 篇技术报告。通常，他们在常规学年会继续写报告或者对其加以拓展。有几份报告已经被人们作为范本，用来倡导更多具有高度创新性的研究项目。本书的文献目录部分列举了 10 本出版物，MTBI 校友对这些著作的创作起到了重要作用，由此可以

[①] 2004 年，SUMS 和 MTBI 在卡洛斯·卡斯蒂洛—查韦斯的指导下办了起来。SUMS 学院获得了 2003 年科学、数学和工程卓越指导总统奖。

[②] 全国博士毕业生的数据是从 AMS2005 年数学科学调查得来的，详见 http://www.ams.org/notices/200602/05 第一报告.PDF 版本。

看出，对于如何应用数学来解释社会公平和机会（我们的民主社会所承诺的）问题，他们很有兴趣。以下是部分合著的文章：Song 等人（2006）；Gjorgjieva 等人（2005）；Kribs-Zaleta 等人（2005）；Chowell 等人（2006）；Yakubu 等人（2004）；Rios-Soto 等人（2006）；Sanchez 等人（2006）；Del Valle 等人（2004）；Gonzalez 等人（2003）；Chowell 等人（2003）。以上仅是过去 10 年中 MTBI/SUMS 参与者所做项目的一小部分。

MTBI 项目现在已经取得了成果，未来的成功也可以预见。自 1996 年开始，有 24 位 MTBI 校友参与了康奈尔大学的数学科学项目，约有 90%参加博士项目的人已经完成或即将完成博士阶段的研究。[1]亚利桑那州立大学数学系已经录取了 24 位西班牙裔和 5 位非洲裔美国人参与其数学科学方面的研究生项目。现在在亚利桑那州立大学共有 34 位 MTBI 的校友。有 14 位少数族裔学生（全部都是 MTBI 校友）已经被爱荷华大学的数学科学项目录取；[2]这个数字不包括 MTBI 校友中那些非少数族裔的学生。MTBI 校友会下的三部分群体已经构成了在以上三大研究型大学里紧密的少数族裔和非少数族裔的核心社区。

MTBI 校友之间彼此联系密切，他们在年度专业大会上经常会凑到一起。他们的校友交际网已经对未来数学家培养产生了影响，尤其是那些代表性不足的少数族裔群体。

MTBI 升级成为国家级大学，他们因此可以扩大录取范围。现在，MTBI/SUMS 的指导从高中就开始了。在过去的 21 年中，SUMS 的员工已经通过数学科学荣誉项目（简称 MSHP）指导了 2 095 名高中生。MSHP 的学生背景多样化，60%的参与者都是年轻女性。西班牙裔美国人和印第安人在少数族裔中占比最大，分别是 51%和 18%。MSHP 参与者中有 31%的人连续参加了 2 次项目或者更多，所以他们在进亚利桑那州立大学成为大一学生之前就已经利用三个暑假挣到了 12 个学分。在过去的四年中，将近 60%的 MSHP 参与者在高中毕业之后进入了亚利桑那州立大学读书。如今，已经有超过 350 名 MSHP 参与者被亚利桑那州立大学录取，

---

[1] 两位学生参与了数学科学项目，并不打算继续读博；还有一位学生，参加了博士项目，但由于个人原因没有完成。

[2] 爱荷华大学数学系获得了 2005 年的科学、数学和工程卓越指导总统奖。

其中女性占到了 56%，西班牙裔学生占到了 49%，他们分别代表了占比最大的性别和少数族裔。在亚利桑那州立大学，艾拉富尔顿工程学院录取的 MSHP 学生比例最好（占录取学生总数的 34%），其次是文理学院（占录取学生总数的 24%）。另外，参加过 MSHP 的学生相比没参加过该项目的学生，其平均绩点和留校率要高：在现在的亚利桑那州立大学，未参加过 MSHP 项目的学生平均绩点是 3.01，而参加过该项目的学生平均绩点则为 3.15。

MTBI 和 SUMS 曾四次获得科学、数学和工程卓越指导总统奖：第一次（1996年）颁发给了 SUMS 的发起人杰昆·小巴斯特兹（Joaquin Bustoz Jr.）；第二次（1997年）颁发给了 MTBI/SUMS 的负责人卡洛斯·卡斯蒂洛-查韦斯（Carlos Castillo-Chavez）；第三次（1998 年）颁发给了电器工程学院教授阿曼多·罗德古斯（Armando Rodrigues），他为 MTBI/SUMS 项目做出了巨大贡献；第四次（2003 年）颁发给了 SUMS 项目本身。美国数学学会给予了认可，他们认为 MTBI 和 SUMS 是一个"有巨大影响力的社会项目"。[①]

MTBI 的校友开始任教职，未来二次招聘的迹象也已经显而易见。2005 年，MTBI 校友艾丽卡·卡马乔（Erika Camacho）和研究生导师、前暑期项目的负责人史蒂夫·沃克斯（Steve Wirkus）创立了应用数学科学学院，这就是一个鲜明的例子。[②]另一位 SUMS 的卓越毕业生是崔彻蒂·杰克逊（Trachette Jackson），他现在是密歇根大学数理生物学系的副教授，已经取得了终身教职。

挑　　战

为保持多元化稳步发展创造条件

尽管 MTBI 在提高数学科学多元性方面做得非常成功，那也只是一个项目。

[①] 资料来源：http://www.ams.org/employment/citation2007.html.
[②] 资料来源：http://www.amssi.org/.

如果 MTBI 创造的变化不能自发维持、自发产生，那么它也不可能产生深远的影响。为了达到这一目的，我们相信，建立一个由少数族裔学者组成的大社区，致力于解决少数族裔在数学科学领域代表性不足的问题是唯一的出路。这样一个社区能够提供一个帮助少数族裔学生走向成功、进入科学领域的常态化环境——是常态而不是特殊。

鼓励发展美国新型大学

MTBI 和 SUMS 的理念与"新型美国大学"的原则一致——MTBI（例如它的母机构 ASU）希望人们依据研究的质量、学生和校友取得的学术成就来评价这个大学，而不是因为其学术研究历史和在选择参与者教育背景上有优先选择的权利。①鼓励 MTBI 朝着这一方向发展对其目标的实现极其关键，因为这直接解决了少数族裔学生面对的诸多劣势问题。MTBI 想成为这样一个机构，其校友在追逐学术和科学成就的同时不忘"公共利益"。MTBI 想成为这样一个机构，其学生、校友、教师、职员积极传播社区服务的理念，承担经济发展、社会发展、文化发展以及保护他们所服务社区环境的责任。②

MTBI 在推进社会责任方面取得了卓越的成就，其两位学生卡马乔和沃克斯的工作对其成功做出了最好的诠释。他们刚刚毕业几年就对数学科学领域做出了巨大的贡献，在仅仅两年的时间里就建立了一个模范学习型社区。③

成　本

像 MTBI 这样的一个项目，其成本问题我们在首稿中删除了。大卫·波克（David Burke）是人类遗传学教授，是由密歇根大学的迈克·布恩克（Mike

---

① 关于"新型美国大学"，请查看 http://www.asu.edu/president/newamericauniversity/arizona/. 这里我们将解读亚大的录取，但是在 MTBI 所做工作的语境中。
② 资料来源：http://www.asu.edu/president/newamericanuniversity/arizona/.
③ 资料来源：http://www.amssi.org/.

Boehnke）带头的密歇根基因和公共健康中心成员之一，他又将这一问题带到我们面前并建议我们将这一问题录入本书。密歇根基因和公共健康中心的教师就基因学给我们举办了为期三天的研讨班，这相当于过去五年导师来 MTBI 的参与时间，所有的导师的活动包括高度集中的教师参与——都是由受过高等训练的人参与。所以成本是什么呢？谁为他们的时间买单？当他们研究的时候，大学会对数学科学教师的大部分研究时间买单。尤其是为期九个月的任命（一半时间做研究，一半时间教学、服务）意味着，大体上 NSF 将会决定谁是有偿做研究，谁是义务做研究。这已经变成学术界普遍接受的实践，尽管并不情愿。为了帮助本科生在研究生院就读做好准备，培训的花费一点也不比其他项目少，而且还没有看得见摸得着的回报。尤其是辅导本科学生的时候，不可能立即发表论文，而且没有拨款，也不被认可，这在研究型大学更为严重。那些主管提高工资和晋升的负责人不看重指导活动，所以花费时间培养美国学生做研究看起来就是一种自杀式行为。在一些研究和本科生研究导向性的大学，大量院士很愿意拿出大量时间指导本科生，但是大学行政人员对这一决定给出了负面的回应。NSF 和国立卫生研究院需要单独拿出少量的资金来支持那些选择指导本科生做研究的个人。导师的指导成功与否，就看这些项目能否帮助学生申请到研究生项目。顶级的研究团队跟其他研究团队侧重点完全不同，所以他们不能完成大规模的研究工作。但是，如果有丰厚回报的话，还是会有大量的研究人员和教授愿意参与其中。

在 MTBI，每位学生每年夏天的花费高达 10 000 美元。然而，这不是每位学生的实际花费，因为，无论是美元还是美分，我们没有计算个体和团体在指导活动中花费的时间、付出的努力（例如密歇根基因学教师花费在 MTBI 上的时间）。成功进入研究生院学生的"花费"——假设我们只考虑实际接收研究生教育的学生——约为 25 000 美元。这包括住宿、膳食、津贴（每年夏天 3 000 美元），给导师支付工资按 2.5 个夏天（五个月）计算。如果除去津贴，每个学生的花费约为 17 000 美元到 18 000 美元。这个数字相当于名牌大学一个学期的学费。

支　持

　　MTBI 和 SUMS 的各项研究项目在实施过程中并非孤立无援。MTBI 得到了康奈尔大学行政部门、康奈尔应用数学研究中心、康奈尔生物统计学与计算生物学系的大力支持。MTBI 和 SUMS 也受到了 ASU 的大力支持，已经与 ASU 的西班牙研究中心建立了高效的合作伙伴关系。ASU 的数学和统计学系不仅认可我们的项目，而且还对它们做出了积极的贡献。MTBI 和 SUMS 的成功得益于负责人的英明领导以及所有伙伴、支持者、全体职员和导师的共同努力。然而，今天在结束之际，我想说，正是 NSA、NSF 和斯隆基金会的持续资助，才使得我们的项目可以长期进行并产生影响。

第十章

研究生预科项目的课程强度——对经济系少数族裔学生学业成绩和学习进展的影响

查尔斯·贝克尔（Charles Becker）
格雷戈里·普莱斯（Gregory Price）

为了培养学生攻读博士学位，特别是从事定量研究，需要花费大量资源。这在美国尤其如此，因为大多数美国本地的博士生来自人文学科，这些学科并没有提供给他们在那些要求高的博士生项目中取得成功所必需的完整的学术背景。此外，美国还受歧视少数族裔的遗毒所累，尤其体现在歧视非洲裔美国人、美国原住民以及西班牙裔美国人上。一般而言，美国的少数族裔依然接受着质量较低的小学和中学教育。他们中的大多数都进了非研究型、基本上没有什么竞争力的学院和大学；这些院校不鼓励也不培养学生攻读严格的学术性研究生项目。传统的歧视、缺乏鼓励加之准备不足，这些因素综合起来导致了美国少数族裔学生在科学、技术、工程和数学（STEM）学科所占比重较低。因此，许多学科已经采取了积极措施，设立了一些旨在提升少数族裔学生比重的博士生培养项目。

很少有研究认真分析这些博士生培养项目的设计或效果。由于各种原因，这种博士生培养项目在经济学领域需求特别大。首先，经济学本科阶段和博士阶段的学习存在很大的差距。本科学习某种程度上服务于商业和其他领域，定量要求不高；而博士研究则最好具备数学本科学位。其次，大多数美国硕士研究项目在定量研究能力的培养方面和博士研究之间还有很大差距，而且它们通常不被看作是开展博士研究的踏脚石。因此，很少有美国学生在攻读顶级经济学博士学位之前具有硕士学位。但是，大多数攻读美国经济学博士学位的国际学生却具有高度专业的定量研究硕士学位，这样一来，进一步拉大了他们和美国人文学院的本科生——尤其是那些来自非精英院校的学生——之间的差距。

为了应对经济学领域美国少数族裔学生比重低的情况，1973 年美国经济协会（AEA）设立了"美国经济协会夏季项目（AEASP）"以及"少数族裔学生奖学金"，旨在鼓励和培养少数族裔学生从事博士研究并最终进入经济学专业。翌年，该项目启动，第一年由加利福尼亚大学伯克利分校主办，之后的五年由西北大学主办。随后耶鲁大学（1980—1982）和威斯康星大学麦迪逊分校（1983—1985）各主办三年，天普大学（Temple University，1986—1990）、斯坦福大学（1991—1995）和德克萨斯大学奥斯汀分校（1996—2000）各主办五年。2001—2003 年，该项目转由科罗拉多大学丹佛分校和北卡罗来纳农工州立大学联合主办；2004—2007 年转至杜克大学，同样和北卡罗来纳农工州立大学合办。2008—2010 年夏季，该项目转至第 10 所主办学校——加利福尼亚大学圣塔芭芭拉分校。

由于项目主办方不断变换（导致项目设计产生了适度的但绝非无关紧要的变化）以及长期以来的筹资困境，除了一个明显的例外，AEASP 项目的有效性从未得到正式评估。格雷戈里·普莱斯[①]根据 2000—2001 学年在美国高校里任教的黑人经济学者制作了一组数据，并将其与 AEASP 项目的毕业生名单进行比对。由于 2000 年以前 AEASP 项目的毕业生中约 93%为非洲裔美国人，因此排除其他少数族裔对结果的细微影响——而且经济系教职工当中西班牙裔美国人和美国原住民人数很少，即便相对于黑人教职工来说，也是如此。在普莱斯确认的 180 名黑人大学经济学者当中，有 14.4%曾参加过 AEASP 项目。这份取样并不能说明这个项目影响了美国少数族裔学生申请研究生院校，获得博士学位，或者毕业之后从事经济学研究，但是它却有助于普莱斯研究参加 AEASP 项目对学术产出的影响。计量经济学结果表明，参与 AEASP 项目提升了在顶级期刊发表论文和获得美国国家科学基金会项目经费以及成为美国国家经济研究局成员的可能性。能否受雇

---

① Gregory Price, 2005.

于研究型大学、人文学院或者小型精英人文学院似乎并不取决于是否参加了 AEASP 项目，也不取决于个人发表了多少论文。

在本章中，我们将评估 AEASP 项目新课程的成效，并且审视挑选基础较薄弱、优势不明显的学生，在何种程度上影响着他们的学业表现。具体而言，最近的一项课程设计变化使我们能够就哪些干预措施是最有效的这一问题得出初步结论。而最主要的问题，比如 AEASP 项目是否以及在何种程度上增加了就读经济学博士学位的人数，则要留给后续的分析，作为本章作者和普林斯顿大学经济学者塞西莉亚·劳斯（Cecilia Rouse）以及东新墨西哥大学的经济学者苏·斯托克利（Sue Stockly）合作项目的一部分。

尽管人们从未正式评估过 AEASP 项目，对调查数据的简单述评却表明这个项目很重要。在其 34 年的历史中，AEASP 项目大约培养了 854 名学生，平均每个夏天有 25 名新成员加入。目前这个项目仍在成长，且注入了新的能量：在过去 7 年里，该项目培养了 195 名少数族裔学生，其中 39 名学生参加了两期夏季项目，因此，平均每个夏天的少数族裔学生的招生人数达到了 33 名。2001 年该项目拓展为两级结构（基础和高级），大约 73 名学生在 2001 至 2007 年间已经或者即将攻读博士学位，还有几十人正在为此做准备。有 5 名 2001—2007 年的学生已经获得了博士学位。需要强调的是，在 2001—2007 年的夏季班级中有 110～125 名少数族裔学生攻读博士学位并不是一个小数目，这体现了经济学专业朝着多元化发展的大趋势。

美国经济协会夏季项目：无意中的实验设计

在最初的 27 年里，AEASP 是一个单级项目，每期大约 8 周。从 2001 年开始，增加了一个级别，从而使得项目能够将参与者分为基础和高级两个级别。分成两个级别带来了几点优势。最直接的就是缓解了课堂参差不齐的状况，一方面，使课堂体验对那些基础较薄弱的学员来说不再那么令人泄气，另一方面，使项目能够为那些高级学员提供更为严谨的研究机会，这碰巧与经济学专业研究生阶段越来越高的技术性要求相吻合。更为重要的是，第二级别使项目能够着重招收那些来自非主流研究型大学和小型精英人文学院的学生,从而提升项目的社会多样性。该项目在 2001 年转由科罗拉多大学丹佛分校这样一所非精英州立大学来主办,进一步强调了其从更广泛的院校招募学生的意愿。

重新设计之后,往期学员如果愿意可以找个夏天再次参与 AEASP 项目。尽管这样做的代价很大,因为每一个重返的学员剥夺了原本可以给予潜在新学员的机会,但是双夏季选项也有其自身优势。一方面,它能为重返学员提供额外的培训;另一方面,因为重新参与项目并不是自动的,在学员重返下一期项目之前,项目管理员可以充分影响学生的课程选择。一开始,项目管理员不知道是否有学生会重新参与项目,但迄今已有超过 24%的学生重新参与了 AEASP 项目。

AEASP 项目体验目前有三种类型:基础学习、高级学习以及二者兼备。这种多层次的组合以及双夏季的选项使 AEASP 项目成为一种天然的实验。对数据的浅显解读可能很容易就让人得出这样的结论:相比于单夏季项目,双夏季选项更好;相比于基础学习,高级学习更重要。但是,单纯的描述性数据无法解释以下两种可能的情况:第一,小组特性并不相同;第二,重返第二个夏季项目并非偶然。因此,更为有趣的问题是——在学生特性既定的条件下,多层级、双夏季的选项能否提升学生进入研究生院学习的可能性?第二个有趣的问题是——如果我们增加交互作用项对某些小组进行数据分析,是否会存在差异性影响?如上所述,在 AEASP 项目加入双层级设计主要为了增加潜在的申请者人数,以及吸纳基础较薄弱的学生。表面上看起来,该项目在这个方面似乎是成功的,但是并无正式分析研究这种双层级方法的影响。总体看来,回答这些问题应该有助于理解哪些策略最能触及那些"难以企及者",即研究机会少、鲜有人鼓励他们从事学术研究以及缺乏动力学习高级数学以及统计学课程的学生。

以下实证分析基于三年的项目数据,包括 2003 年由科罗拉多大学丹佛分校主办的项目以及 2004、2005 年由杜克大学主办的项目。特别需要强调的是,项目由科罗拉多大学丹佛分校转至杜克大学时保持了高度的延续性。课程结构几乎没有变动——唯一实质性的差异就是在 2004 年的基础阶段增加了博弈论部分。因此,在三年的研究中,学生都需要在 8 周内完成 12 个学分的紧张学习,其中,3 个学分是数学(着重关注经济学运用),3 个学分是统计学和计量经济学,高级班微观经济学和博弈论课程各占 1.5 个学分，而在基础班这两个课程合并成一个占 3 学分的课程。此外，学生还必须参加占 3 学分的研讨班，发表一篇主要论文。除了课程结构之外，教职人员也体现出很大的延续性。两位导师执教了这两校主办的三年项目，杜克大学的几位助教也参与了科罗拉多大学丹佛分校主办的项目（仅 2007 年就有 3 位），两校主办的项目的项目主任为同一人。

AEASP 项目 2003 年有 30 名少数族裔奖学金学生，2004、2005 年均为 36 名。从招生的角度来说，2005 年是特殊的一年，因为 AEASP 项目只录取了 40 名少数族裔学生。超过 90%被录取的学生接受了入学通知。在入读的 39 名学生中，36 名学生获得了基于需求的美国经济协会少数族裔奖学金，具体金额根据需求而变化。所有的学生都完成了这个项目。和 2002—2004 年和 2006—2007 年一样，2005 年的 AEASP 项目未能录取所有合格的申请者，许多优秀的学生都被拒之门外。2003 和 2004 年的特殊之处在于大多数申请者都是女性。据我们所知，这两年是该项目第一次以女性学员为主，尽管 2002—2004 年间每年的实际申请人数大约 50%为女性。2005 年的班级性别结构迅速转向，杜克大学项目的历史性性别模式现在和近年来其他的主办方相似。

估 算 策 略

我们试图回答两个相关的问题。首先，AEASP 项目的双层级、双夏季选项是否有助于学生进入研究生院学习？其次，什么因素决定了 AEASP 项目本身的表现？理解第二个问题很重要，一方面因为我们需要控制项目以达到某种选择性，另一方面因为项目本身的表现有助于我们推断出某些不可察的特征。

得益于申请表上一系列较为深入的问题，我们获得了大量有关申请者以及实际参与者群体的数据，包括性别、年龄、种族/民族、国籍以及以往的学习成绩记录。① 除了根据以往的学习情况估算出学生整体的平均绩点（GPA）之外，我们

---

① 我们查验决定表现的因素的方法与 Grove, Dutkowsky and Grodner (2005)、Grove and Wu (2007)以及 Krueger and Wu (2000)的著作中在分析经济系研究生中采用的方法相近。

还统计了经济学、数学、统计学课程的数量；实际上，我们还进一步估算了学生分别在经济学和数学两门课程中的平均绩点。我们的数据还包括学生家长的教育程度和职业，而且根据数据我们也可以推断（不完全地）申请学生是否来自完整的家庭。申请者必须提供收入信息，但是结果证明这项信息并无用处，因为大多数学生都是自食其力，因此我们并没有有关他们父母收入的完整信息。因为我们有申请者以前学校开具的成绩单，所以能够大致推断出申请者前期教育的性质和质量（例如，学生就读的是公立还是私立大学，是以服务少数族裔为主还是以传统白人为主的机构，是研究型大学还是精英人文学院。）最后，我们收集了学生的班级信息（基础班还是高级班），以及他们是否重返项目。在因变量方面，我们掌握的数据包括学生在 AEASP 项目中的学习表现，学生是否已经入读硕士或博士项目，以及学生是否表明意向打算入读硕士或者博士项目（并在为实现意愿而逐步努力）。

经济学家通常在人力资本框架内评估表现结果，我们也采用同样的方式评估 AEASP 项目成功与否的决定性因素。这使得我们可以根据收集的数据中的变量来评估 AEASP 项目中学生的实际表现。这些变量体现了学生个人的人力资本、能力以及可能影响到不可察觉的内生表现变量的社会经济特征。以下讨论的研究发现基于普通最小二乘法（OLS）估算这些变量对 AEASP 项目表现的影响。

在我们估算 AEASP 项目最近的课程创新影响力的方法中，将项目参与者申请攻读经济学博士学位的意愿以及实际决定看作潜在决策变量。这些潜在决策变量是反映可察和不可察特征的一种函数。这使得我们可以根据一项具体的干预——完成 AEASP 项目基础和高级阶段的课程——来考察参与者是否打算申请或者实际申请攻读博士学位，并且能够评估干预的效果。两年 AEASP 项目的课程对参与学生打算申请以及完成申请攻读经济学博士学位有何影响，在报告中我们给出了二变量概率参数的估算。①

---

① 想更多了解利用二变量概率模型来评估实验组效果的实例,请参考 Evans and Schwab (1995)和 Fairlie (2005)的著作。

AEASP 项目表现的决定因素

因为很多措施都存在这样或那样的问题，所以我们尝试了很多替代回归分析。表 10.1 呈现的是具有代表性的 OLS 回归。让我们感到惊讶的是，在大多数时候，系数估算对具体规格要求并不敏感，尤其在取样很小的情况下（只有 100 多份观察）。

表 10.1　OLS 参数估算：AEASP 项目平均绩点的决定因素

项目	回归						
	(1)	(2)	(3)	(4)	(5)	(6)	(7)
回归因子							
常量	0.743	2.013[c]	1.545	3.892[a]			
精英人文学院或大学	0.107	0.024	−0.006			−0.007	
男性	−0.069	−0.058	−0.005				
父亲的教育背景		0.052[c]	0.066[b]	0.046[c]	0.046	0.051[c]	0.046[c]
母亲的教育背景		−0.003	−0.005				
母亲的教育背景（仅非洲裔美国学生）						−0.034	
本科阶段的数学和经济学课 GPA	−0.008	0.241					
本科阶段的数学 GPA					0.195		
本科阶段 GPA（所有课程）	0.094		0.357[c]				
完整家庭（父母双方居住在一起）	0.065						
西班牙裔种族/民族	0.069	0.039	0.029				
亚洲种族/民族	0.403[a]	0.404[a]	0.329[b]				
其他非黑种人种族	0.485[a]						
基础班	−0.129	−0.252[b]	−0.199				
高阶班（非复修）				0.267[c]	0.223	0.239	0.268[c]
全课程量	0.109	0.104	0.145				

续表

项　目	回　归						
	(1)	(2)	(3)	(4)	(5)	(6)	(7)
基础班加上一些高级课程		0.192	0.116				
美国公民		0.312	0.359				
年龄	0.175			−0.026^c	−0.025^c	−0.027^c	−0.026^b
年龄^2	−0.004						
本科阶段上的数学课经济学课程总数		0.002	0.001				
二年级生			−1.375^b				
三年级生			0.697				
完成大学学业			−0.358				
已从事研究生工作			−0.397				
已被研究生项目录取			0.076				
项目地点（杜克=1；科罗拉多大学丹佛分校=0）				−0.328^b	−0.379^b	−0.321^b	0.328^b
处理							
完整的基础和高阶课程				0.209	0.223	0.236	0.210
R^2	0.092	0.130	0.238	0.112	0.179	0.125	0.112
N	102	103	103	104	104	104	104

N=观察的数量

a 在 0.01 水平显著

b 在 0.05 水平显著

c 在 0.10 水平显著

首先考查人口变量，性别对表现毫无影响。亚洲少数族裔学生（越南裔美国人或者菲律宾裔美国人）比非洲裔美国人和西班牙裔美国人同学的成绩要高出 0.3 到 0.4 个绩点。[①]为数不多的非少数族裔学生的表现也更好，毕竟他们都是精心挑选而录取的学生。虽然是否拥有美国公民身份对学习表现的影响也不大，但是这

---

① 人们认为亚裔美国族群在行业中占少数，并且长期以来在美国社会中处于弱势（因此 AEASP 少数族裔奖学金优先考虑他们）。这些亚裔美国族群具体包括：美国原住民、菲律宾裔、苗族（Hmong）、老挝裔、太平洋岛民以及越南裔美国人。孟加拉裔、华裔、日裔、印裔、韩裔或泰裔美国人不在此列。

种影响一直都是积极的。而且，随着将来取样不断扩大，永久居民和难民是否依然会表现更糟，我们拭目以待。在多数的回归分析中，GPA 随着年龄的增大而下滑，34 岁的学生比 21 岁的学生绩点要低 1/3。

最后的这个结果体现了 AEASP 项目的几个特征。年龄更大的学生有几个方面的劣势。有的项目参与者不做全日制学生好些年了，有的数学水平比年轻同学更差，有的学过很多数学知识，但是那都是以前了。还有一些年长的学生有了家庭和小孩，不管他们有没有来学校，总要挤出时间来照顾小孩的。总之，我们发觉年轻的学生更容易在项目中取得成功，因为他们至少比有些年长同学精力更充沛。这并不是说年长学生绝不可能取得好成绩，也不是说能力随着年龄的增长而线性下降。当我们用完成学业的时间变量取代年龄这个变量时，似乎那些年轻的学生也有不足，即使项目常常安排他们与年长的、可能成为他们导师的学生做室友。

对项目参与者以往的成就和努力的估算也没有太大的作用。唯一重要的变量就是本科时期的 GPA，系数在 0.3 和 0.4 之间，这与 15 年前利兹对天普大学 AEASP 项目的分析发现几乎一致。[①] 数学和经济学课程的 GPA 似乎无关紧要，不论这两个课程是分开学的，还是合在一起学的；而且学生学习的数学和经济学课程的数量也没有明显的影响。这有几种可能的解释。比如，在一门数学课程中表现糟糕的学生可能会重修或者选择一个不同但相似的课程，从而导致估算系数偏低。很多学生选读很多低级别的课程（通常表现良好），而在更高级别的课程中数学成绩往往会下滑。而且学校不同，数学和经济学作业的难度也与课程相去甚远。

我们正在研究替代方法来估算学生的努力和能力，目前我们的方法还存在问题。但是，即便我们真的研究出更好的方法，其作用可能不大甚至可能为零。既然项目在挑选学生时非常看重数学技能和经济学背景，而且项目的入学竞争也很激烈，那些被录取的能力较差的申请者想必是在他们的申请中展示了招生委员会认可的其他动机或能力特征。由于所含变量中并没有显示这些特征，实际上就存在一个被忽视的变量的偏移。这种偏移是由可察的成就与忽略动机和能力因素之

---

① Leeds, 1992.

间的负相关而导致的。

原则上，这种观点也可以解释为什么精英院校这个变量无关紧要。在实际操作中，这是不可能的，因为招生委员会偏向于录取来自非精英院校的申请者。一种可能的解释是，来自更差院校的参与者更有可能表现出众，因而获得更多的教师投入；另外一种解释是，精英院校的优等生并不需要像 AEASP 这样的项目，因此他们没有申请。

从家庭背景看，只有一个变量，即学生父亲的教育，对学生表现始终具有积极影响。如果一个学生的父亲完成了大学教育以及两年的职业教育，他就比那些父亲在十年级就辍学的学生要高出 0.4 个绩点。但是，母亲的教育背景似乎无关紧要。我们曾经假设，与其他少数族裔家庭相比，非洲裔美国学生家庭中母亲的动力和成就可能更重要，但是我们的回归分析并没有证明这一点。此外，来自完整的家庭似乎对参与学生的项目表现也没有影响。

那么项目本身呢？在评分方面，杜克大学主办的项目似乎要比科罗拉多大学丹佛分校主办的项目更严格：后者的分数比前者高出大约 1/3 个绩点。高级班的学生总体表现更好，但是高级班的重返学员和新学员（非重返学员）的系数之间只存在细微的差别。此外，虽然重返学员的系数通常下降不到 10%，因此关系不大，但是同样的系数下降对那些非重返学员的表现影响很大。

考虑到项目进行了大量的筛选，这些结果就不足为奇了。那些遴选进入高级班的新学生要么已经被研究生院录取，要么通过了一系列的入学考试。重返学员入选与否也取决于他们往期的表现以及他们所展现出来的努力程度。当然，也有可能他们因为参加了往期的 AEASP 项目而具有了经验优势，但是由于对遴选过程缺乏有效的控制，我们还无法确认这一点。

总体而言，结果的惊人之处不在于有些变量具有统计学意义，而在于我们收集的大量数据却只能解释一小部分表现差异。从项目的角度来说，这种结果并不令人沮丧；相反，这反映了该项目非常具有竞争力：守着过去的知识带来的荣耀而不思进取是毫无益处的。沉重的学习负担也意味着那些不可察的个人特征（动力、睡眠少却能够保持学习的能力）和运气（身体健康、加入有效的学习小组）将会起到重要作用。

课程强度干预的效果

我们的二元变量概率估算旨在测量完成基础班和高级班课程的所谓干预效果。这个计量经济学规范的相互误差结构使我们能够将完成基础班和高级班课程的决定做成内生性的模型。我们将根据以下因素来考查学生意愿或者实际申请进入研究生院校的可能性：学生是否正在或者曾经就读于传统黑人学院或大学、性别、公民身份、母亲或父亲是高学历者、学生本科时期完成的经济学课程数量、学生专业学习的绩点以及衡量学生是否完成 AEASP 项目的基础班和高级班课程的二元干预指标。[①]

关于申请意愿，表 10.2 中的二元变量概率参数估算显示对 AEASP 项目参与者来说入读基础班和高级班课程对他们申请攻读经济学博士项目有积极而重大的影响。年龄及其平方值也很重要，这表明我们的识别策略是合理的。由于误差项之间的相关值与零有着明显的差异，申请攻读经济学博士学位意愿的二次变量概率规范与简单的概率规范适当相关。

反映干预是否影响实际申请攻读经济学博士学位可能性的二元变量概率参数估算与意愿申请的估算差不多一致。参与这种干预项目对提升实际申请攻读经济学博士学位的可能性有着积极而重大的影响。意愿申请和完成申请之间也有一个例外，即误差项之间零相关的卡方检验在后一种情况中无法被否定。这表明完成基础班和高级班的课程无法提升实际申请攻读经济学博士项目的概率。

表 10.2 二元变量系数估算：课程强度对就读经济学博士学位概率的干预作用

项 目	结果	
	打算申请	实际已申请
回归因子		
常量	−0.9217	−1.49
	（1.80）	（1.51）

[①] 如果学生的母亲和父亲的教育水平超过报告类别的中间水平，即拥有学士学位——这也是父母教育二进制变量的相同基准，那么学生的母亲和父亲的教育则是相当于 1 的二进制变量。

续表

项目	结果	
	打算申请	实际已申请
传统黑人学院和大学	0.1337	0.1318
	(0.3217)	(0.3454)
男性	0.1839	−0.0040
	(0.2534)	(0.2434)
美国公民	−0.4467	−0.1184
	(0.4155)	(0.3676)
母亲的教育背景	−0.1565	−0.2191
	(0.3556)	(0.3584)
父亲的教育背景	0.0649	−0.1543
	(0.4477)	(0.4466)
父母的教育背景	0.7263	0.7390
	(0.5578)	(0.5360)
经济学课程数量	0.0402	0.0417
	(0.0277)	(0.0276)
专业 GPA	0.2481	0.2038
	(0.4511)	(0.3729)
处理		
完成基础班和高级班课程	1.34	1.64
	(0.1932)[a]	(0.2037)[a]
途径		
常量	−0.22.05	−16.33
	(4.12)[a]	(4.70)[a]
传统黑人学院和大学	0.8812	0.7971
	(0.4014)[b]	(0.4233)[b]
男性	−0.2094	−0.2827
	(0.2842)	(0.2861)

续表

项　目	结果	
	打算申请	实际已申请
美国公民	−0.5332	−0.5405
	(0.4084)	(0.4175)
母亲的教育背景	0.4565	−0.5763
	(0.4252)	(0.4063)
父亲的教育背景	0.5713	0.5460
	(0.4694)	(0.5136)
父母的教育背景	−1.26	−1.29
	(0.5972)[a]	(0.6313)[b]
经济学课程数量	−0.0009	−0.0074
	(0.0334)	(0.0365)
专业 GPA	−0.0687	−0.1280
	(0.4719)	(0.4352)
年龄	1.56	1.14
	(0.2853)[a]	(0.3366)[a]
年龄 ^{2}	−0.0270	−0.0191
	(0.0049)[a]	(0.0061)[a]
$Pseudo\text{-}R^2$	0.1973	0.1386
X_1^2：($\rho=0$)	34.97[a]	1.19
N	99	99

标注：括号中为标准误差。N=观察的数量

[a] 在 0.01 水平显著

[b] 在 0.05 水平显著

当然，打算申请和实际申请经济学博士项目之间的差异也许会滞后，导致干预作用并不明显。例如，完成基础班和高级班课程可能对申请意愿有积极的影响，但是管理数据可能未能覆盖足够的、记录完全执行申请攻读经济学博士学位意愿

的时间跨度。有些表达了申请意愿的参加者可能拖延实际申请的时间。相反，有些参加者可能改变想法而放弃申请。

总体来说，我们的二元变量概率参数估算表明，AEASP 项目课程强度的变化有助于提升少数族裔参加者过渡到经济学博士项目的可能性。鉴于一个学生在实际申请攻读博士学位之前必须先有申请意愿，在评估 AEASP 项目参加者完成高强度的经济学课程的干预效果时，反映申请意愿概率的二元变量参数估算可能更为相关。在我们估算的第一阶段，干预参数是意愿申请规范中唯一重要的参数，这更能说明干预的积极作用。

在我们的二元变量规范中预设的因果关系可能与具体说明的恰好相反。也就是说，存在如下的可能性：AEASP 项目的参与者打算或正在申请经济学博士生项目，然后才参加了基础班和高级班课程来为入读研究生院校做准备。如果 AEASP 参与者已经有这个意愿，或者刚参加基础班课程就申请了博士生项目，这种可能性更大。如果真是这样的话，表 10.2 中的参数估算就会向上偏移，因为因果关系倒置了：先有意愿或者打算申请攻读经济学博士学位，然后才打算参加基础班和高级班课程。

为了检验结果对可能倒置的因果关系的敏感度，我们在数据中排除了那些表达了申请意愿或者在完成基础班课程之后就已经申请了经济学博士生项目的重返学员，然后重新估算了二次变量规范。① 总体来说，这样做的结果与完整样本的参数估算之间存在细微差异。这表明让 AEASP 项目学员完成基础班和高级班课程的干预确实具有积极作用。相较于完整样本，限制样本的估算干预参数大，这也说明只参加基础班课程可能存在积极作用，但两个课程都参加对提升 AEASP 项目参与者攻读博士学位的概率有着更积极的作用。

我们学到了什么

AEASP 项目对它的参与者有许多潜在的影响。人们希望该项目对学习产生直

---

① 这些回归分析此处并未呈现，如果需要，可以向作者索取。

接影响，提升学生在本科课程中的表现以及在研究生学习阶段的竞争力。对有些人来说，这意味着在特定的研究生项目中表现更好；而对另外一些人来说，这意味着被更高水平的、更具竞争力的研究生项目录取。

除了在教学上的直观影响，AEASP 项目有助于吸纳那些根本没想过从事经济学研究的人进入经济学行业和学界。在很大程度上，这是由于缺乏有效的传播：AEASP 项目将经济学行业推介给了一个新的群体。在某种程度上，该项目涉及大量的少数族裔学生和处于不同职业阶段的专业经济学者，具有重大的展示效果。仅仅通过吸纳一大群志趣相投的人，制造一个巨大的同龄群体效应，AEASP 项目就帮助参与者建立了自信。美国经济协会的"管道项目"（Pipeline Program）基于该项目而设立，并且建立了支持网络。AEASP 项目还提供辅导和入学考试辅助，而且通过提供可信度高的推荐信和成绩单提高项目参与者在申请研究生项目时的吸引力。如果参与者能够充分认识到这些支持的价值，将进一步提升他们进入研究生院的兴趣，同时项目参与学员入读的研究生项目的质量也将得到提升。

不论他们参加一期项目，还是两期，所有 AEASP 项目参与者都享有并认可这些益处。但是我们还发现了另外一项不同的益处：由于我们的观察仅限于 AEASP 项目的参与者，我们无法确定上述假设效果的价值。但是，我们可以问这样一个问题：参加第二期夏季项目是否具有额外的益处——对经济学行业来说，也就是，是否有助于多样化？我们的初步结果表明，参加第二期夏季项目的确有影响，甚至在控制重返项目的内生性之后，也能进一步提升参与者攻读博士学位的概率。

目前我们只能推测产生这一效果的原因。首先，额外的学习和准备有助于提升自信。其次，同辈效应增强肯定也是重要因素。再者，我们认为研究热情高涨也是关键因素；这与格罗夫（Grove）、达特科沃斯基（Dutkowsky）和哥罗德纳（Grodner）2005 年的发现一致。他们认为经验有助于学生在研究生阶段获得成功，或许有部分原因是因为经验会激发内在动力。[①]这种研究路径也与那些考察绝大多数来自精英人文院校的博士生的研究一致，因为那些学院也会提供本科研究经历。

[①] 参考：Grove, Dutkowsky, and Grodner, 2005.

第十一章

评估旨在提升少数族裔参与 STEM 的项目
——已知的和未知的

谢丽尔·勒冈（Cheryl Leggon）
小威利·皮尔森（Willie Jr.）

本章主要关注对那些旨在提升占比小的少数族裔（简称 URMs）参与美国 STEM 学科的项目评估。我们的目标是评估甄选出来的已发表的研究和未公开的报告，这些研究和报告是关于提升本科、研究生、博士后以及初级教员阶段的 STEM 多样性的最有效和最有前景的项目。我们试图明确，提升 STEM 学科工作人员多元化的项目、实践和政策，我们了解多少，还有什么是我们需要知道的。

背 景

在过去的五十年间，美国经济发展的基石已经从耐用商品制造转变为信息加工和分析。在当下信息经济时代，最有价值的资产就是人力资源。要想在全球经济竞争中立于不败之地，美国需要懂科学和数学的公民，需要一支教育良好、训练有素的 STEM 劳动大军[①]。因此，无论如何，这个国家都浪费不起人力资源；美国必须开发和培养其所有公民的才能。

---

① 参考：National Academy of Sciences et al. 2006b; Pearson 2005.

第十一章 评估旨在提升少数族裔参与 STEM 的项目——已知的和未知的

过去，美国的 STEM 劳动大军来自一个相对单一的人才库，主要由非拉丁裔的白人组成。但是，如今这个人才库已经明显萎缩了，这不仅因为白人占美国人口的比重下降了，而且这一群体对从事 STEM 职业的兴趣也在减弱。提高未被充分代表的群体——尤其是少数族裔群体——参与 STEM 的需求不仅仅是出于人口和供给侧的考虑，一个更加重要的动因是，背景多元的 STEM 员工队伍能够改善并提升科学质量，从而在研究和应用方面，可能为企业带来许多新的视角。[1]

在过去的 20 年间，旨在提高和改善少数族裔参与 STEM 领域的项目层出不穷。然而，少数族裔群体获得的博士学位数量比重只是小幅增长[2]。这些项目可以按照如下方式大致分类：

- 水平：K-12、本科、研究生、博士后、入门级职业人士。
- 资金来源：学院和大学、联邦机构（如美国国家科学基金会、美国国立卫生研究院、NASA）、非营利基金会（如阿尔费莱德·斯隆基金会）。
- 组织基础：独立学院或大学（如马里兰大学巴尔的摩分校的梅耶霍夫学者项目）、联盟（如领导力联盟、全美少数族裔工程和科学研究生学位联盟、全美少数族裔工程行动理事会）以及专业协会（如美国化学学会）。
- STEM 学科领域：广义的（如自然科学）或传统领域（如物理）。

根据《培养工程和科学人才》（*Building Engineering and Science Talent*，BEST）[3]的报告，可量化的目标和正式的评估是评估项目有效度的关键要素。评估最能提供信息告知人们什么是有效的、什么是无效的。此外，评估能提供实时的、连续的反馈来指引设计、规划和执行，以便做出必要的改变。和以前一样，项目评估依旧只能是有限的、缺乏活力的。少数跟踪参与者的项目报告称，学生前期累积的学术优势实际上可能随着时间而消减。[4]有学者认为其他效果能够存留，比如学生可能坚持学习基础数学和科学课程并顺利毕业。[5]大部分针对旨在提高少数族裔参与 STEM 领域的项目的早期经费，并不包含对评估的预算支持，因

---

[1] 参考：Building Engineering and Science Talent 2004; Jackson 2003; Leggon and Malcom 1994.
[2] 参考：Committee on Equal Opportunity in Science and Engineering (CEOSE) 2004.
[3] 参考：Building Engineering and Science Talent，2004.
[4] 参考：Good and Halpin 2002.
[5] 参考：Barlow and Villarejo，2004.

此有关项目有效性的证据大多是传闻，极为有限或根本不存在。这种状况已经有所改变。①虽然人们越发意识到需要将评估要素纳入项目中来，但是资助依然滞后，而且在所需资金削减时，评估通常是第一个被剔除或者削减的项目。②

杰克逊③认为，那些为提升少数族裔在 STEM 领域参与度而设计的最有效、最有前景的项目、实践和政策目前都缺乏"权威的、可轻松获取的信息"。她还认为，从项目的成败中获取的经验教训可以为其可复制性、可移植性和可推广性提供关键的洞察视角。对于哪种项目可以在何种程度上拓展 STEM 领域参与的系统形成性和总结性评估，对于理解哪些项目（在何种情况下）能够帮助少数族裔群体、哪些不能以及个中原因，具有至关重要的作用。④

BEST 采用了系统性的流程来确定并记录那些有望从当前 STEM 劳动大军的少数派群体中培养人才的项目。通过使用系统性的"发掘—提名"流程，BEST 一共确定了 124 个高等教育项目。这些项目中的大多数都无法提供有关项目结果的文案记录。通常来说，文案记录无非就是有关参与干预项目的学生人数记录。甚至那些实施了几十年的项目，也缺乏重要的有关项目影响力的数据。项目实施时间长本身并不意味着项目就是成功的。⑤

BEST 要求每个项目都要完善项目档案，包括目标、影响、发展、持续性以及有效度的证据。在制定了"评估有助于高等教育取得成绩的项目和实践可靠性"的标准之后，⑥BEST 高等教育蓝丝带小组（Blue Ribbon Panel）的一个分组对 36 个项目进行了评估。这种评估小组的方法更加重视那些监督项目参与者的进度并试图评估结果的项目。基于 BEST 8 项标准中的 6 项，有 7 个项目被评估为"示范型"，5 个项目被归为"潜力型"。在评为示范型的 7 个项目中，3 个针对本科生，2 个针对研究生，1 个针对教职员工，还有 1 个是单一学科的全国性项目。

---

① 参考：Committee on Equal Opportunity in Science and Engineering (CEOSE) 2004.
② 参考：National Science Foundation (NSF) 2005.
③ 参考：Jackson，2003.
④ 参考：Committee on Equal Opportunity in Science and Engineering (CEOSE) 2004.
⑤ 参考：Building Engineering and Science Talent (BEST)，2004.
⑥ 参考：Building Engineering and Science Talent (BEST)，2004，5.

什么是有效的

为了系统地确认什么有效以及为什么有效，本章我们基于 BEST 计划来讨论所选的项目，这些项目在提升少数族裔参与 STEM 领域方面要么是示范型，要么是潜力型。此处讨论的有些项目包含在 BEST 计划内，有些没有。我们这里的重点在于确认、阐释以及总结某些潜力型项目的经验教训，这些潜力型项目的目标在于提升少数族裔参与 STEM 领域，并找出存在的知识鸿沟。本次讨论选择的干预项目基于项目关注的教育水平和职业里程进行了如下分类：本科生项目、研究生项目以及教员项目。

本科生项目

本节将讨论以下两个本科生阶段的项目：梅耶霍夫学者项目和领导力联盟。

梅耶霍夫学者项目

马里兰大学巴尔的摩分校（UMBC）的梅耶霍夫学者项目（简称 MSP）被 BEST 确定为示范型本科生项目。该项目的最初目标是培养非洲裔美国学生，鼓励他们从 UMBC 毕业之后继续从事 STEM 领域的博士研究，并在博士毕业之后进入高校任教。[①]现在，这一项目对所有族裔的学生开放。MSP 是少数几个基于研究的干预项目，它使用强度高的同伴合作学习法以及整体性的生活经验来关注学生全方位的需求。以上做法结合其他实践，创造了一种强烈的社区感；相应地，这种强烈的社区感有助于取得高水平的学术成就并形成有利于学术交流的环境。

BEST 蓝丝带小组发现，这个本科生项目的最显著之处在于高级行政和教职人员的制度性承诺。这印证了某些评估结论，即旨在提升少数族裔参与 STEM 领

---

① 参考：Hrabowski and Pearson，1993。

域的成功干预必须制度化。① 在此背景下，制度化意味着干预并不是孤立无援、无关紧要的成分，而是一个机构标准化操作流程中不可或缺的部分，同样，干预也是评估教师和行政人员业绩的一项标准。② 此外，制度化还意味着，当初期资助结束时，干预并不会消失。③

MSP 经历了大量的内部评估。梅通、赫拉保斯基、施密特在 2000 年的报告④指出，多个现在和过去的样本显示，与其他学生相比，MSP 学生获得的平均绩点更高、从 STEM 专业毕业的概率更大、被研究生院录取的比例更高。但是 MSP 的外部评估，他们只发现了一项。布雷吉拉尔（Bridglall）和戈登（Gordon）对 MSP 进行了他们所谓的"鉴赏家式"评估，⑤并得出结论认为，UMBC 领导层、教师和职工对少数族裔学生学业成就超乎寻常的重视，鼓励着他们不断寻找方法来提升学生的学习表现。⑥布雷吉拉尔和戈登推测，"只有少数几个孤立的项目将课程与教学、社会科学和认知科学结合起来，以便更加有效地将这一知识用于解决培养少数族裔人才的问题；而 MSP 就是其中之一。"⑦他们相信，MSP 模式可以移植到别的机构中去。

领导力联盟（简称 LA）

领导力联盟是全美 33 个顶级研究型和教学型院校的联盟。这一联盟包括常春藤名校、一级研究型大学（Research I）（根据卡内基高等教育机构分类）、面向少数族裔的高校——传统的黑人学院和大学（HBCUs）、面向西班牙裔的高校（HSIs）以及部落学院（TCs）。这一联盟的目的是为学生提供开展研究的机会，他们本来并没有这样的机会。"领导力联盟夏季研究–早期识别项目"（以下简称 SR-EIP）提供高强度的研究经历，并在一场全国性的研讨会中宣告结束。在研讨

---

① 参考：National Research Council，2005b；NSF 2005.
② 参考：Leggon，1994.
③ 制度化的观念是那些关注制度性转变的干预项目的基础，比如美国国家科学基金会的 ADVANCE 项目。
④ 参考：Maton，Hrabowski，and Schmidt，2000.
⑤ 参考：Bridglall and Gordon，2004.
⑥ 根据 Bridglall and Gordon（2004，75）给出的定义，"鉴赏家式"评估是指鉴赏家的判断被用来放大、解释更加传统的评估研究。
⑦ 参考：Bridglall and Gordon，2004，75.

会上，学生要做正式的专业演讲。

自 2001 年起，皮尔森等人就对 LA 和 SR-EIP 进行了大量严格的形成性评估。评估既包含定性的要素（如采访和小组座谈），也包括定量的要素（调查问卷）。大体如下：

- SR-EIP 对大部分本科生成效显著。例如，2003 年调查的学生中，有 83%的人报告说，整体而言，他们的夏季经历是"非常好"或"极好"的，76%的学生报告称，这一项目坚定了他们追求研究生涯的决心。

- 追求研究生涯的坚定决心和其他几个要素正相关。具体而言，那些说自己决心更加坚定的学生，也可能会说到以下几点：① 整个夏季经历是极好的；② 该项目有助于厘清未来的职业计划；③ 该项目提升了他们对研究过程的总体知识；④ 项目环境还有助于社交促进型的发展。实际上，这些要素彼此交织，表明通过保证学生获得足够的关于从事研究生涯各个阶段的信息，并获得足够的来自导师和其他项目代表的社会支持，他们对夏季经历的满意度和职业信心都可以得到加强。

- 方法技术的指导是项目教育的重要组成部分。随着方法技术指导的频率增加，学生对项目本身、可预见的项目效用、研究知识的增长以及对社会支持的认知等方面的满意度也会越来越高。

- 许多 SR-EIP 的主办地都有正式的和非正式的机制来追踪参与夏季项目的学生。数个夏季主办地系统性地跟踪了 LA 作为招聘工具的成功之处；至少有 3 个主办地记录了它们学校参与 LA 以来的所有数据。

- 领导力联盟可以拓展。通过其全国性办公室以及资深校园负责人，LA 积累了重要的项目经验，这些经验可以在更大的范围加以推广。LA 完全可以成为那些关心如何提升少数族裔参与 STEM 领域项目的交流中心。

研究生项目

本节我们将讨论两个研究生阶段的项目：美国科学与工程领域少数族裔研究

生学位协会和美国国立卫生研究院（NIH）少数族裔研究和培训项目。

美国科学与工程领域少数族裔研究生学位协会

美国科学与工程领域少数族裔研究生学位协会（也称 GEM）包括约 94 所大学和企业。GEM 创立于 1976 年，其主要目标为：通过增加更多美国印第安人、非洲裔和西班牙裔美国人进入工程和科学领域的硕士和博士阶段的学习来提升国家人力资本的价值；为行业、学术界以及政府部门的高端职业准备技术领袖。[1]为了实现这些目标，GEM 为参与者提供了许多机会，比如老师辅导、学费减免（从会员高校减免）、生活津贴（由会费和企业成员的捐助中支出）以及带薪的夏季实习。迄今为止，GEM 已经拥有大约 3 000 名参与者，其中有 200 名已经获得了物理、生命科学和工程专业的博士学位。每年有超过 450 名 GEM 参与者受到资助。作为研究生阶段的学生项目，GEM 是 BEST 高等教育蓝丝带小组评定的唯一一个示范型项目。来自校友和雇主的调查数据显示，GEM 增强了向研究深造和进入职场的转换。GEM 的主要贡献在于，为需要经济支持完成 STEM 领域研究生学位的学生找到了重要的资源。经济支持与学生坚持研究深造并完成学位正相关。与非少数族裔学生相比，某些少数族裔学生更加可能通过个人存款和贷款支付他们自己的教育。说得具体一点，与白人和西班牙裔学生相比，美国印第安人以及非洲裔美国博士生更加可能利用自己的资源来支付他们的博士生教育；亚裔美国学生最不可能这么做。[2]

在利用不同种类基于项目和机构的支持方面，存在显著的种族或民族差异。比如，在自然科学和工程科学方面，"亚裔和白人比黑人和西班牙裔更有可能依赖研究助教奖学金，更不可能以奖学金或补助金作为他们主要的支持来源。"[3]此外，财务支持消除了因为工作而导致的时间限制，让学生可以腾出更多时间专注学习。总之，GEM 不仅挑出了合格的学生并给他们提供资源，而且还加强了大学和产业之间的合作。

---

[1] 参考：Educational Testing Service News，2006

[2] 参考：National Science Foundation，Division of Science Resources，2004b。

[3] 参考：National Science Foundation，Division of Science Resources，2004b，26.

美国国立卫生研究院（NIH）少数族裔研究和培训项目

作为少数族裔健康行动的一部分，"NIH 少数族裔研究和培训项目评估"起始于 1991 年。该评估分为三个阶段：第一阶段 1993 年结束，对 NIH 课程外研究训练项目进行了概述，并记录了少数族裔在生物、行为和临床科学方面代表不足的总体格局。第二阶段 1997 年完成，评估了少数族裔研究项目跨 NIH 评估的可行性。2001 年，美国国立少数族裔健康与健康差距研究所同美国国家科学院签约，从而确定 NIH 少数族裔研究项目是否有效，并找出那些成功的项目及其具体特征。2001 年，共有 79 个由 NIH 研究院和研究中心赞助的少数族裔研究培训项目。2005 年，美国国家研究委员会下属的 NIH 少数族裔研究培训项目评估委员会公布了第三阶段评估的结果。一项主要的发现就是，尽管项目的首要目标是增加博士级别少数族裔生物医学研究者的人数，"所有项目通告均未量化在实现这一目标方面的成绩"[1]。对成功和失败缺乏足够的定义是项目评估的一大障碍；另一个障碍是项目参与者对成败的定义缺乏共识。关于少数族裔项目的一项重要原则就是那些早期退出"通道"成为科研人员的项目参与者并没有被看成是项目的败笔。[2]而且，由于缺乏大量纵向数据，无法确定哪些项目参与者彻底退出了"通道"（即辍学）或暂时退出了"通道"（即休学）。考虑到准备从事 STEM 领域工作所需的时间，找出项目成功的暂时性指标也许是合适的，比如项目参与者是否进入了职业通道的下一阶段。在收集有关项目参与者的纵向数据时，最好将"辍学"的学生和"休学"的学生区分开来。此外，将纵向数据按照种族/民族和性别进行分类也很重要。

美国国家研究委员会 2005 年对 NIH 少数族裔培训项目的评估严厉批评 NIH 赞助的项目未能收集、保存并分析有关这些培训项目结果的数据。作为回应，NIH 下属的"少数族裔研究机会"（简称 MORE）部门设立了"有效明确的引导、创造科研机会"的奖金，以审查和分析各种 NIH 项目的结果和设想。为了部分弥补因为缺乏足够的纵向数据而带来的不足，NRC 评估委员会采访了项目行政人员和少数族裔培训生。尽管采访存在一些方法论问题（比如回应率低下），采访数据还

---

[1] 参考：NRC 2005b，2.
[2] 参考：NRC 2005b.

是表明，对身为本科生、研究生、博士后、初级教员的培训生来说，研究经历本身就是项目的最佳特征。对于不同水平的项目参与者来说，另外一项积极结果就是，可以有机会和其他科研人员交流、合作。基于这些发现，评估委员会得出结论："代表不足的少数族裔正在加入生物医学的劳动大军，这是 NIH 少数族裔研究项目的直接结果之一。"①

教 员 项 目

在 BEST 确定为示范型的两个关注教员多样性的项目中，"教员多样性协议"项目针对少数族裔，而"培养未来的教师"项目则关注从种族、民族、性别以及其他各方面提升教员的多样性。

"教员多样性协议"

1993 年，"教员多样性协议"（简称 CFD）由南区教育委员会、新英格兰高等教育委员会和西部州际高等教育协议三方合作设立。CFD 官网将该项目描述为"关注少数族裔研究生教育和教员多样性的区域性、全国性和基金会项目的伙伴关系"②。CFD 唯一的目标是让更多少数族裔学生能够攻读博士学位并成为高等院校的教师。为了实现这一目标，CFD 致力于：① 增加获得 STEM 领域博士学位并获得教职的少数族裔学生的比重；② 提升合格教师人才库的多样性；③ 提高参与者作为教学人员成功的可能性。

CFD 创建了许多纵横交错的支持体系。它为学生提供生活津贴、3 年全职学习资助以及 1 年论文写作经费。除财务支持外，CFD 还通过支持学者与其他学者和 CFD 之间保持长久联系，为其提供大量的社会支持。每年，教学研究院（Institute of Teaching）会组织一个论坛，让学生和教员导师有平台参与专业发展、拓展人脉、职业社交。研究院不仅有益于学生，也给导师提供机会增进他们的辅导技能

---

① 参考：NRC 2005b.
② 参考：http://www.instituteonteachingandmentoring.org/Compact.

和经验。项目参与者的保留率高达 90%，相比之下，少数族裔学者的总体保留率只有 37%，所有少数族裔学生的保留率为 40%～60%。

"培养未来的教师"

"培养未来的教师"项目（简称 PFF）始于 1993 年，是美国研究生院委员会和美国高校协会的合作项目。在 1993 至 2003 年间，超过 45 所具有博士授予资格的院校实施了 PFF 项目。[①]该项目旨在通过让研究生更多接触各种学术环境，为他们朝着教授职位发展做出更好的准备。更多接触各种学术环境能让学生更有能力做出知情选择，找到自己想要的全职工作学术环境。PFF 有助于研究生熟悉教师职业，帮助他们适应高等教育机构。此外，PFF 鼓励"研究生项目将研究生的职业发展更加直接地融入教育中"[②]。

有一项评估发现，PFF 项目已经开始改变参与研究生院的校园氛围。其一，PFF 使研究生院教师意识到教学问题对研究生的重要性；其二，PFF 拓宽了成功的定义，包含文科院校、社区大学以及研究密集型大学中的教学工作。PFF 进一步拓展了成功学术生涯的定义，包含行政工作以及研究和教学。评估人员得出结论，"PFF 不仅帮助研究生参与者从研究生院平稳过渡到他们的首个学术职位，而且将他们带入有关学术改革更宏大的叙事中"[③]。

我们知道些什么？

上述项目回顾明确了能够有效增加少数族裔参与 STEM 学科的共同要素和因素。这些要素包括：
- 增强实质性知识和技术性技巧（领导力联盟、梅耶霍夫学者项目）。
- 提供并维持综合性的财务、学术、专业和社交支持网络（GEM、领导力联

[①] 参考：http://preparing-faculty.org.
[②] 参考：DeNeef，2002，1.
[③] 参考：DeNeef，2002，19.

盟和梅耶霍夫学者项目)。

- 帮助建立社交网络(教师多样性协议、GEM、领导力联盟及梅耶霍夫学者项目)。
- 提供广泛和精细的职业社交(教师多样性协议、GEM、领导力联盟、梅耶霍夫学者项目和培养未来的教师)。
- 广泛而细致地跟踪项目参与者,包括教师和导师。
- 提供过渡性经验,帮助学生从一个教育里程碑过渡到另一个里程碑(教师多样性协议、GEM、领导力联盟、梅耶霍夫学者项目和培养未来的教师)。

总之,最有效、最有潜力的项目是基于全面视角的,因为他们解决项目参与者所有的需求。有效的项目会解决导师们关心的问题——比如作为导师人们对他们的期待,并提供方法帮助他们提高辅导水平。

我们需要知道什么

对现有数据的分析使我们能够更好地了解什么方法能有效增加少数族裔参与STEM领域。但在很大程度上,这些数据就像是在不同时期拍摄的"快照"。我们需要项目参与者的纵向数据来辨识、评估这些项目对所有参与者的长期影响。

学　　生

评估文献记录了参加至少一个干预项目对学生带来的积极影响。然而,我们需要了解参加某一特定干预项目是否会增加其参与其他干预项目的可能性。此外,我们还需要知道,参加单个干预项目的学生与参加多个项目的学生在职业发展上有何不同。评估的证据表明,对追求STEM学科研究生学位少数族裔的社会支持是增加STEM学科教师多样性的关键因素。但是,关于增强和维持这种支持因素,还有更多方面需要了解。

纵向数据也许能帮助深入了解导致不同职业结果的各种因素,对审视参加目标干预项目在何种程度上促成参与者职业生涯中的研究合作也十分关键。虽然一些对少数族裔有效的项目和实践对所有学生都有效，按照种族、民族和性别收集和分析数据十分必要，以准确描述哪些实践和政策对少数族裔学生尤为有效。[①]

教师和导师

需要收集更多数据来更好地了解哪些动因有助于产生并维持学生之间、师生之间以及教师和导师之间的社会支持网络。关于目标干预项目中的有效辅导，也需要更多信息。

高　　校

需要纵向数据来评估参与目标干预项目对高校的长期影响。关于成功项目的可扩展性以及可移植性，缺乏足够的信息或证据。尽管有些高校已经开始复制成功项目的一些关键特征，但是外部评估似乎不存在或报道不充分。

对于目标干预项目在何种程度上彼此影响，还存在巨大的知识鸿沟。例如，参加某个特定项目是否会增加参与其他目标干预项目并获得助学金、奖学金以及奖金的可能性？为了弥补这个知识鸿沟，需要一个关系型数据库，包含所有不同水平的（本科生、研究生、博士后）以及不同资助类型的（培训生奖金、奖学金、研究助理奖金、助教奖金）[②]目标项目参与者的数据。该数据库还应该强化追踪参与者的职业信息。

---

① 参考：DeNeef，2002；1National Academy of Sciences et al. 2006b.
② 参考：DeNeef，2002；1NRC，2005b.

第四部分
提升学术界的女性比重

第十二章

以前是玻璃天花板，现在是玻璃悬崖？
——女性从事科学研究和高等教育职业变迁图

M·R·C·格林伍德（M. R. C. Greenwood）

50年前，很少有女性选择学术研究或高等教育领导者为职业。有关重大的科学活动或社交场合的照片和报道中几乎无一例外都是男性——而且大部分是白人男性。因此很少有偶像或楷模供年轻女性效仿。当然，也有一些特例，远的有物理学家玛丽·居里、天文学家玛丽亚·米切尔，近的有诺贝尔奖获得者生物学家罗萨林·亚罗。大多数教授级别的女性科学家，目前都是55岁、60多岁甚至更老，她们很容易回忆起被劝阻不要追求学术生涯的经历，这一点毫不奇怪。随着妇女运动到来、平权法案的使用、反歧视法律的实施，想要进入某些科学领域，下一代受过教育的女性面对的环境已然大有改变。如今总体而言，与男性相比有更多的女性获得了学士学位，尽管与许多国家相比，美国的科学、技术、工程和数学等学科的本科学位培养数量较低，从人均水平来看，获得学位的女性大约占了50%。因此，对女性在科学和工程方面进步的关注点正在发生变化，从进入科学"圈子"到谋得职位，以及随后的晋升并最终取得成就。目前的问题是，女性跻身科研领域就能引领她们走向科学金字塔顶端的成功吗？受过教育且有科研信用的美国女性人才库价值巨大，关键是我们看到的或现实的困难是否会阻碍对该人才库充分的使用呢？

评 估 现 状

2006年秋，美国国家科学基金会（NAS）发布了名为《跨越偏见和障碍：发挥妇女在学术科学和工程方面的潜力》的报告。①该报告的筹备委员由迈阿密大学校长、前美国卫生和公众服务部部长多娜·沙拉拉主持，委员会包含了许多著名科学家。该报告着重关注女性教师的招聘、续聘及升迁——其中一部分女教师转任行政和管理岗位。该报告就如何改进拥有科研天赋的女性在职场的发展结果提出了建设性意见，同时汇集和整合了有关偏见和意外结果的重要研究成果。

美国正面临着前所未见的竞争力挑战。在《世界是平的》这本畅销书中，弗里德曼②探讨了这个问题。在一个脑力而非体力决定我们共同未来的世界里，我们必须确保能够利用、并最大化利用受过良好教育的女性群体身上的天赋。第二次世界大战以来，尤其是冷战结束后，美国的科技实力和国家对基础研究的投资——其经济回报巨大——导致全国上下洋洋自得，并不愿意相信我们可能会被任何别的国家或国家联盟"打败"。但正如另一引人注目的 NAS 报告《未雨绸缪》（*Rising above the Gathering storm*）清晰阐述的那样③，是时候承认我们的脆弱并采取积极行动了。

该报告在全国已经产生了巨大的影响。报告获共和党参议员拉马尔·亚历山大和民主党议员杰夫·宾格曼授权，是两党齐心协力与国会科学委员会（House Science Committee）精诚合作的成果。该报告旨在确定联邦决策者应当采取的重要措施以确保美国在 21 世纪依然强大、繁荣和安全。而且，该报告还督促制定执行策略。

无数报告显示，美国学生在大部分国际竞赛中表现让人无法接受，比如 2003 年的国际学生评估项目（PISA）和第三次国际数学和科学评测（TIMSS）。④在大

---

① 参考：National Academy of Sciences et al.，2006a.
② 参考：Friedman，2005.
③ 参考：National Academy of Sciences et al.，2000b.
④ 参考：Lemke et al.，2004；National Center for Education Statistics，1997.

学本科阶段，拥有科学、工程和技术学位的学生日益减少。①在博士和高等研究阶段，越发依赖吸引其他国家的学生。②虽然能够吸引全世界最好的学生是美国应该感到高兴的事情，但将此当作长久的劳动力解决方案也许并不明智，且难以为继。越来越多的学生在他们本地区就能得到优质的教育，其中一些地区是美国的直接竞争对手。的确，欧洲的大学和其他国家的高校比美国的移民政策更为宽松，它们也在招收国际学生。此外，跨国公司也在将研发机会迁往靠近国际人才中心的地方。再者，留学生也更倾向于回到他们的祖国。所有这些因素都应当促使美国调整策略，激发国际学生在科学、工程和其他重要领域的兴趣。NAS③报告建议了一些项目来完成这个目标，几个新的项目正在为通过冗长的国家立法程序而努力，也许它们代表某种重要的趋势。这些努力能否成功，只有时间能证明。

女性"新兴浪潮"

今天，大约只有 1/3 的美国学士学位是来自科学和工程领域④。然而，在这些学士学位中，一半以上授予了女性⑤。自 20 世纪 90 年代初以来，女性参与科技领域的比重一直稳步增长（见图 12.1）。

尽管在科学和工程某些领域女性的参与度不够，但总体的发展趋势令人印象深刻。少数族裔比重也在增长，这对美国的全球竞争力至关重要，但少数族裔科学家的实际人数仍然很少。

大局如此，需要强调的是，在非科学和非工程领域，获得学士学位的女性比男性多得多。此外，在科学和工程领域，获得硕士学位的女性人数迅速与男性持平，在非科学和非技术领域，女硕士则占据统治地位（见图 12.2）。

简而言之，在美国受过良好教育的精英中，女性所占比重越来越大。

---

① 参考：National Science Board，2006.
② 参考：National Science Board，2006.
③ 参考：National Academy of Sciences et al.，2000b.
④ 参考：National Science Board，2006.
⑤ 参考：National Science Board，2006.

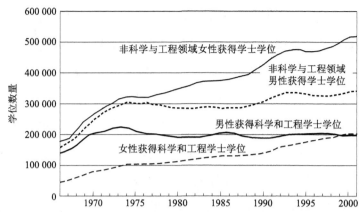

图 12.1　1966—2001 年男女性获得的科学和工程领域学士学位数量和非科学非工程领域学士学位数量

资料来源：国家科学基金会，科学来源统计部，2004a。

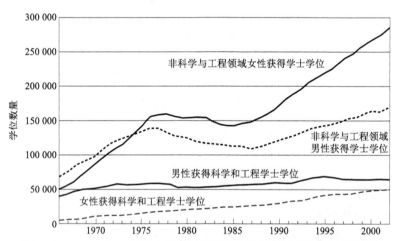

图 12.2　1966—2002 年男女性获得的科学和工程领域学士学位数量和非科学非工程领域学士学位数量

来源：国家科学基金会，科学来源统计部，2006。

尽管在博士阶段的进展较慢，科学和工程领域的女性毕业生呈现出稳步持续的增长，而男性毕业生相对稳定，并且主要随着我们过去吸引外国学生（主要是男性）的能力变化而波动。①

在一些领域，女性所获学位的份额已经超过了 50%。这一改变在生命科学，如农业科学、生物科学及心理学上表现得最为明显（见图 12.3）。但是值得注意

---

① 参考：National Science Board，2006。

是，在地球和大气科学及工程学科方面，女性博士学位获得者最近有显著的提升。

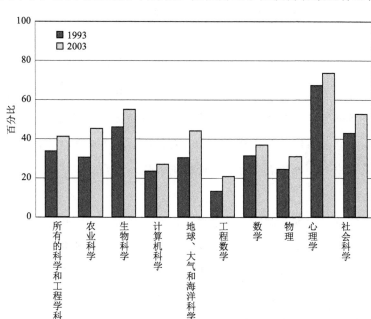

图 12.3　1993—2003 年间科学和工程各学科的研究生中女性所占比重。

数据来源：国家科学基金会，科学来源统计部，2006。

玻璃天花板，现在变成了"玻璃悬崖"？

尽管女性在学术准入方面的确取得了显著进步，而且进步仍在持续，但正如美国国家科学院报告[①]所指出的那样，已发表的研究和更多的轶事证据均表明，对女性在科学和工程方面的不满和毫无缘由的偏见依然存在。女性获得重要决策层职位的上升通道依然十分脆弱。

最重要的问题之一是，女性博士毕业生进入终身教职的生涯道路比想象中要少，而进入终身教职道路才能开启升迁至领导岗位的进程。一些证据表明，大量的合格女性被挡在大学研究生涯之外。

STEM 领域的女性博士毕业生与男性博士毕业生相比，更不可能获得主要的

[①] 参考：National Academy of Sciences，2006a。

研究型大学的终身教职，另外，进入高级学术或理工领域决策层的女性依然非常少。美国国家科学院报告①是这样描述这一现象的：

> 就读于科学和工程学科研究生院的女性和男性获得博士学位的可能性一样大，但与男性相比，女性在师生互动方面评分更低，发表的研究论文也更少。许多女性毕业生报告了孤独感。有更多的女性比男性表示有寻求博士后职位的打算。在博士后学者中，女性对博士后经历满意度更低，在终身教职的申请者中，女性的数量也相应的比例偏低。

虽然造成这一现象的原因还不清楚，但对于那些为美国长远科技实力感到担忧的人士而言，这一现象应当引起关注。如果50%或更多的科学和技术本科学位被授予女性，而且在美国最好的高校里，越来越多的研究生学位被授予女性成为趋势，那么，这些女性没有被吸收进学术生涯和领导层，将导致在最高水平和最具战略地位的机构质量降低，而这些机构已成为我们创业成功的基石。简而言之，有关鼓励女性从事科学和技术职业必要性的讨论，已经从促进性别平等变成保持美国科技水平所需了。但目前的情况能够支持这种向上的流动性吗？

女性升迁至顶层位置，然后突然离职，这种令人不安的模式促使作者提出，除了被广泛讨论的"玻璃天花板"，"玻璃悬崖"这一新现象正浮出水面。《美国高等教育纪事报》里的一篇文章②可以当作这一问题的例子。这篇文章标题为"主导的女性"，是一个关于进展的故事。在61个北美大学联盟（AAU）中，有11个高校成员的学术主管官员是女性，文章希望，这些女性官员有利于更多女性升迁至这些名校的校长。

其结局最多只能算是喜忧参半。在2006年秋季对这11位女性的互联网问卷调查中，1人退休，6人辞职，4人成为非AAU成员、规模较小的大学或学院的校长（或相等职位），还有2人仍然担任AAU成员高校的学术主管官员。尽管有3人已升迁至一级研究型大学（Research I）（根据卡内基高等教育机构分类）的校

---

① 参考：National Academy of Sciences，2006a.
② 参考：Lively，2000.

长职位，到了2008年只有2人仍在职。她们是以大多数标准来看已经突破了玻璃天花板的全部女性，但随后突然消失，就好像遭遇未曾料到的玻璃悬崖；这表明，当女性领导者稀少、孤立和遇到困难时，不同的经历、被对待的方式，或无端的偏见也许仍然在发挥作用。

在高阶的学术或科学及工程决策岗位上，女性的数量仍然偏少，而且数量波动。虽然女性高校校长数量有所增加，但在享有盛誉的AAU研究型大学（AAU research institutions），仅有不到12位的女性领导者。在很多高校，一些学院从来没有女性担任过"一把手"，一些系所从来没有女性担任过主任。在全国层面，在一些行政部门，女性的数量在科学及管理政策制定人的角色中是值得肯定的，但在另一些行政部门，女性几乎没有存在感。这并不是说，进步不明显、不真实，而是说，要对女性在学术和决策领导岗位上取得进步和成功进行严肃、持久的关注和研究，将来应将其摆在优先位置。在科学和工程领域，以及在整个高等教育领域，性别平衡不断变化，应当严肃对待因变化带来影响的研究，并将其视为关键的美国国家问题。我们成功地抓住该变化中涌现出的人才，并充分发挥其才干，不应当视之为理所当然。在我们能确保优秀女性获得她们——以及这个国家——期待的一切之前，还有许多额外的工作要做。

第十三章

提高生命科学领域的女性比重

咸正安（Jong-on Hahm）

在过去数十年里，鉴于女性所获得的学历水平，从事学术职业的女性却没有达到预期的人数。一份2003年对博士学位获得者的调查显示，女性在初级教师（助理教授）中占了45%，在包括了副教授和正教授级别的高级教师中占29%（调查数据由美国国家科学委员会于2006年发布）。在50所获得最高级别政府研究基金资助的研究型大学中，女性助理教授占30%，女性副教授占25%，女性正教授占15%。[1]

生命科学领域包括了生物科学和农业科学。该领域并不像自然科学和工程科学那样难以招收到足够的女性学生。自1996年以来，在生命科学领域，超过50%的学士学位由女性获得，2006年该比例增长至59%。[2]在2003年，46%的生物科学博士学位由女性获得[3]。由此看来，持有高等学历的女性人数已接近甚至超过了男性。

然而，虽然生命科学领域持有博士学位的女性人数占有优势，但这并没有转化成女性教师人数的同等增长。这在顶尖研究型大学里尤为明显。[4]作为一个群体，顶尖研究型大学中女性教师比重最低，包括那些生命科学领域的女性教师。这一

---

[1] 参考：Nelson 2004.
[2] 参考：National Science Board 2006.
[3] 参考：National Science Foundation, Division of Science Resources Statistics 2004b.
[4] 参考：National Science Council (NRC) 2001.

发现说明，即使在那些能培养大量未来大学师资的学科领域，女性与男性的职业发展之路并不相似。

女性在学术职业生涯的前进道路上面临着诸多难题。相比男性，女性不太可能获得终身教职或者职位的提拔。[①]在一份针对医学院的研究中，女性教师"未能"从助理教授升至副教授的比例接近 60%。[②]女性要被提拔到高级教师之列，需要比男性花更长时间。瓦里安（Valian）1999 年指出，从副教授晋升为正教授，女性教师花的时间要长得多。[③]此外，她们从副教授升至正教授的比率比男性教师要低。[④]

与其他科学领域相比，生命科学在很长一段时间里已拥有更多的女性教师。因此，可以预计该领域将有更多的女性高级教师。女性教师虽多，在 1995 年，生命科学领域女性正教授比例却低于 15%[⑤]，而且这一人数此后也未明显增加。

为壮大高校女性教师队伍，在过去十年间，许多部门和机构已启动了一些计划。2001 年，有 9 所一流的综合性大学开展大力宣传，致力于发展本校女性教师队伍。[⑥]国家科学基金会实施了一项拨款计划 ADVANCE，旨在推进获得资助的高校进行体制和系统的改革来壮大女性师资。美国研究理事会科学和工程女性委员会开展了一项计划，在那些已经成功提升了不同职级女性教师的机构里寻找其共通的政策和措施。

这 9 所综合性大学评估了各自学校女性教师的地位，实施了各种项目来增加女性教师人数、推动女性教师职业发展。[⑦]迄今为止，各校已发表了一些报告并取得了进展。大部分研究成果是在学校层面，通常是在学院里发表。其中原因之一是因为对于大部分学校来说，从系部获取的数据样本太小，不足以用于有意义的数据分析。不过有一些大学将所得数据按系或者不同领域分类，以此来分析学科

---

① 参考：NRC 2001.

② 参考：Nonnemaker 2000.

③ 参考：Valian 1999.

④ 参考：National Science Foundation，Division of Science Resources Statistics 2004b.

⑤ 参考：NRC 2001.

⑥ 参考：Cox and Wilson 2001.

⑦ 这 9 所大学是加州理工、哈佛大学、麻省理工、普林斯顿大学、斯坦福大学、加州大学伯克利分校、密西根大学安阿伯分校、宾夕法尼亚大学和耶鲁大学。

之间的差异。

在 2001 年，普林斯顿大学组建了一支工作小组，研究在自然科学和工程学领域任职的女性教师地位。工作小组对现任和历任教师进行了调查，从学校各方向获取资源，包括不同部门和部门主管处搜集数据。正如预料的结果那样，在不同系之间，女性教师的职业发展情况不同。

然而，工作小组发现了一些意料之外的调查结果。在生命科学领域，三个系中有两个系的女性教师人数有所提高，但另外一个系的女性教师人数却下降了。令人惊讶的是该系——分子生物系并不乏兴趣浓厚的女性学者。①虽然系部或者普林斯顿大学自身肯定存在造成这一意外结果的原因，但生命科学领域女性教师职位发展不足这一问题并非为普林斯顿大学独有。

1999 年，麻省理工学院（MIT）发布了《关于理学院女性教师职位情况的报告》。这份报告促进了对 9 所顶尖综合性大学的信息收集。2006 年，麻省理工学院发表了进展情况回顾，分析了自 1999 年报告后开展的首轮活动之后取得的收益。这其中有几项结果非常值得关注。

其中一项结果发现，机构若不施加压力，措施和活动将无法开展。例如，在开展调查的学院，院长在活动开展期间采取措施后，女性教师受聘人数明显增加，但这一情况随着时间推移开始停滞不前。在生命科学领域，在麻省理工学院首份报告发表后的几年里，女性教师比重和女性担任领导职位的人数均有增加，但这样的进展既没有被制度化也没有得到普及。

在过去十年里，随着一些新机构和中心的成立，麻省理工学院的生物科学领域经历了一段少有的规模扩张期。在这段时间里，教师聘任和晋升的机会虽有增加，但女性没有受聘到领导岗位。②

麻省理工学院和普林斯顿大学的经验表明，单靠增加女性人数不足以确保能取得并维持进步。并且，持有博士学位的女性人数虽多，也不能保证她们都能成为大学教师。

哈佛大学在实施针对女性教师的计划时借鉴了上述经验和其他大学的经验。

---

① 参考：Princeton University 2003.
② 参考：Hopkins 2006.

在 2005 年，哈佛大学成立了两支工作小组来回应由时任校长劳伦斯·萨默斯（Lawrence Summers）在一场经济会议上的讲话，在学校引发了强烈的反响。他声称，女性缺乏可以在科学领域与男性竞争的才能。哈佛大学召集了两支工作小组来调查女性地位，其中一组关注女性教师，另一组关注科学和工程学领域的女性。[①] 关注女性教师的工作小组通过小组座谈和个别会谈收集信息。机构的数据通过学院来收集。

除此以外，该工作小组研究了同类机构的历史经验，采访了重要人物，找出可以为哈佛大学所采用的基准政策。上述结果由工作小组整合并入小组推荐的最佳方案和基准措施。

作为美国研究理事会理工科女性委员会（CWSE），寻找成功推动女性发展的政策与措施是这一项目的一部分。委员会探访了 4 所顶尖的研究型大学，[②]这 4 所大学都被公认在增加女性教师人数上付出的努力已获成效。委员会不仅试图找到这些成功的措施和方案，还要确定这些大学是如何做的。委员会关注在顶尖研究型大学，旨在应对一个广为流传的观念，即女性科学家比不上男性科学家，并且在教师和学生队伍中增加女性人数会降低学术成就水平。委员会找出了那些已经成功增加女性教师人数并且在一系列包括学术成就的全国排名中质量提升的机构。4 所大学中的一所因在生命科学领域获得进展而被专门挑选出来。[③]

在 2001 年，美国国家科学基金会（NSF）开展了 ADVANCE 计划：即提高女性在学术科学和工程学领域的参与度和晋升机会。[④]这一项目的最早一批获资助机构已有了明显的进步。它们为其他机构提供了可供参照的指导方针，一系列方法以及项目、政策和实施步骤。[⑤]

---

① 参考：Harvard University 2005。
② 参与的 4 所大学要求匿名。
③ 参考：NRC 2006。
④ 关于美国国家科学基金会的 ADVANCE 计划，请参考：http://www.nsf.gor/funding/pgm_summ.jsp?pims_id5383 和 http://research.cs.vt.edu/advance/index.htm。
⑤ 欲了解美国国家科学基金会科学资源数据部 ADVANCE 项目制度改革获奖机构名单和机构各自网站，请参考：http://www.nsf.gov/crssprgm/advance/itwebsites.jsp。为解决女性教员招收上面临的难题，参与 ADVANCE 项目的机构已修订过数个项目：
● 哥伦比亚大学地球研究所在 http://www.earthinstitute.columbia.edu/advance/index.html.网站上为招收程序提供信息，信息涉及机构的项目、子女照料的服务选择，以及终身岗位和提拔程序。（转下页）

在研究结果中,除了各机构自身和数据收集方法上有所差异,我们发现了这些计划的共同之处。我们在接下来的内容中将讨论机构所做出的努力,我们已将它们大致归类为以下几个要点:搜寻过程、对女性造成差异性影响的机构项目、机构或部门中的"文化"问题以及在引导这些举措时机构所起的强大领导作用。

搜 寻 过 程

总的来说,搜寻一个未来的教师人选通常由各系开始。各系归结出它所需要的专业知识,完善岗位描述,同时开展搜寻。然而,这一传统过程使得很多系最终只有很少或者根本没有女性教师。大学可以在搜寻过程中施行措施以提供帮助,必要时予以干预来保证各系能够有较多的教师候选人来聘任。

(接上页)● 乔治亚理工大学在 http://www.advance.gatech.edu/asmdp.html 上公布了经过修改的针对教员工作职责的项目。
- 新墨西哥州立大学在 http://www.nmesu.edu/%7Eadvprog/faculty-dev.htm 上提供项目来培训部门领导。
- 加利福尼亚大学尔湾分校在 http://advance.uci.edu/ 上提供了关于招聘程序的大量信息。
- 密歇根大学安娜堡分校的 ADVANCE 项目小组向各部门搜寻委员会提供了关于开展多样化搜寻的指南。http://sitemaker.umich.edu/advance/STRIDE 有为提高多样化和卓越性的招聘战略战术委员会(STRIDE)发布的信息。
- 华盛顿大学在 http://www.washinton.edu/admin.eoo.forms/ftk_01.html 上提供了为招聘多样化教员的教员招聘工具包。
- 威斯康星大学麦迪逊分校在 http://wisely.engr.wisc.edu/initiatives/hiring/Bias.pdf 上提供了在搜寻过程中避免偏见的信息。

为解决女性教员的留用和晋升问题,参与 ADVANCE 项目的机构已制定了一些项目和计划。
- 各机构可在 http://www.nmsu.edu/~advprog/date&20&%20toolkit.htm 查询 ADVANCE 项目机构数据采集盒以获取关于方法的建议和各类型数据。
- 凯斯西储大学在 http://www.case.edu/admin/aces/coaching.htm 上为女性教员、部门主管和院长提供了教员管理的培训项目。
- 康奈尔大学在该校 ADVANCE 项目网站 http://advance.cornell.edu/#CUADV 上提供了教员招聘、教员发展、状况评估和评测计划。
- 新墨西哥州立大学分别在 http://www.nmsu.edu?%7Eadvprog/mentoring.htm; http://www.nmsu.edu? %7Eadvprog/Leaders.htm 和 http://www.nmsu.edu?%7Eadvprog/promotion.htm 上提供了教员指导项目、领导力发展项目和关于晋升及终身岗位的专题讨论会。
- 科罗拉多大学波尔得分校已指派该校 ADVANCE 项目全部投入领导力培养中,详情请见 http://advance.colorado.edu/ 。
- 华盛顿大学 http://www.engr.washington.edu/advance/resources/Retention/index.html 上提供了教员留用工具包。

增加女性教师的受聘人数要从增加女性申请者的人数入手。为了实现这一目标，有一项建议是：要拓宽搜寻范围而不是缩小范围、将搜寻目标集中化。因为在任何搜寻子范围内，女性人数均比男性人数要少，所以在较大的子范围内搜寻会带来更多的女性候选人。大学可以鼓励各系采用这一方法来拓宽高质量的女性教师候选人队伍。

一个包含了女性的多样化的搜寻委员会能通过拓展人脉关系来甄别未来的教师人选，同时也表明了该大学有决心使自己的教师队伍多样化。

一直以传统方式进行搜寻的教师需要了解其他甄别未来教师人选的方法。提供进行多样化搜寻方法的培训能够有助于引进这些方法并将其纳入全校制度中。这对于很难招聘到女性教师的系来说尤为重要。

机 构 项 目

部分机构项目对女性的影响要大于男性。在这些项目中，最常见的有目标化聘任、双份职业项目、任期延长政策以及子女照料。

目标化聘任

目标化聘任使得人员招聘具有灵活性，可以充分利用到"意外目标"。很多机构施行类似的项目，他们致力于甄别和聘任特定的教师人群，比如女性。然而，这些项目可能会让人担忧。一些公立大学无法合法地根据性别或者种族来进行目标化聘任。还有一些人担心，关注某一确定特点会使得招聘到的人员在水准上比不上以正常方式招到的人员。这一担忧不容小觑，因为人们对特殊聘任会有负面看法，这将给招进来的教师在高校的未来发展蒙上阴影。

为研究这一问题，麻省理工学院对比了通过目标化聘任项目和以正常程序招到的老师，比较对他们二者成就认可的外在形式，例如获得奖项或者被选到享有盛誉的社团中。该校发现，由目标化项目聘任到的教师，他们的成就和正常招聘到的老师成就相当，有的甚至还超过了后者。①

双份职业项目

很多教师面临着一个"二体问题"，因为这些人属于职业相重的夫妻，这通常意味着夫妻双方一定是同时在找工作。这在学术工作职场中是一个难题。一项研究表明很大部分女性学者的配偶或者伴侣也是学者，因此对于女性来说，这一难题可能更甚。

很多大学实行了双份职业项目来解决这一问题。一开始这些项目普遍开展于偏远地区的大学，这些大学由于周围的招聘机会相对有限，导致很难招聘到教师。然而，随着在学术界职业相同的夫妻人数增加，这些项目发展到了其他城市地区。加利福尼亚的大学和学院为解决加州北部和南部地区的这一问题已结成了两组不同的联盟。

哈佛大学的工作小组建议，以加州联盟协议和一项在新泽西州的类似联盟协议为参照，确立了一项关于在波士顿和马萨诸塞州地区聘用教师的联盟协定。

任期延长政策

当有的教师有更多家庭责任要承担，例如要生育或领养子女或照料身体欠佳的家人时，许多大学采取了延长任期的政策。这可以提供给教师一段时间减量的教学任务，并且保证申请了延长的这一年不包含在考察教师申请终身岗位的任期文件里。

然而女性在使用这一政策时并不能一直这样。一些女性担心申请延长任期会使得她们会被认为是在要求特殊待遇。一些机构发现事实也的确如此。②

比如，普林斯顿大学在对自然科学和工程学领域的一份调查中发现，在一段选定时间范围内七个延长任期的申请有六位是来自男性。在这一期间，尽管女性

---

① 参考：MIT 2006.
② 参考：Bhattacharjee 2004.

教师占到整个初级教师队伍的近 1/4，但不足 15%的女性教师接受了延长任期。[1] 此外，一份对教师的调查发现，更多女性教师倾向于认为延长任期不利于她们的职业生涯。为避免这一问题，普林斯顿大学使得批准护理假期与延长任期相结合。[2]哈佛大学的工作小组建议采取与此相同的政策。[3]

有教师担心，延长任期的一年不会被职位晋升和被终身职位委员会排除在考核因素外，而且延长了任期的教师会处于不利地位。在这一点上，机构起着重要作用，它们要保证全校在任期文件的考核问题上是一致的，所有情况都将谨遵机构的政策。

子 女 照 料

基本上所有机构都解决了照料子女这一问题。每个机构解决的途径各不相同。在大学中，很多都通过由校方管理的中心来提供在校子女照看服务。但是 CWSE 发现，多处在校子女照看中心仍不足以满足一所大学的需求。而且，单单一个机构可能无法满足照料子女的数量和多样化需求。

为了在满足不同类型子女照看需求上提供灵活性，许多大学提供了子女照料费用的经济福利而不是提供在校的照看服务。这种灵活性非常重要，尤其是对要求建立在校子女照看中心这一持续申请被州立法机构拒绝的公立研究机构来说。根据对哈佛校园周边地区现有的子女照料所需花费的调查，哈佛大学的工作小组建议要增加用以照料子女的经费支持。

文 化 问 题

上述提到的项目可能需要大量资源。CWSE 发现，有一些低成本的措施可以

---

[1] 参考：Princeton University 2003.
[2] 参考：Bhattacharjee 2005.
[3] 参考：Harvard University 2005.

给教师和机构提供很多好处。这些措施,可被称作部门文化问题,为大学应对由学术界特殊性引发的挑战提供了方法。

对任期政策和程序的认识

虽然可能机构的任期政策和程序很明确,但更重要的是大学要保证初级教师对此要十分了解。然而在许多机构,事实并非如此。为避免任期程序引发的漏洞,机构应该通过公开和广泛宣传相关信息确保所有在任期上的教师清楚地知道正式出台的任期政策以及获得终身职位所需达到的标准。

同样重要的是要确保教师清楚知道系内任期的非官方准则。重要的是要让初级教师清楚知道,他们的表现中哪些部分会比其他部分受到更多衡量,以及某一领域存在重大不足的任期文件很可能会带来麻烦。

教师指导或教师咨询委员会

一些系部坚持通过委任一个正式的指导或咨询委员会来确保初级教师队伍能令人满意地朝终身职位教师发展。该委员会定期与女性初级教师会面来检查她朝终身职位教师发展的情况。在系部中,这一程序在几年后从很多机构采用的正式检查程序中分离出来。

对超额工作需求的保护

为系和机构效力是教师工作中不可缺少的一部分。多数大学十分希望其委员会能拥有多样化的成员。如果在一个机构中几乎没有女性或者少数族裔教师,那么个人将会收到铺天盖地的工作请求,让他去为多个委员会工作。

当生命科学领域有更多的女性教师时,任何一位女性教师超负荷承担委员会工作的情况就不太可能出现。然而,如果工作需求将占据过多的研究时间,那么避免使个人收到过多工作请求就很有效了。尤其对于女性教师而言,她们会发现当要求她们工作的人是一位高级行政人员时,要拒绝为委员会工作会有困难。因此,必须要审慎地对教师提出工作请求。

需要注意的是,为一些重要的委员会工作对于职位的晋升很有益处,因此避免使个人受到工作的干扰就需要达到一定的平衡。普林斯顿大学发现,相对女性,更多男性在系内收到了为重要委员会工作的请求,这一点对女性教师是不利的。[1]

教 学 任 务

对教师发展会产生重大影响的一个方面在于教学任务。课程进展需要教师投入大量精力,这会占据投入研究工作的时间。对一名正在建立实验室同时开展研究项目的助理教授而言,对其教学的需求意味着要挪用大量用于研究的时间。这会降低教师发表研究成果的效率。这在考虑教师的终身职位时是一个不利因素。应当鼓励系主任通过限制课程任务的轮班将该影响降到最低。

工作满意度更低

整体来看,女性教师对自己工作的满意度更低,甚至在她们感觉得到了公平的补偿或者被分配到同等资源之时仍是如此。[2]这一发现的原因之一可能是在系内部,女性教师处于孤立或者边缘化状态。CWSE 了解到,在一个机构中处于孤立状态是那些在成为终生职位教师之前离职的女性教师给出的主要原因。

边缘化问题在麻省理工学院的教师报告中已明显得到了解决。该报告列举出了麻省理工学院理学院男性与女性教师之间存在的悬殊差距。[3]女性教师列举出了在部门内部存在的边缘化问题和对她们所做贡献的削弱。许多大学已努力通过建立支持女性人际网络来应对孤立问题。此外,学校通过在学校文件中凸显女性教师的成就以表示对她们的正式认可。

---

[1] 参考:Princeton University 2003.
[2] 参考:Princeton University 2003.
[3] 参考:MIT 1999.

机构的领导作用

可能所有计划的最大共同之处就在于机构强大且显著的领导力在提升女性教师地位中的重要作用。这种领导力体现在机构所采取的措施和提供的资源上。

机构对数据的收集和检查对于所有的努力都至关重要。数据收集有助于机构衡量它们对提升女性教师地位的付出和投入是否有成果。它还有助于识别出成功和失败、障碍和瓶颈。对整个机构范围的数据收集和研究能保证有意义的比较，并能更好地确定机构资源是否得到恰当使用。

这些研究发现，机构层面的检查对取得全面成功至关重要。例如，在搜寻过程中，学院院长级别的检查有助于确保更多样化的教师候选队伍。此外还有其他好处。有一所大学发现，在搜寻过程的早期阶段，院长的检查能有机会获取到额外的资源，并能激励教师候选人。另一所大学发现，院长的检查能保证更好的通力合作去发现多样化的教师候选人，且能保证更有力的搜寻工作，带来高质量的候选人。

机构采取的措施，例如在实行全校范围的项目时，能十分有效地确保这类项目如期开展，这样一来可同时惠及教师和机构双方。

生命科学领域的前景

对于生命科学领域来说，也许在所有报告和检查中最重要的发现是，即使该领域有较多未来能成为教师的人选，增加女性教师人数仍需要各方的长期共同努力。由于在生命科学系里更容易看见女性——她们中有学生、技术人员、博士后学者和教师，这样我们也许更易做出推断，即女性能和男性晋升得一样快。

在生命科学领域增加对女性教师的聘任、留用和提拔是没有单一途径的。机构会发现，那些在其他学校获得成功的计划可能并不适用于自身。同时还可能发现那些其他机构以失败告终的努力会在本机构获得成功。这里讨论的所有项目的共同之处在于机构高层强大的领导力、一个真正致力于提升女性教师地位的校园社会及有决心去采取会带来深远变革的行动。

第十四章

在工程领域吸引和留用女性
——塔夫茨大学的经验

琳达·阿布里奥拉（Linda Abriola）
玛格丽·戴维斯（Margery Davies）

在美国，工程领域一直以来是以男性居多这样的情况还将持续下去。近年来，大约5名博士学位获得者中有1名是女性。正如美国国会委员会关于提升科学、工程学和科技发展领域中的女性和少数族裔小组所指出的：

> 如今，我们国家比以往任何时候都更需要培养所有美国公民科学和技术方面的才能，不仅只培养那些一直在SET（科学、工程学和科技）领域工作的人群。女性、少数族裔以及身体有所缺陷的人现在构成了超过2/3的美国劳动力。很明显，当美国经济需要更多SET领域的工作者时，大量的未来工作人群却一直被隔离在SET的职业之外。[①]

工程学领域女性人数的相对缺失也使得工程学领域缺乏转换思考问题的角度和寻找其他解决问题方法的可能性，并且这也限制了女性的工作机会。[②]（见表14.1、表14.2。）

[①] 参考：Congressional Commission on the Advancement of Women and Minorities in Science, Engineering and Technology Development 2000, 9.

[②] 关于性别和科学/工程学的讨论，参考：Schiebinger 1999; Xie and Shauman 2003。

表 14.1 女性占获得工程学学位人数的百分比

学位 \ 年份	2001	2002	2003	2004	2005
塔夫茨大学					
本科学位	23.2（194）	30.1（193）	33.3（195）	—	26.8（164）
硕士学位	45.1（91）	31.7（120）	31.7（123）	32.5（160）	21.9（155）
博士学位	50.0（10）	63.6（11）	35.0（8）	55.6（9）	50.0（8）
所有工程学院					
本科学位	20.1	20.9	20.4	18.2	19.5
硕士学位	22.1	22.2	22.3	21.9	22.7
博士学位	17.0	17.3	17.4	17.8	18.3

资料来源：美国工程教育协会（American Society for Engineering Education，2006）。
备注：获得学位的总人数标注在圆括号内。

表 14.2 工程学领域女性教师比重

	所选学科内					
	排名前 50 的部门			塔夫茨大学工程学院		
学科 \ 职称	助理教授	副教授	正教授	助理教授	副教授	正教授
工程学	16.94	11.17	3.68	50.0（8 位中占 4 位）	6.3（16 位中占 1 位）	8.0（25 位中占 2 位）
生物医学	—	—	—	100.0（1 位）	0（3 位中占 0 位）	25.0（2 为中占 0 位）
化学	21.38	19.19	4.37	0（2 位中占 0 位）	0（2 位中占 0 位）	25.0（4 位中占 1 位）
土木学	22.26	11.50	3.52	100.0（1 位）	0（6 位中占 0 位）	14.3（7 位中占 1 位）

续表

所选学科内					
排名前 50 的部门			塔夫茨大学工程学院		
职称 学科	助理教授	副教授	正教授	助理教授	副教授	正教授
电子学	10.86	9.84	3.85	50.0（2位中占1位）	33.3（3位中占1位）	0（4位中占0位）
机械学	15.65	8.89	3.17	50.0（2位中占1位）	0（2位中占0位）	0（8位中占0位）
计算机科学	10.82	14.41	8.33	0（3位中占0位）	42.9（7位中占3位）	100.0（3位中占3位）

资料来源：Handelsman et al.，2005；AS&E Office of Diversity Education and Development，2006。

*关于教师的数据来源于每一学科同列排名前50的部门，这一排名是由NSF根据该学科研究经费的支出得出。关于教师的数据从2002年起算。

**关于塔夫茨大学工程学院教师的数据来源于教师留任群组研究（Faculty Retention Cohort Study）。数据从2005年10月起算。

表14.1和14.2中呈现的数据来自马萨诸塞州梅德福地区的塔夫茨大学工程学院（SOE）。这些关于工程学领域女性的数据看来和美国平均水平有很大不同。

在2005年，全美工程学院中女性占到获得学士学位人数的19.5%，而在塔夫茨大学女性占获得学士学位人数的26.8%。塔夫茨大学工程学院不仅招收和留用女性本科生，她们的学术表现也很出色——平均来看，要比男性学生更好。结合2001年到2005年的五个毕业班来看，女性占973名毕业生总人数的29.1%。她们的平均绩点（GPA）为3.30，高于男生的平均绩点（GPA）3.24。

除了拥有女性本科生就读人数和女性学术成就的极佳纪录，塔夫茨大学工程学院在教师留任上也有着极佳纪录。在1990—1991学年（AY）至2004—2005学年间，所有受聘于工程学院的终身职位教师有40.5%（42位中有17位）是女性。为考察留任情况，我们选择了从1990—1991学年到1998—1999学年这几年。在那一时期所有受聘的教师均已在塔夫茨大学任职很久了，且都能完成终身职位的考核。在那 9 年间招聘的 19 位教师中，部门留用了 50%（8 位中的 4 位）的女性教师和 64%（11 位中的 7 位）的男性教师。从 1999—2000 学年至 2004—2005 学年间招聘的 23 名教师中，有 9 位是女性。这些女性教师中有 3 位已经获得终身职位，其余几位仍在塔夫茨大学工作。在同一时期，有 14 位男性受聘，其中 12 位仍在塔夫茨工作，12 位中的 3 位已取得终身职位。[①]

塔夫茨大学工程学院的管理部门中女性也有很高的比重。2003 年，曾任职于密歇根大学的琳达·阿布里奥拉（Linda M. Abriola）被任命为工程学院的院长。在她赴职之时，阿布里奥拉是一级研究型大学（根据美国卡内基高等教育机构分类法的排名）中少数女性院长中的一员。工程学院的管理层，包括了在全院承担不同工作角色的最高级管理人员，其中 40%为女性（10 个人中有 4 个）。

塔夫茨大学不是唯一一所在招收和教育女性上有着高于平均水平记录的工程学院。2005 年，从一些其他机构中持有学士学位毕业的女性人数比重同样可观：耶鲁大学（54 人中的 41%）、普林斯顿大学（181 人中的 36%）、麻省理工学院（593 人中的 35%）、布朗大学（66 人中的 35%）、加州理工学院（96 人中的 33%）、宾夕法尼亚大学（349 人中的 30%）、华盛顿大学（309 人中的 29%）、加利福尼亚大学伯克利分校（776 人中的 28%）、哈佛大学（93 人中的 28%）以及斯坦福大学（388 人中的 27%）。[②]塔夫茨大学是如何成功成为这些超平均水平机构中的一员的呢？下面我们将分析可能使得塔夫茨大学成功提升不同水平的工科女性比重的政策和学术氛围因素。

塔夫茨大学的环境：一片在工程学领域招聘和留住女性教师的沃土

塔夫茨大学是一所小规模的私立院校，卡内基分类法将其列为"博士/研究广

[①] 参考：AS&E Office of Diversity Education and Development 2006.
[②] 这些数据来自 2006 年，是使用美国工程教育协会（American Society for Engineering Education）的数据挖掘工具收集到的。

博型大学（Doctoral/Research Extensive）"或称"一级研究型"大学。该校在三个校区招收了约 4 800 名本科生和 3 700 名研究生。成立于 1898 年的塔夫茨大学工程学院坐落于梅德福校区，它共有 5 个工程学系（生物医学、化学与生物学、土木与环境、电子与计算机、机械学），此外还拥有计算机科学系和塔夫茨大学戈登工程管理学院。工程学院支持 14 项本科学位项目，其中包括已获 ABET, Inc.（工程技术评审委员会的前身）认证的计算机科学、化学、土木学、计算机学、电子学、环境学以及机械学的科学项目学士学位。2006—2007 学年，工程学院授予了 174 个学士学位、146 个硕士学位和 11 个博士学位。学院大约有 95 位全职和兼职教师，其中超过 65 位已准备聘任终身职位或已经获得了终身职位。工程学院侧重跨学科的研究和教育项目，其中包括与塔夫茨大学其他学院一起合作的一些双学位项目。学院还特别注重对工程领域领导人的培养（关注在沟通能力、跨学科的技术准备、管理技巧、全球化和技术的社会影响）。

塔夫茨大学工程学院获益于与人文科学学院的紧密联系。工程学与人文科学之间长期以来的紧密关系为工程学领域招收女性产生了一系列深远影响。本科生能够很容易在人文科学（A&S）和工程学之间转换专业。当学生在这两所学院间跨院注册或者转专业时资金无须转移，因此也不会有体制上的诱因让行政部门去阻碍学生到另一学院上课。此外，一些工程学院学生的必修课程是由人文科学系教授所讲的。两所学院之间额外的合作已通过双重专业得以确立。最后，但绝不是最重要的是，两所学院位置上离得很近。这样的结构为两所学院创造了非常具有渗透性的界限，这给所有学生都带来了好处。

这些可渗透的界限意味着工程学院不是孤立存在的，因此也不太可能会出现男性在技术上占优势的一种排他文化。

工程学院和人文科学学院的本科生能到邻近的学院上课并与该院的学生和老师交流。这一便利产生的结果之一是，工程学院的学生辍学率几乎为 0。这意味着，从工程学院转院到人文科学学院的学生人数基本等同于从人文科学学院转到工程学院的学生人数。比如，在 2005—2006 学年，有 24 名工程学院的本科生（其中有 6 名是女性）转院到人文科学学院，同时有 22 名人文科学学院的学生（其中有 7 名是女性）转院至工程学院。

这两所学院间的紧密联系已扩大到学生生活的各个方面。来自工程学院和人文科学学院的本科生们在学校住宿、学生组织、学生服务等各方面都已完全互通。这使得两所学院的学生能互相了解，同时有助于双方的行政人员和教师了解两所学院的动态和教学情况。两所学院共享同一间入学办公室、本科生教育办公室，由同一位教导主任负责，还有同一间助学金办公室，等等。

同样，教师也能很容易地交流融合。工程学院和人文科学学院多年来在人文科学与工程学联合学院（AS&E）统一下的融合带来的结果是：两所学院在对教师的管理上有很大部分是合并在一起的，包括咨询委员会成员以及职位晋升和终身职位委员会成员。一所学院的教师到另一学院的部门兼职是很常见的。

另一个重要的学术氛围因素是：塔夫茨大学行政部门的高层在将女性提拔至高层职位方面有很大投入。现在八所学院的院长有四位是女性（分别在工程学院、弗里德曼营养科学与政策学院、赛克勒生物医学科学研究生院和卡明斯兽医学院）。一些高级行政人员也是女性（学校负责外事的副校长、负责人事的副校长、负责信息技术的副校长、副教务长以及首席投资官）。这有助于在全校营造一种包容的氛围，同时传递一种信息，女性的能力和成就在塔夫茨大学，即使是在一些一直以来由男性占主导地位的领域中，也都是得到认可的。

工程学院和人文科学学院的融合为塔夫茨大学的工科女性提供了支持性环境。工程学院的女性不是被隔绝的。学生和教师均享有充足机会去了解人文科学学院的女性并从她们那里得到帮助，反之也同样如此。学生在学术方面能在两所学院之间流动这一便利已为人所知。如果女性学生无法直接在工程学院里找到互助小组，她们可以在由人文科学与工程学联合学院（AS&E）提供的一体化结构中找到很多去处。

大量来自工程学院教师的事例显示，工程学院的教师将他们与其他学院的教师和行政人员的联系视作是支持的重要来源。例子之一来自计算机科学的一位副教授所写：

两所学院已有数位教师提议要以提升女性在学术科学和工程领域职业中的比重和地位为目标。在涉及几位教师的多年提案中，有两项类似的项目已得到资助。我们已经取得了一些意外的惊人成果。跨学科的技术研究讨论很常见（例如，来自计算机科学领域的一位女性教师和来自数学系的一位女性教授关于单片感应器模型创建的讨论。一名计算机科学领域教授的学生也会经常向数学系教授寻求技术建议），不同学院的教师之间已建立了新型的友好关系。高级女性教师和初级女性教师之间已发展出非正式的师徒关系。①

招收和留住学生

本科生招生联合办公室在招收和准许女性进入工程学院就读中起着重要作用。招生办主任如此谈到他们所做的努力：

> 工程学院的女性是我们招收和择生工作的目标群体。虽然我们在招收方面没有什么针对她们的特别项目，但我们积极主动将女性纳入我们对工程师学业能力倾向初步测验调查的参数中，将女性作为我们市场推广工作中的重点，并且我们的工程学在做招生决定时也将性别因素考虑在内。②

除了本科生招生办公室的努力，塔夫茨大学的电子资料和印刷资料都意在对工程学院中不同水平的女性做出描述。

一旦学生们进入工程学院学习，他们所受的教育和所经历的许多方面都可能会带来高留校率。与人文科学学院联合实行的两项工程学院项目——计算机科学、工程学和数学奖学金（或叫 CSEMS）和"第一学年奖学金获得者"项目，它们的目标包括增加工程学领域和理科中女性的人数以及少数群体人数。

CSEMS，最初于 2002 年受国家科学基金会（the National Science Foundation）资助，为在塔夫茨大学攻读计算机科学、工程学和数学学位且有经济需要的一、二年级的优秀学生提供奖学金。在这群人中，女性以及少数族裔得到了优先考虑。

---

① 参考：Soha Hassoun 与作者的邮件交流，2006.
② 参考：Lee Coffin 与作者的邮件交流，2006.

参与项目的学生通过每周与研究教师、学业顾问、学生导师或学术资源工作人员的会面来接触教师，以便教师了解研究生的科研情况，对其进行学习方法的指导。这一项目为每个班级平均 28 名学生提供奖学金。塔夫茨大学额外给予了财政资助来优化项目的运行。

"第一学年奖学金获得者"项目于 2002 年启动，该项目全部由学校资助。这一项目为达到了某些合格标准（例如，是家中第一代上大学的学生；来自低收入家庭；来自教育水平欠佳的高中）的学生提供机会，让他们能提早到塔夫茨大学参加两门暑期课程。这一项目帮助这些学生快速进入课业学习状态，同时提供了一个有利的环境让学生能熟悉新环境。该项目每年招收 12~18 名学生。自实施该项目以来，已有 63 名学生参与到该项目中；其中有 28 名是工程学院的学生，28 名中又有 21 名是女性。

有证据显示，致力于为实际问题寻求解决方法的项目尤其能吸引女性。许多女性倾向于回避工程学中涉及的资料看起来过于抽象或者过于技术化的课程。（Flora and Cooper 2005，19）。而塔夫茨大学工程学院正式课程的一些方面以及它的课后活动恰恰提供了涉及实际问题的内容。

在工程学院的第一年，本科生们必须上来自两个不同系的两门半个学分的工程学导入课程。这些课程的大纲包括了实质性的内容，如课题和其他一些实际动手操作的活动。如此一来学生们能迅速了解日后在工程学课堂上接触的那些更为抽象化资料的实际应用。塔夫茨大学的教师也同样建立并支持工程学"学院"课程。这些课程同时招收低年级和高年级的工程学学生，让他们与导师和非工程学学科的学生合作，组成多学科小组，来负责解决某个特定领域中的问题。在学院项目中，学生们学习在团队中工作，为客户设计，解释数据，讨论交流各自的研究发现以及解决实际问题。机器人制造学院将儿童发展专业与机械工程师、电子工程师和计算机科学家相关联来设计和建立下一代的机器人制造学。自该项目于 2002—2003 年开始以来，参与的 40 名学生中有 17 名是女性。乐器工程学院汇集了音乐家和工程师，来设计、制造、改良一样乐器并谱曲来由它演绎。"将工程师引入新学科"项目让工程师与心理学和营养学的学生和导师合作来致力于找到研究肥胖问题的更优途径。

工程学院的各种课外活动同样有助于吸引并留住女性。像大多数工程学院一样，塔夫茨大学有一个活跃的女性工程师社团分会，它是官方的、受资助的学生组织之一。同时，塔夫茨大学也有许多非传统的课外机会。女书痴（Nerd Girls），是由一位电子与计算机工程学的女性教师构想和建议而建立的组织。该组织将女性学生招入旨在展示她们的才干、多元化背景和工程技能的项目中。[①]每年，Nerd Girls 团队项目的开展是由本地的专业工程师和塔夫茨大学工程学教师担任顾问。过去几年间的项目包括了组建一辆高效能的太阳能发电汽车、设计并安装一个太阳能系统来运行马萨诸塞州罗克伯特附近的撒切尔岛上两座灯塔中的一座。还有一个课外活动的例子，工程外展中心（the Center for Engineering Education Outreach）赞助了数个项目，让从幼儿园到 12 年级（K-12）的学生和老师有机会能直接接触到工程学院的学生，包括男生和女生。这些项目有助于激发处于大学前期阶段的学生对工程学的兴趣，为教师提供职业发展，也给工程学的本科生和研究生带来了教学、指导的实践经验，让他们能清楚表达自己对该领域感兴趣的原因。在塔夫茨大学，还有一个活跃的"美国无国界工程师"组织（Engineers without Borders USA）分会。这是一个非营利性的人道主义组织，成立的目的旨在通过与世界各地的发展中国家合作来提高这些地区的生活质量。塔夫茨大学的分会由两名女性学生成立，现有成员约 50 名学生，已将 16 名学生（其中 10 名为女性）派送到暑期驻地项目中。工程学院的教师担任学生团队的导师。

在 2005 年秋天，工程技术评审委员会在最近一次对塔夫茨大学的鉴定访问时，鉴定小组"对工程学院在本科生指导工作上的质量尤为称赞"。[②]本科生教育的副院长百分百致力于为工程学院的学生提供建议。现任的副院长性格温和，关爱他人，受到了众人爱戴。她给予学生个体的密切关注与工程学院中对本科生的指导结构，即教师同时指导分专业前的学生和工程学专业的学生这一结构相辅相成。这一指导结构确保了对学生更高的个人关注度。工程学院高于平均水平的女性教师比重也能对女性学生的留用产生积极影响，因为女性教师经常担任正式和非正式的导师。她们也让学生们看到了工程学领域女性的模范实例。除了指导项

---

① 参考：http://www.nerdgirls.org.

② 参考：Abriola 2007，4.

目以外，工程学院有一名专职人员，其主要职责是安排并监督工程学院学生的实习。工程学院还有一名对外关系主管，负责建立与工程学院校友和当地企业的联系并组织校园招聘会和毕业集会。目前，两名职员均为女性。这也是另一个可能有助于留住工程学院女性学生的因素。所有这些联系人日后都有可能成为学生的导师。

教师的招聘和留用

在塔夫茨大学工程学院，已准备聘任终身制职位或者已取得终身职位的教师中有21%是女性。女性构成了36%的助理教授（11位中有4位）、17%的副教授（23位中有4位）和18%的正教授（28位中有5位）（见表14.2）。我们希望这些数字能有所攀升，它们现在超过了全国平均水平。这一结果是通过努力才取得的。至少从20世纪90年代的早期开始，工程学院就一直重视增加女性教师人数并给予资源。

支持聘用女性的积极行动负责人（AOO）玛格丽·戴维斯（Margrey Davies）同时为工程学院和人文科学学院工作，她在教师招聘中起着关键作用。为了突出多样性的重要，工程学院和人文科学学院并没有将这些职责额外增加到现存的全职岗位上，而是在1996年为两院开设了一个半工半薪的职位——AAO来专职负责。在一学年的开始，AAO与全体搜寻委员会的委员会面，回顾工作流程，强调扩大搜寻范围以搜寻到多样化应聘者的重要性。工程学院的院长和AAO会非常仔细地监管搜寻教师的所有步骤。在招聘过程中，某些时刻，部门则需要在得到院长和AAO的批准后方能被允许进行到下一个阶段。下文会简要说明这些时刻。

提议的职位公告会被仔细审核来确保公告中的要求不会存在过分限制的条件从而减少符合要求的人数。部门受到强烈鼓动，不仅将它们的职位公告放到常规的学科招聘信息表中，同时，还要放到面向多样化受众的招聘信息表上，例如女性工程师协会（the Society of Women Engineers）、全国黑人工程师协会（the National Society for Black Engineers）等。然而，全部要靠职位公告是不够的，搜寻委员会还需要扩大搜寻范围。AAO 会给部门提供可以有助于找到多样化应聘者的联系人文件，也会在每位搜寻委员在寻求他人帮助遇到问题时与他们商议。所有这些职位招募工作和扩大搜寻范围工作不仅是为某一职位做宣传，也是为塔夫茨大学营造出一个形象，即我们很重视吸收多样化的应聘者，因为我们希望能有一支更加多样化的教师队伍。

工程学院和人文科学学院的教师搜寻工作没有申请的截止时间，但是有"审核申请"的开始时间，在这之后就开始了筛选程序。明确的申请截止日期早在 10 多年前就被取消，这样一来就能将时间范围最大化来进行扩大搜寻范围的工作，并且能确保在后续阶段出现的有希望成功的候选人不会因任意的截止日期而被排除在外。在搜寻委员会做出"第一轮筛查"的决定后，他们必须暂停工作，把结果交给院长和 AAO 检查，在这之后工作才能继续下去。成功通过"第一轮筛查"的应聘者的名字在"初选名单"上。搜寻委员会需要提交全部应聘者以及那些在"初选名单"中的应聘者的人口统计数据。委员会还必须完成一份关于扩大搜寻范围的问卷调查，在上面详细说明他们所做的扩大搜寻范围的工作。这能让院长和 AAO 了解委员会扩大搜寻的程度，应聘者整体情况的多样性以及初选出的应聘者的人口数据与全部应聘者人口数据之间的可比性。如果应聘者整体情况不够多样化，或者搜寻委员会未能记录很多扩大搜寻的工作，委员会将被要求重新工作，再去努力扩大搜寻范围。例如，在一次最近的搜寻中，应聘者总人数中没有女性，并且扩大搜寻范围的问卷调查显示出职位公告仅被放在了常规的学科招聘信息表上。该部门直到后来给出了大量扩大搜寻工作的记录以后才被允许能继续到搜寻工作的下一阶段。

从好的方面看，一些搜寻委员会在没有被要求的情况下已开展了广泛的扩大搜寻工作。正如计算机科学部门的现任负责人在总结其颇有成效的扩大搜寻范围的方法时所说：

① 拜访其他机构中备受器重的教师。② 不管你是否曾见过他们，向他们致电。③ 为你需要找人填补的空缺职位定位。只有在给某一具体职位定位后，你再向这些教师索要候选人。④ 在他们给你一份名单且你把所有的名字

都记录下来以后,(也只有这时候)你才能说你在尽力寻找尽可能多样化的候选人。并且询问他们是否有可以推荐的真正优秀的女性或有色人种人选。再记录下这些人选的姓名。然后询问这些教师,在所有这些候选人中,谁是他们认为最有潜力胜任这一职位的。⑤ 他们往往对第二梯队中的某一候选人的评价要高于第一梯队的人。⑥ 会有很多线索需要你去努力争取,坚持下去。⑦ 你要亲自和这些候选人取得联系。去聆听对他们而言什么是真正决定性的因素。不要把他们一开始说的"我不感兴趣"作为结论。要去找出他们认为自己不感兴趣的原因、能使他们变得感兴趣的东西以及这些东西是否有可行性。⑧ 你得乐于去给很多你素未谋面的人和不认识你的人打电话,并且为你需要去找人填补的职位定位。①

作为这些办法有效性的佐证,2003—2004 年,计算机科学领域的搜寻招聘到了 4 人——其中有 3 人是女性。

一旦通过了初选名单,搜寻委员会就可以进行到下一步骤,即推荐候选人进行校内面试。同样,院长和 AAO 会非常仔细地审核这些被推荐到面试环节的人员名单。他们会经常询问搜寻委员会推荐该候选人的原因,或者他们会要求查看所有初选名单上候选人的申请表,这样他们能仔细进行非常重要的"二次筛选"。院长和 AAO 有时会拒绝面试一个看起来实力不够的候选人,并且要求部门去面试一位女性候选人或者具有明显潜力但是来自代表不足的少数族裔女性候选人。

在校内面试被批准后,院长和 AAO 试图确保搜寻委员会做其力所能及之事来让面试候选人感觉在塔夫茨大学受到欢迎。如果合适的话,候选人还应与聘用的系之外的潜在合作者和学院进行接触。如果候选人是一位女性,来自工程学院其他部门的女性教师会经常被邀请至非正式的招待会、饭桌上或者参加面试讨论会。当候选人到校参加面试时,他们通常会与院长会面。

最后,院长会与系主任商议,谈一谈她对候选人的印象。随后系里会将其推荐的职位候选人交给院长和 AAO。两人会进行商议并决定是否同意聘用此人或者

---

① 参考:Diane Souvaine 与作者的邮件往来,2006.

是否有需要与部门进行讨论。系里的推荐意见一旦被通过，院长就接手后续工作，提供候选人职位并与其进行工作事宜的磋商。

很明显，塔夫茨大学的教师搜寻过程和某类部门有很大不同。这类部门会告诉院长，目前部门正计划向候选人 X 提供职位，实则和该候选人口头要约提供职位（有法律约束力），并想敲定部门能提供的工资和初始阶段费用。在塔夫茨大学，院长和 AAO 密切参与到工程学院教师搜寻工作的每一阶段。两人的工作付出和决定对于结果起着重要影响。此外，这些具体的工作步骤加强了这样一个认识，即院长和 AAO 着实注重搜寻过程中发生了什么。这有助于提醒部门时刻记着当他们在做拓展范围的工作和在做选择时要注意候选人的多样化。

值得一提的还有塔夫茨大学在教师招聘过程中其他的一些方面。工程学院一向非常乐意招聘、雇佣那些不是遵循"常规"学术职业途径的候选人或者来自政府或从事其他行业的人。这使得在近几年招聘的教师中有很多是女性。我们也一直很乐意通过"加倍付出"来招聘候选人或在提供职位方面积极地反馈。我们一直鼓励向院长来电、来校回访、有竞争力的启动资金、启动日期的灵活性、一个与人文科学学院共享的过渡性住房供给项目，并提供其他一些非正式的帮助，如住房供给和提供关于学院和本地服务的信息、提供给"随行配偶或伴侣"的工作建议。所有这些措施都有助于塔夫茨大学成功找到职位候选人。在情况允许时，尤其是如果能有助于使教师群体多样化，工程学院一直以来也愿意聘用某一次搜寻时搜寻到的两个人。如果一个部门发现了一位出色的未来教师且他对来塔夫茨大学工作抱有兴趣，我们也有针对最佳时机招聘的建议。教务长在这一方面是能帮得上忙的，而且在使教师群体多样化上，塔夫茨大学的全体行政人员也准备好了要"拿出实际行动"。

工程学院的一些政策和项目为初级教师争取终身职位提供支持。阿布里奥拉（Abriola）院长已发起一项新的针对全体教师雇员的课程工作量的政策：名义上，工作量是每年 3 门课程。所有新聘的教师在第一年工作时教授 2 门课程（虽然有时这会根据部门情况灵活延长到工作的头两年）。在阿布里奥拉（Abriola）到任以前，名义上所有新聘教师的工作量是每年 4 门课。一项初级教师的假期项目给了教师在他们终身职位试用期间时长达一个学期的有保证的有薪假期。这通常和补助金或者学术奖金（其中有些是由塔夫茨大学资助）是联系在一起的，这样初级教师能有一整年的时间完全投入研究中。

工程学院还有一项导师项目。该项目给每一位新教师分配两位导师——其中一位来自该教师所属的部门，另一位来自该部门之外。项目的理念是，前一位导师能够在学科事宜上提供适当的指导，而后者能给予更多关于职业和个人发展方面普遍问题的建议。院长每个月还为学院中未得到终身职位的教师组织一次午餐联谊会。院长与所有初级教师每年都会进行单独会面。上述两项措施能让院长更好地了解教师并且能亲自评估他们的进步。除了这些非正式的检查措施，所有初级教师必须在他们工作的第三年和第四年接受部门和院长的审核。这一审核就是正式的并且是要记录下来的。可以理解所有这些审核过程会给初级教师带来焦虑，但它们确实为教师提供了一个体系，让他们能获得关于自己工作表现和进步的正式反馈，并且有助于减少教师处于隔绝状态的现象。

塔夫茨大学为自己学校怀孕生育的女教师提供3个月的带薪产假。学校还除去性别因素或者不管是否该新生儿是领养的还是亲生的，对所有父母提供4周的带薪陪产假或收养假。工程学院和人文科学学院还有一项针对主要看护人的政策。在该政策下，声称自己是孩子的主要看护人的教师可以将自己的终身职位任期暂停一年。在终身职位试用期内有两次机会可以进行终身职位任期轨道的暂停。虽然男性教师使用了陪产假或收养假以及主要看护人终身职位任期轨道的暂停福利，但公认的事实是：这些政策的实施对全体女性教师更具吸引力。对于工作和家庭平衡问题的认识——塔夫茨大学尝试营造这样的氛围：认可且支持那些努力去平衡工作和家庭的人，这样对女性更有吸引力。

最后，为工程学院女性教师提供的非正式性帮助能对她们拥有愉快的经历产生巨大作用。工程学院和人文科学学院在教师层面的一体化意味着工程学院的女性教师有很多机会去认识人文科学学院中那些能给她们提供建议、成为朋友的同事。工程学院几位女性高级教师通过直接的帮助和以身作则树立了榜样，对一些女性初级教师的职业生涯产生了强大的影响。例如，在一个部门，新招聘进来一位女性高级教师能对一位觉得自己的职位处于隔离状态的女性初级教师带来帮助。女性高级教师会找她的女性初级同事进行轻松的交谈，聊聊关于打造成功的学术职业生涯过程中需要优先考虑的事情和要做的选择。这一非正式的指导使得女性初级教师在其时间分配方式上发生了实质性的改变，也使其相当成功地使自己在研究和工作上付出的努力赢得了他人的关注和支持。

一些系一直以来为面临着事业和家庭平衡问题的教师提供着有利的环境和实质性的帮助。对于自身或者子女有非常严重身体疾病的教师，他们的同事代替他们上课、系主任和院长减轻了他们的教学工作量且系主任免去了他们所有的委员会工作。这些学院层面帮助和关心教师的实例在工程学院的几个系形成了一个备受教师好评的氛围，这样的氛围也被视为是有价值的——因为它是教师留任时的一个重要因素。

塔夫茨大学跨越式发展的启示

塔夫茨大学工程学院在女性学生和女性教师的招收及留用上有着高于全国平均水平的数据。其原因可能是工程学院与人文科学学院全方位的紧密结合以及工程学院案例研究中列出的一系列项目和政策。但如果没有严格的控制，就很难断言工程学院的上述措施可以导致学生和教师群体的多样性。工程学院对于迄今为止取得的数据感到自豪并将继续努力提高。

由于塔夫茨大学工程学院比大部分其他学院规模都小，所以它的方法和项目是否可转用到有着较大规模、培养出许多美国未来工程师的学院尚不明确。塔夫茨大学工程学院一些教育方面的经验不难复制。这些经验包括：在课程中融入实际操作和解决实际问题的内容、开设包括非工程学专业学生在内的团体项目、注重社区参与和公民参与以及让教师参与对本科生的指导。对于更大规模的机构而言，只要它的工程学院与大学中其他机构在组织架构或地理距离上没有分得太开，上述的每一项都可以实行。最后，任何工程学院都要对多样化教师群体的招聘过程给予关注、投入精力、提供资源。对于更大的学院，这些过程可能要在部门层面实行，由副院长级别的领导提供全面监管。

塔夫茨大学不仅为女性工程师而且为所有工程师提供了项目基础结构性支持、营造了文化氛围，对此，塔夫茨大学感到非常自豪，无论男女都从中受益。工程学院满怀希望，认为在塔夫茨大学建立的创新性工程学教育不仅能继续招收和留用女性群体，还能培养出更优秀的工程师。

第五部分

博士生教育的国际化

第十五章

在美高校的外国博士是否取代了美国本土博士

张亮（Liang Zhang）

不少人认为，外国学生正在蚕食美国本土学生高校读研——尤其是读博的机会。据博尔哈斯（Borjas）2003 年的数据表明，在美读研的非常住外国人比重从 1976 年的 5.5%攀升到 1999 年的 12.4%。[①]在科学和工程领域（SE），这一比例的增加幅度尤为显著。在 1999—2000 学年，自然科学领域博士毕业生中有 38.2%是外国留学生，在工程学领域这一比例达到 52.1%，在生命科学领域是 26.6%，在社会科学领域则是 22.8%。有数据显示，在 2002 年这一年中，美国高校授予博士学位人员总数里大约 26%是临时居民身份，尤其在科学和工程领域，超过 32%的博士毕业生是临时居民身份。[②]

取得博士学位的外国学生人数不断上升这一现象引起了全美研究人员及政策制定者的诸多忧虑。博士培养需要大量的人力物力；因此，取得博士学位的外国学生人数的增加势必抢走美国本土学生的教育机会。除非为外国学生提供教育机会能够带来额外的财源。而且只有当收益（比如学费收入）超过投入时，通过提供教育机会实现经济收益才变为可能；不过在美国无论公立还是私立院校都会向

---

① 参考：Borjas 2003.
② 把理工科领域里的社会科学也涵盖在内。倘若把社会科学排除在外的话，在这些领域里取得博士学位的外国学生人数比例将会升至 38%。为了简便起见，此次研究中我把具有临时居民身份的学生归类为外国学生，把具有美国公民身份及永久居民身份的学生归类为美国本土学生。参考：Hoffer et al.2003.

其博士生提供丰厚的补贴，鉴于这一情况，上面所提到的经济收益几乎可以说是不可能的。比如，2002 年超过 90% 的外国博士毕业生在他们读博期间从所在学校获得了不同形式的经济支持。①

外国博士生的大量涌入对美国经济影响巨大。斯蒂芬（Stephan）和列文（Levin）在 2001 年指出，在美国科学和工程领域做出杰出贡献的个人大多非美国本土出身。②而另一方面，这些高素质人才的涌入也使得美国本土博士失去了从事一些专业技术性工作的机会，同时拉低了薪酬标准。博尔哈斯于 2004 年发现，移民使得博士数量上升了 10%，从而把存在竞争关系的博士群体的薪酬拉低了大约三到四个百分点。③

外国博士生录取人数的不断增加所引发的焦虑之一就是，可能通过两种表现形式导致美国博士群体分布中美国少数族裔群体所占比重长期处于低位。其一，外国学生在博士录取阶段直接挤走了本土少数族裔学生；其二，外国博士毕业生的出现使得薪酬降低，由此许多少数族裔学生便放弃了读博的念头。尽管我们现在还不清楚外国博士毕业生数量的增加对少数族裔的伤害是不是大于其他美国群体，但这种状况通常被视为博士人群中少数族裔人数持续偏低的主要原因。

外国博士毕业生人数的增加只是美国高校博士培养格局变化的一个表现。另一个表现是，研究生培养中女性比重呈现超过男性的趋势。1967—2002 年，美国高校所有学科女性博士毕业生比例从 11.6% 上升至 45.4%。在非科学和工程领域，绝大部分取得博士学位的学生都是女性。比如，2002 年，67% 的心理学博士学位授予了女性，社会学这一比例是 61%，外国语言学 60%，教育学 66%，通信与图书馆管理 58%，人类学 58%，语言学 59%。

在获得博士学位的群体中，性别比例发生了很大的改变，这一变动造成了深远的社会影响。一方面，随着女性进入此前由男性主导的学科，她们在劳动力市场上的地位得到了提升，也由此进一步促进了男女平等。但另一方面，有些领域女性博士比重增加，有可能导致男性学生选择规避这些领域，因为他们认为，当

---

① 参考：Hoffer et al. 2003.
② 参考：Stephan and Levin 2001.
③ 参考：Borjas 2004.

某些领域"过于女性化"后,所提供的薪酬也会走低。此外,倘若在女性人数占明显优势的学科领域从事研究工作,对于男性学生而言是一件在社会层面上让人觉得羞愧的事。[①]如果让这一趋势持续发展,极有可能造成学术圈的分裂,并且原本稳定、和谐的性别平衡现状也将岌岌可危。

但让人惊讶的是,很少有研究关注以下两个问题:一个是外国学生获得美国博士学位的人数增加是否造成了本土学生获得博士学位人数的减少;另一个是为什么有些学术领域正逐渐成为女性的主战场。更重要的是,当我们在审视这两个问题时,从未有人把这两者放在一起研究。而此次研究则借助两者各自的调查结果把这两个问题联系在一起,从而使得我们能够更为全面地了解美国高校博士培养的变化。我特别考察了两个问题:① 是否存在外国博士挤压美国本土学生求学空间的情况,如果有的话,那么是在哪些领域呢?存在性别差异吗?② 男性学生在博士求学问题上是否有规避女性的行为表现?倘若有,又是在哪些领域呢?另外,公民身份不同是否存在差异?

博士生培养模式

研究人员使用"挤出效应"这一术语来描述这种此消彼长的情况。比如,倘若外国博士生挤掉了本土博士生,这就意味着,美国本土博士生人数的减少是由外国博士生人数的增加造成的。挤出效应的表现形式也许各异,但有一点很明确:在短期来看,能够获得博士阶段教育的学生总人数相对固定,每增加一个外国学生取得博士学位,就会直接减少一个本土学生获得博士学位的机会。还有一种表现形式就不那么明显了,因为从长远来看,尽管外国及本土学生获得博士学位的人数总和会增加,但是取得学位的美国本土学生的比重会下降。事实上,我们可以用不同的衡量尺度来定义各类挤出效应。比如,外国及本土学生获得博士学位的人数总和会增加,倘若取得学位的外国学生人数增加幅度不大,那么获得博士学位的美国本土学生人数依然可能增加。从根本上讲,挤出效应的存在与

---

① 参考:England et al.2004.

否决定于我们如何定义两者间的平衡关系。为了避免歧义,本章使用了最简单的分析挤出效应的方法——即如果在获得学位的外国学生人数增加的同时,获得博士学位的美国本土学生人数确实下降了,那么就存在挤出效应。[①]

我们常常根据诸如性别、人种或种族以及公民身份等人口特征来对博士群体进行分类。学院机构在开展博士生录取工作时,不得不考虑每一类别中的学生录取人数。尽管不同院校机构的偏好和使命不尽相同,但是研究生群体组成要讲求平衡性及多样性却是美国高校博士生培养工作普遍认可的目标。博士生质量极有可能是主要原因。可能某一类别里的博士生人数上升时,其博士生质量的平均水平就会下降。举个例子,如果男生和女生同样聪明,假定高校的目标是使人数稳定的博士群体集体智慧最大化,那么高校也许希望培养出相同数量的男性和女性博士生。[②]

另外,多样性这一目标本身也具有合理性,所以高校政策向博士人数比重偏低的群体倾斜。对于那些少有女性取得博士学位的领域,当务之急是增加女性博士生人数。从性别和种族角度来看,科学和工程领域及非科学和工程领域出现了分歧。科学和工程领域包括了物理科学、生命科学以及工程学,但不涉及社会科学。[③]过去,科学和工程领域培养出的女博士人数很少,而通常非科学和工程领域培养出的外国博士数量也很少。比如,20 世纪 60 年代末期,在科学和工程领域取得博士学位的女性人数比重还不足 6%,而在非科学和工程领域则超过了 17%。与此形成对比的是,同一时期,在科学和工程领域获得博士学位的外国学生人数比重大约是 15%,但是在非科学和工程领域却不足 6%。

当然高校在决定各类别的博士人数比重时还受到其他因素的影响,这其中就

[①] 博尔哈斯在 2003 年一文中也曾使用挤出效应这一类的概念。有一点值得注意的是,本次研究中使用的挤出效应这一术语并不表明必然的因果关系,是我特别使用这一术语来表达美国本土博士候选人及毕业生人数与外国博士候选人及毕业生人数之间所存在的负相关性。这一负相关性也许与机制而非临时的挤出效应相一致。但是,两者之间不存在负相关性很好地证明了,两个群体之间不存在因果关联的挤出效应。

[②] 艾伦伯格和舍曼于 1984 年在建立最优化资助与录取政策模型时也提出过相类似的论点。参考:Ehrenberg and Sherman 1984.

[③] 这里的分类与美国博士毕业生调查报告(the Survey of Earned Doctorates)里所用的分类稍有不同,后者把社会科学划归广义的科学和工程领域类别。而在本次所做的分析中,就女性博士和外国博士的比例而言,我们认为社会科学近似于非科学和工程领域。

包括各类别的申请人员的情况。造成有些领域女性博士人数上升的一个因素是男性学生不愿意进入女性学生比例高的领域学习。社会学家和经济学家研究过类似出现在其他领域里的规避行为。谢林（Schelling）1978 年提出的居住隔离模型表明，白人不愿意住在黑人居住比例高的社区，这可能会使整个社区变成黑人社区。① 在其他社会现象中也观察到了类似的趋势。比如，李伯森（Lieberson）、杜麦伊斯（Dumais）和鲍曼（Baumann）于 2000 年在考察了男女通用名的发展趋势后发现，随着使用某一男女通用名的女孩比例的上升，家长不再给男孩起相同的名字了。② 同样，英格兰德（England）等人在 2004 年搬出谢林 1978 年的倾斜模型用以研究美国高校的博士生培养情况。他们得出的结论是，当某年某领域里取得博士学位女性的比例越高，则 4~7 年后进入这一领域学习的男性人数就越少。③

然而，美国本土男性学生和外国男性学生在规避女性学生的行为方面表现得截然不同。比如，美国本土男性学生通过对于青年教授（junior professor，类似副教授，无终身教职，常见于德国的教育体系）、助教以及研究生中性别比例的考察而对特定学科领域的性别构成有了更为准确的了解，与外国男学生相比，他们更易于表现出规避女性同学的行为。在金钱层面，女性比例高的领域所提供的薪酬相对较低，这可能扼杀了本土男性学生在这些领域读博的热情，但是却不会对外国男性学生造成过多影响，因为与他们在原籍国所能获得的工资相比，这里相对较低的薪酬仍旧具有吸引力。事实上，总体数据显示，美国高校所培养的本土男博士与外国男博士的数量在过去四十多年中呈现出完全不同的趋势（见图 15.1）。

比如，美国本土获得博士学位的男性总人数下降了，但是外国男性获得学位的总人数没有表现出这一趋势。如果我们想弄明白美国高校培养的博士群体的性别构成变化，那么就有必要对上述两大男性博士生群体进行区分。

---

① 参考：Schelling 1978.
② 参考：Lieberson，Dumais，Baumann 2000.
③ 参考：England et al.2004.

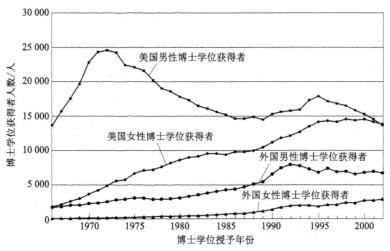

图 15.1　1966—2002 年美国授予的博士学位数量

此外，在各个研究领域还存在不少关键性差异。在科学和工程领域，被授予博士学位的女性人数只有男性的一半，但是在非科学和工程领域，女博士的人数则大大超出男性，尤其在某些领域里，女博士占了绝大多数。所以我们有理由认为，相比科学和工程领域，非科学和非工程领域的倾斜效应更为显著。实际上，对于科学和工程领域里在某一特定年份取得博士学位的女性比重以及若干年后取得博士学位的男性人数，即使我们观察到两者负相关，这些领域也并没有向女性倾斜，而只是趋向于性别均衡。

数据和方法

本章分析所用到的数据来自美国博士毕业生调查报告（the Survey of Earned Doctorates，简称 SED）。该报告提供了美国高校每年所有博士毕业生的人口普查情况。美国国家科学基金会在其 WebCASPAR 数据库中向公众开放了这些数据。[①] 我从中提取了 1966—2002 年间所有科研领域博士毕业生人数的数据，时间跨度长达 37 年。WebCASPAR 数据库把博士毕业生划分成 49 组。SED 在每一组中提供

---

① 参考：http://caspar.nsf.gov/index.jsp。

了根据性别、公民身份以及种族进行划分的博士毕业生人数。我把美国公民和永久居民划归一类（命名为美国本土博士），而把临时居民划归另一类（命名为外国博士）。在对这些小类别进行统计后，我得出了不同群体的博士毕业生人数，涉及女博士群体、男博士群体、美国男性群体及少数族裔群体等。另外，我还计算了次级类别在大类别中的份额比重，比如女博士比重、美国本土女博士比重以及外国女博士比重。

美国国家教育统计中心（The National Center for Education Statistics）有美国高校每年学士学位获得者人数的数据。WebCASPAR 数据库和 SED 一样也提供这些数据。我用大学毕业生人数来控制由大学毕业生流向变化造成的博士毕业生人数年度的波动。事实上，外国学生决定读博可能是受到毕业后留美这一前景的影响。自 1967 年开始，国家研究委员会（the National Research Council）发布了一系列基于 SED 的年度报告，这些报告探讨了博士毕业生毕业后的规划问题。在毕业后有明确去向的毕业生中，准备留在美国的外国博士毕业生的比重也有提及。尽管在发布的年度报告中，只能看到 1988 年之后的数据，但是也已经足够了，因为倾斜效应极有可能 1990 年后才显现，那时女博士人数已达到了一定的水平。

为了考察一个群体对另一个群体所产生的"挤出效应"，我们使用了在同一年份授予两个不同群体的博士学位数量的相关数据。比如，外国博士毕业生对本土博士毕业生所产生的挤出效应是通过一个固定效应模型来衡量的。在这一模型中，美国本土博士毕业生的人数是左边的变量，外国博士毕业生是右边的回归变量。这一模型还针对博士群体对分组固定效应、年固定效应以及其他诸如大学毕业生人数等变量进行了控制。由于组别划分是比较任意的，而且组别的规模千差万别，所以必须借助每一组中的博士毕业总人数来评估分析。

在对倾斜效应进行评估时，即女博士比重对男博士人数所造成的影响，我们得把比例变量参数与相应的博士群体配合起来加以分析，这一点很重要。依据是男性学生通过对于青年教授、助教以及研究生中性别比例的考察来了解特定学科领域的性别构成。一个博士群体取得学位所需时间极有可能选择的是时间间隔长度值。SED 用两种不同的方法评估了取得学位所需时间：① 从取得学士学位到取得博士学位所投入的总时间；② 为完成博士学位而进行的研究生阶段学习所耗费的时间。通常，相比后者，前者要多花两至三年的时间。对取得学位所需时间的两种评估都会随时间而变化，同时也会因学科领域的不同而不同。女博士比例的时间间隔长度是由录取当年在研究生院取得学位所需时间的中位数决定的，因为这才是博士阶段学习所耗费的实际时间。霍弗等人计算出，研究生学习阶段时长中位数从1977年的6.2年上升至2002年的7.5年。在对2002年博士毕业生群体所进行的调查中发现，研究生学习取得学位所需时间在物理科学及工程学领域是最短的，分别是6.8年和6.7年，而在人文科学领域是最长的，达到了9.0年。为了解释男性学生考察若干博士毕业群体性别构成这一行为的原因，也为了避免在规模小的组别中出现年与年之间的大幅度波动，对于所研究的群体取得博士学位前的5～8年间这一领域里的女性比例，我必须要计算其平均值。2003年霍弗等人还计算出，在获得学士学位后取得研究生学位所需时间的中位数从1977年的8.9年提升至1997年的10.6年。[①]结果就是，9年前在某一特定领域中获得学士学位的学生人数被用来控制在该领域中肄业的学生群体数据。最后一个用到的变量参数是外国博士毕业生毕业后留美的比例。由于平均来看，比起本土学生，外国学生在完成研究生学业这件事上所花时间缩短了大约半年，所以这个参数用于匹配6年后毕业的学生群体。

主要研究结果

作为基准规格要求，我首先评估了外国博士毕业生对本土博士毕业生的挤出效应。由于在不同学科领域，该效应是有差异的，所以对这一效应在科学和工程领域、非科学和工程领域、不包括非科学领域教育（nonscience education）的非科学和工程领域，以及非科学领域教育都分别做了评估。非科学领域教育值得我们予以特别关注，因为这一领域授予博士学位的数量占到所有学科领域博士毕业生总和的1/6，同时占到非科学和工程领域博士总人数的大约1/3。因此，在非科学和工程领域出现的回归结果有可能主要还是非科学领域教育从中推波助澜。结果

[①] 参考：Hoffer et al. 2003.

表明，在科学和工程领域，每增加一个外国博士毕业生，本土博士毕业生就相应增加 1.03 个。即使把外国男博士与外国女博士分开予以评估，得出的结论也是近似的。比如，研究得出，每增加一个外国男性博士毕业生，本土博士就相应增加 0.65 个。而每增加一个外国女性博士毕业生，本土博士就增加得更多，达到 1.54 个。

虽然在科学和工程领域似乎不存在外国博士对本土博士的挤出效应，但是在非科学和工程领域，情况就大不相同了。回归分析指出，从总体上来看，在非科学和工程领域，每增加一个外国博士毕业生，本土博士数量就会减少大约 1.17 个。把外国男博士与外国女博士所带来的效应分开予以评估，我们可以得出，这两个群体对美国本土博士培养所带来的影响截然不同。比如，每增加一个外国男性博士毕业生，本土博士数量就相应增加 1.11 个，而每增加一个外国女性博士毕业生，则本土博士数量会减少 4.78 个。对非科学领域教育及其他非科学和工程领域的模型进行分别评估后可以看到，美国本土博士数和外国博士数之间所呈现的负相关性主要是由非科学领域教育导致的。倘若把非科学领域教育剔除在外，则在非科学和工程领域，本土博士数与外国博士数之间的负相关性会大大减弱。

然而，这些结果总和也可能会掩饰美国人口的分散性。事实上，美国人口中的有些类别受到了更多的关注，比如男性群体（特别是白人男性）及少数族裔群体。由于在科学和工程及非科学和工程两大领域，美国本土女性博士毕业生数量逐年增加，倘若把女性博士毕业生从美国人口中剔除，则外国博士对本土博士的比例会大幅下降。比如，在科学和工程领域，每增加一个外国博士毕业生，则美国本土男性博士毕业生就会增加 0.1 个。而在非科学和工程领域，每增加一个外国博士毕业生，则美国本土男性博士毕业生就会减少大约 2 个。

此外，在非科学和工程领域，外国博士与本土博士之间的负相关性主要也是受到非科学领域教育的推波助澜。在该领域，每增加一个外国博士毕业生，则本土男性博士毕业生就会减少 9 个。这一挤出效应看上去非常显著，所以需要予以更深入的解释和解读。非科学领域教育授予博士学位的人数占到非科学和工程组别中博士毕业生总人数的大约 1/3。20 世纪 70 年代初起，女性博士毕业生人数（包括国外和本土）一直呈上升趋势，而本土男性博士毕业生人数却连年下降。在 2002 年非科学领域教育授予博士学位的群体中，尽管女博士在数量上增加了 10 倍多

（从1966年的26个增加至2002年的273个），但是外国女性博士毕业生的比重仍旧很小（不足5%）。顺便提一句，在这一领域，本土男博士的数量从20世纪70年代初的4 000多人减少到2002年的大约1 700人。因此呈现出我们看到的外国博士与本土博士之间负相关性的现象。然而，把这样的负相关性就此解读为挤出效应似乎不是很准确。

我们对于挤出效应的关注往往落在一些特定的本土群体上，比如白人男性群体和少数族裔群体。由于白人男性博士占到了美国男性学术群体人数的绝大多数，所以无论是对白人男性受到挤出效应影响进行评估，还是对所有本土男博士受到该效应的影响进行评估，评估结果是相似的。外国博士毕业生人数的不断增加所引起的担忧之一就是，这会造成少数族裔群体在博士群体中的比重持续处于很低的状态。为了了解在博士培养中外国学生是否取代了少数族裔学生，我考察了外国博士人数与少数族裔博士人数之间的相关性。总体来看，两者之间呈现正相关性。

上述模型的一些扩展也要予以考虑。首先，博士培养出现的逐年波动可能掩盖了外国博士对本土博士产生的挤出效应。每年产生的低挤出效应可能经过若干年的累积成为高效应。为了检查上述分析结论的可靠性，我用每一领域中特定时间段内博士学位授予人数的移动平均值（moving averages）对模型进行了重新评估。得出的结论与上面所提及的非常相似。我还考察了不同的移动平均值范围，结果也是与上述结论保持一致。

其次，在此次分析评估的所有模型中，都包含了一系列年份的二元变量用来解释影响博士培养的时间特异性因素。然而，这些时间特异性效应也可能包含一些挤出效应。为了检验这种可能性，我从固定效应模型中去除了年份虚拟变量，并重新对本土博士的不同群体模型进行了评估。结果显示，尽管多数评估结果有小幅下降，但时间特异性效应的排除并未对结果造成显著改变。

这一模型的第三个扩展剔除了1990年后的数据。由于有些类别中（比如本土男性博士毕业生群体及外国男性博士毕业生群体）的博士毕业生数量自20世纪90年代初起就一直保持稳定的态势，所以挤出效应极有可能发生在这一时期之前。也因为如此，我们使用1990年之前的调查数据来对模型进行评估。在科学和工程领域，外国博士不仅挤掉了本土男博士，还挤掉了本土白人男博士，系数分别达到–0.54 和–0.50；但是，倘若模型把本土女博士的数量包括在内，那么相应的负系数就分别降低到–0.02 及–0.05，这两个值几乎可以忽略不计。在不含非科学领域教育的非科学和工程领域，也没有明显证据可以表明挤出效应的存在。

最后一个扩展是在特定学院机构存在挤出效应的可能性。比如，整体来看也许外国博士候选人没有挤掉本土博士候选人，但是挤出效应可能反映在那些排名高的院校里。换言之，由于这些排名高的院校里日益激烈的竞争，美国本土学生可能被挤出了此类院校，而进入排名靠后的院校里。可是想要考察院校层面的挤出效应还是比较棘手的。假设一所院校每年培养的博士人数是固定的，则其会不知不觉地遵循本土博士人数与外国博士人数比之–1 系数。另一个可能性是，在考察机构特异性引起的挤出效应时，如果学生是从一个院校转学到另一个同级别院校，则也可能产生虚假的挤出效应。

一个直接的解决方法就是对相同水平院校博士培养的总量进行考察。如果本土博士生的确如上述提到的那样被挤出了高排名院校的博士计划，而只能到排名靠后的院校里学习，那么我们便能发现，比起其他院校，外国博士毕业生人数的增加情况在高排名院校里更为显著。为了对院校进行排名，我使用了2002 年学术研究及开发经费的相关数据，这些数据是由国家科学基金会搜集的，我通过WebCASPAR 获得了这些数据。①在2002 年，排名前25 的院校所培养的博士大约占到当年博士毕业生总数的1/4，而排名前60 的院校所培养的博士则占到了总数的将近一半。

在比较各院校的外国博士人数增长情况时，我们并没有看到在那些顶尖院校中存在外国博士人数比例增长幅度过大的情况。比如，在科学和工程领域，外国博士比例从15%左右上升至38%，而在排名前25 的院校里，这一比例从18%上升至34%，在排名前50 的院校里，这一比例则从17%升至36%。不过外国博士比例的增加是受到外国博士人数增加的影响，而非本土博士人数减少的影响。显然，在高排名院校里的外国博士增长率不比其他院校里的增长率高。如果真有什么的话，反而是高排名院校里的外国博士增长率相对比较缓慢。不过在非科学和

---

① 在 http://webcaspar.nsf.gov/includes/checkJavascriptAbility2.isp?submitted=1 上可以找到 WebCASPAR 数据库。

工程领域，外国博士比例从 6% 左右上升至 15%，而在排名前 25 的院校里，这一比例从 8% 上升至 23%，在排名前 50 的院校里，这一比例则从 7% 上升至 21%。在高排名院校中，外国博士学位获得者相对而言的高增速主要还是由在诸如教育等非科学和工程领域里本土男性博士毕业生人数比例大幅下降所造成的。比如，20 世纪 60 年代末 70 年代初，排名前 25 的院校培养的教育学博士毕业生占到相应总人数的 1/4 左右，而自 2000 年始，这些院校培养的教育学博士毕业生只占到不足 1/8。

当某些学科领域里女性比例过大时，男性是否会规避这些领域呢？倾斜模型回答了这个疑问。回归评估（regression estimates）显示了某一领域里女博士比例对该领域里 5~8 年后男博士人数的负面影响。平均而言，在一个领域里女博士比例每增加 1%，就会导致该领域 5~8 年后男性博士毕业生减少 17.76 人。把所有领域集合在一起考察则会把科学和工程领域与非科学和工程领域之间的许多差异给掩盖掉，特别是这两大领域里的女博士比例完全不在一个范围内。正如我们所预料的，在科学和工程领域，女博士比例的上升看似不会阻止男性进入该领域。相反，在非科学和工程领域，女博士比例对该领域里 5~8 年后男博士人数所造成的负面影响却是巨大的。与此同时，倘若女博士在某领域里比例较高而引起该领域薪酬的下降，那么女性本身也可能表现出规避女性的行为。事实上，研究结果显示，在科学和工程领域，女博士比例的上升似乎不会阻止女性进入这些领域学习，但是在非科学和工程领域，这一数据的上升却造成了规避行为。即使把非科学领域教育排除在外，所得到的研究结果也是相似的。

如果男女博士生都表现出规避女性的行为，那么又该如何解释女性博士学位获得者比例在大多数非科学和工程领域里所表现出的上升趋势呢？一种可能性是触发男女博士生产生规避反应的临界值不同。非线性函数形式似乎比较合适用来评估引起倾斜效应的女性博士候选人临界值。当我们把女性博士毕业生比例的平方添加到基础模型上，就可以得出，男女方程式的拐点都出现在 50% 左右（男性方程式拐点在 50.4% 的位置，女性则在 52.6% 的位置）。这也就意味着，当女性博士候选人及女性博士学位获得者在某些领域里占多数时，男性女性都会开始出现规避这些领域的行为。

对女博士比例在非科学和工程领域上升的另一种可能的解释是，有越来越多的女性在这些学科领域里取得了学士学位，同时这些女性也愈加倾向于在同一领域获得博士学位。比如，在非科学和工程领域，20 世纪 60 年代末 70 年代初，女性本科毕业生比例不足 50%，而到了 2002 年，这一比例上升至 58% 以上。[①]在有些领域，比如非科学领域教育，女性本科毕业生比例占到总人数的 3/4 左右。结果就是，非科学和工程领域女性本科毕业生比例的上升造成了高比例的女性博士毕业生。然而，女性学生所表现出的规避女性的行为也可能使得这些领域不至于出现过于女性化的倾向。事实上，如果计算女性人数的公式中不把本科毕业生人数考虑在内，则女博士比例对 5~8 年后女博士人数所造成的负面影响将会消失。与此形成反差的是，倘若计算男性人数的公式中不把本科毕业生人数考虑在内，则倾斜效应将会减半，只能达到 0.1 的水平，不过数值仍稍有优势。这些研究结论表明，尽管男性及女性学生在进行博士阶段学习时都表现出女性规避行为，但是非科学和工程领域女性本科毕业生人数的迅速增加还是提升了在此领域的女性博士毕业生比例。

最后为了考察本土男性学生及外国男性学生是否会有不同的行为表现，我对这两类群体各自的模型进行了评估。总体上，本土男性博士候选人会规避本土女性博士及外国女性博士比重大的领域。相反，外国男性博士生会规避外国女性博士毕业生比例高的领域，但并不规避本土女性博士比例高的领域。

讨论及影响结果

那么外国博士是否挤掉了本土博士呢？答案是否定的。在科学和工程领域，没有证据表明外国博士人数与本土博士人数之间存在负关联性。事实上，平均每增加一个外国博士毕业生，美国本土毕业生也会增加一个。美国博士毕业生总量

---

① 数据来源：国家教育统计中心的中学后教育数据综合系统（IPEDS）；详情请见 http://www.nces.ed.gov/。在 20 世纪 60 年代末和 70 年代初，非理工科领域中大学毕业生男女人数大致都在 200 000 人，而到了 2002 年男女毕业生数量分别上升到 360 000 人和 530 000 人。这里的非理工科领域包含了社会科学。

的增长主要来自女性博士毕业生人数的增加。但是，即便不把女性博士毕业生计算在内，也找不到证据证明外国男性博士人数与本土男性博士人数之间存在负关联。再者，也没有证据证明外国博士把美国人口中的一些特定群体挤出了局，比如白人男性学生群体和少数族裔学生群体，这些人常常被认为是外国博士人数增长的主要受害者。

不过，在非科学和工程领域，可就是另外一番景象了。总体上，每增加一个外国博士毕业生，其边际成本就是会减少 1.17 个本土博士毕业生。这个负关联主要还是由非科学领域教育培养的外国女博士与本土男博士间的负关联引起的。多年来，非科学领域教育培养的美国本土男性博士人数大幅下降，而其他类别群体中（本土女性、外国男性、外国女性）的博士毕业生数量却有一定的增长。结果，在外国博士和本土博士之间就出现了较大的负相关关系。

倘若把所有领域相关数据叠加在一起，同时其他领域对非科学领域教育培养的外国博士与本土博士间的较大负关联又会予以减弱，则这一弱化的负关联往往会被解读为挤出效应。尽管如此，本章节所展开的分析却没有证据显示，当把非科学领域教育剔除掉以后，非科学和工程领域整体来看仍旧存在施加于本土博士的挤出效应。在非科学和工程领域，尽管有个别证据证明，即使不把非科学领域教育考虑在内，外国博士与本土男性博士之间还是存在较小的负关联，但是鉴于在这些领域中外国博士人数上升幅度相对较小，所以挤出效应并不显著。

那么是否在某些领域存在女性化倾向呢？答案同样是否定的。在大多数科学和工程领域，女性博士毕业生的比重相对较低，具体说来，就是还未达到 50% 这一临界点，而正是这一数值在非科学和工程领域引发了明显的女性规避行为。所以在科学和工程领域中，无论是男性组别还是女性组别都不存在倾斜效应。不过在非科学和工程领域，男女组别都表现出规避女性的行为。尤其是当一个领域中女性博士毕业生比重达到 50% 时，无论男性还是女性都会规避这一领域。由于这两股相互抗衡的力量，一些非科学和工程领域所表现出的女性化倾向主要还是由这些领域中女性本科毕业生人数上升所引起的。不过从 20 世纪 90 年代初起，在一些所谓的女子气较重的领域，女性本科毕业生的比重已经开始趋于稳定①。所以日后当这些女性本科毕业生取得博士学位，在这些领域里也不可能出现女性化倾向。进一步的研究应该把着眼点放在决定大学生专业选择的若干因素上，因为在做最终分析时，学生的"渠道"才是最关键的。

非科学领域教育培养的本土男性博士毕业生与外国女性博士毕业生之间存在显著的负关联，在对这一关联进行解读时，男性学生尤其是美国本土男性学生所表现出的规避女性的行为非常具有暗示性。如果美国本土男性确实对"女性化"重的学科领域予以规避的话，那么"是外国女性学生把美国本土男性学生给挤走的"这样的说法显然无法令人信服。规避女性的行为说明，在女博士比例高的学科领域，本土男性学生是自己主动选择出局，而不是被踢出局的。

有一项研究是关于毕业后留美的外国博士比例对本土博士人数造成的影响，这一研究具有重要的政策意义。结果表明，在科学和工程领域，毕业后留美的外国博士比例虽然较高，但是似乎对在同一领域读博的本土学生人数并未造成负面影响，这极有可能是因为大多数外国博士会作为博士后继续他们的科研工作，而不会与本土博士在劳动力市场一较高下。与此形成鲜明对比的是，在非科学和工程领域博士后不那么普遍，所以毕业后留美的外国博士确实会对本土学生读博与否的决定造成影响，但在大多数情况下影响较小，甚至可以忽略。

毕业后留美的前景显然对外国学生在美国高校读博的人数造成了影响。尤其在科学和工程领域，影响最为显著，大多数外国博士毕业生会以相对较低的薪酬继续从事博士后研究。尽管有证据显示，外国博士人数的持续增加拉低了竞争对手的薪酬，但主要还是外国博士这一群体首当其冲承担降薪的后果。②

如果美国想要吸引到更多的外国优秀人才，移民政策应该要鼓励那些完成博士学业的外国人才留在美国。目前严苛的签证和移民政策使得外国学生的申请数（而非录取人数）大幅度减少。2004年美国研究生院委员会所发布的一项调查表

---

① 数据来源：国家教育统计中心的中学后教育数据综合系统（IPEDS）；详情请见 http://www.nces.ed.gov/。在20世纪90年代，非理工科领域中女性大学毕业生比例增长缓慢。而在一些女性大学毕业生比例高的领域，这一比例数值已经开始趋于稳定。事实上，在诸如教育学及社会学领域，自2000年始，还出现了女性大学毕业生比例小幅下滑的趋势。

② 参考：Borjas 2004.

明，超过90%的美国院校机构在2004年秋季的外国学生申请数全线下跌。申请数的下降波及所有学科领域，其中工科领域下跌幅度达80%，物理科学领域达65%。更糟糕的是，申请参加美国研究生入学考试的外国学生人数也大幅下跌。比如，来自中国和印度的考生就分别下降了50%和37%。如果这一趋势继续下去的话，将来外国博士毕业生的人数一定会下降。虽然这一趋势短期内会给本土学生带来好处，比如更好的教育资源以及更高的工资，但是从长远来看，这必然会撼动美国在科研领域的领导地位。

第十六章

开放（封闭）——不同国家给美国博士生教育带来的冲击

艾美莉·布兰奇阿德（Emily Blanchard）
约翰·邦德（John Bound） 莎拉·特纳（Sarah Turner）

近几十年来，在美国高校博士毕业生群体中——尤其在科学和工程领域，外国学生的比重大幅增加——尤其在科学和工程领域，从1973年的27%飙升到2005年的50%以上。博士生原籍国不同，增长幅度也不同，只有来自部分国家的取得博士学位的人数增长显著。在这些国家，学士学位人数的增长率已经超过了美国。[①]

尽管获得博士学位学生的原籍国分布有些变化，且由此反映出在接收与美国有长期外交和贸易关系的国家的学生方面调整相对平稳，但是也有一些调整反映了在美国教育市场准入方面出现的巨大变化。大概后者最显著的例子就是20世纪80年代初由中国赴美读博的浪潮，以及20世纪80年代末和90年代初由东欧及苏联赴美读博的浪潮。

如此剧烈的变化给经济分析带来了机遇与挑战。在本章中，我们想要建立一个外国学生涌入美国读博的模型。首先，我们展示了美国教育市场准入的变化：如何与留学生原籍国授予博士学位要求方面的变化相一致。一般而言，我们认为可能存在一个重要的动力。借此动力，从那些发展势头强劲的国家涌入美国的学生终将扩大本国高等教育机构的规模以及技术密集型产业

---

① 参考：Bound，Turner，and Walsh，Forthcoming.

的规模。博士毕业生也会回到自己的原籍国,所以在这一层面上,虽然大量学生赴美读研读博,但是"人才流失"以及随之而来的人才净流出并非不可避免。

我们首先来看一下在美读博的外国学生人数增长的整体情况,然后重点考察具体的政策变化及与之相关的对外国学生在美接受研究生教育的门槛准入情况。政策变化使得有些原籍国为学生打开了赴美高校学习的大门,在凭经验对原籍国学生赴美读博情况进行分析之前,我们会初建一个博士学位获得者模式变化的模型。通过重点关注中国、东欧国家以及前苏联国家,我们会注意到一个显而易见的模式:贸易市场的开放以及往来限制条款的削减,恰好与外国研究生数量急剧增加这一现象相一致,也就促成了外国学生取得美国博士学位的现象产生。我们的研究表明,获得进入美国高校读博的机会对那些处于经济转型期的国家可能很重要,因为这些国家长期需要高素质劳动力,而本国的高校又不具备短期内培养这些人才的能力。但诸如印度和韩国这样的国家有很好的发展前景,所以给这些国家带来的变化更为平稳。尽管如此,我们仍有理由认为,在美国接受高等教育还是能够帮助学生的原籍国进行人才储备,并扩大高等教育的规模。

长久以来外国学生赴美读博的情况

早在 20 世纪上半叶,美国的高校就吸引了数量可观的外国学生赴美求学,尤其是在科学领域。比如,1936—1956 年,将近 20%的工程学博士学位及大约 12%的生命科学博士学位授予了外国学生,他们在原籍国完成了大学本科的学习。空中交通愈加发达,全球范围的沟通也愈加紧密,加上 20 世纪五六十年代美国高校实力不断增强(得益于联邦科研投入的不断持续增加),这些因素都促成了赴美深造对于外国学生日益增强的吸引力。

博士毕业生调查显示了从 20 世纪 50 年代末至 2005 年间不同原籍国学生在美高校获得博士学位的整体情况。图 16.1 显示了由美国高校授予的博士学位数量的

第十六章　开放（封闭）——不同国家给美国博士生教育带来的冲击　247

整体变化趋势，并且之后还分别描述了美国本土组和非美国本土组各自数量的变化情况。①

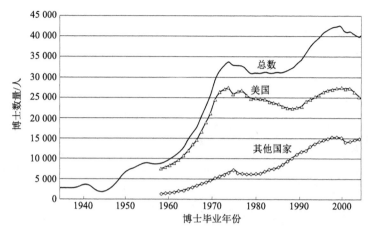

图 16.1　1958—2005 年美国高校授予不同原籍国学生的博士学位

来源：美国科学基金会（NSF）博士毕业生调查的微观数据；
1958 年以前的数据来自国家科学研究院（1958）。
附注：原籍国指的是学生的中学所在国。

从 20 世纪 50 年代末至 90 年代中期，取得博士学位的外国学生人数整体呈上升趋势，这一点显而易见，特别是 70 年代末上升速度明显加快。这一情况在科学领域尤为突出（见图 16.2A～D）。

在经济学和工程学领域，授予外国学生的博士学位数量连续多年超过授予本土学生博士学位的数量；但是在生命科学领域，外国博士比重与本土持平或者略有超过。

在聚焦外国学生在美读博人数增加的原因时，邦德、特纳和沃尔什强调，国外对在美获得博士头衔的需求不断增加是外国博士人数上升的主要原因，这些国家包括印度和韩国，它们本科生教育规模的扩大速度远超美国。②此外，在另外一些国家，政治冲击使得其对美国研究生教育有了新的"可实现的需求"，但是，在 20 世纪六七十年代，这一通道是处于关闭状态的。邦德、特纳和沃尔什提到的最

---

① 博士学位获得者调查（The Survey of Earned Doctorates）是一项针对个体层面的美国高校博士人口调查。因为该调查是与正式学位授予仪式相配合进行的，所以调查的回复率相当高。

② 参考：Bound，Turner，and Walsh，Forthcoming.

后一个理由是，政府对科学和工程领域研究的支持力度显著加大（对研究生教育也是如此），这可能使得外国学生读博需求有较大幅度的增加。①

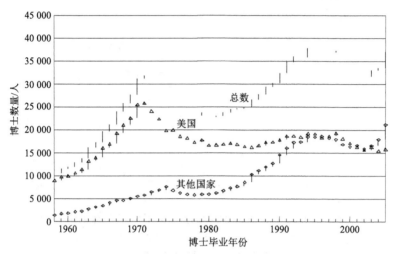

图 16.2A　1958—2003 年美国高校授予不同原籍国学生的自然科学博士学位

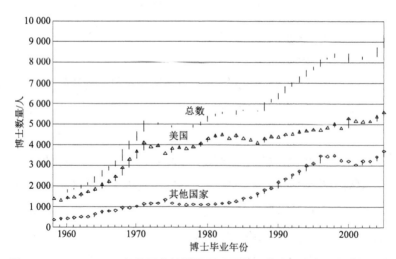

图 16.2B　1958—2003 年美国高校授予不同原籍国学生的生命科学博士学位

---

① 也有人认为，如果外国学生只是考虑到哪里读研，而不是在读研和工作两者之间进行利弊权衡，则外国学生对赴美深造的需求相较于美国本土学生弹性会更大一些。参见：Bound, Turner, and Walsh（Forthcoming）。

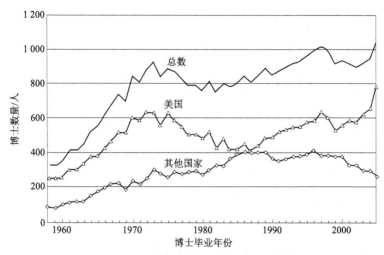

图 16.2C　1958—2003 年美国高校授予不同原籍国学生的经济学博士学位

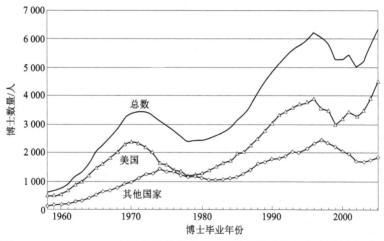

图 16.2D　1958—2003 年美国高校授予不同原籍国学生的工程科学博士学位

图 16.2A～D 的数据来源：NSF 博士毕业生调查微观数据

图 16.2A～D 中原籍国指的是学生的中学所在国。学科领域是根据博士生毕业调查年度报告中的 NSF 分类而定义的。

邦德、特纳和沃尔什所做分析中有一点值得强调，就在美外国博士生的比重以及外国学生读博的质量这两方面而言，不同的原籍国间存在较大差异。与在原籍国所能取得的最高质量的博士学位相比，获得美国博士学位所带来的回报决定了是否要在美国接受研究生教育，因此，不同原籍国的学生所做出的选择千差万别。结果就是不同原籍国的学生在美读博的比例存在差异,而且这些学生中在美国顶尖高校读博的数量也存在差异。倘若原籍国的博士生教育选择有限且质量不高,那么不可避免地会使更多的学生赴美求学;而倘若原籍国的高校教育质量较强,则赴美求学的总体数量就会相对较低,同时这些原籍国中选择赴美深造的学生素质水平也更高。此次分析的着眼点在于随着其他国家开放或关闭了赴美读博的机会,到底发生了什么。针对博士学位获得者所做的一项调查对于我们此次的分析研究工作很有帮助,通过这份调查我们能够根据原籍国(又分为出生地、高中就读地区以及取得学士学位的毕业院校)以及研究生院入学年份对美国高校博士毕业生进行分组。区别于取得博士学位的年份,研究生院入学年份对我们的分析尤其有帮助,因为取得学位所需时间千差万别,因此单从取得博士学位的年份来考察,很难觉察到在获得美国高等教育机会方面所发生的巨大变化。在厘清数据中政治变化与博士培养之间的关系之前,我们先来讨论一下相关经济理论。

美国市场开放所带来的预期反应

除了商品及服务的流通交易,建立对美贸易联系后最为显著的表现之一就是教育交流的发展。虽然某些教育交流活动打着促进跨文化理解的大旗,大多只是象征性地走过场,但是,政治、经济转变后,外国学生大军赴美留学是显而易见的。留学生涌入美国是基于为了获得更多的经济能力所考虑的,比如获取技能和相对优势。

正如赴美留学较为普遍的情形一样,美国研究生教育所具备的优势对于众多学生奔赴美国高校深造有很强的吸引力[①]。对于那些处在经济转型期的国家的学生

---

① 虽然在全球范围内给各个高校进行排名是异常困难的事情,但是美国的顶尖高校还是公认处于国际领先地位。也曾有机构尝试用一个指数量表来对全球高校进行排名,其中包含的评价指标有诺贝尔奖获得者人数、在核心科学期刊上所发表的文章数量以及引用量等,结果发现全球排名前 20 所的高校中有 15 所来自美国,而全球排名前 50 所的高校中则有 35 所来自美国(资料来源:Shanghai Jiao Tong University Institute of Higher Education,2003)。尽管在全球高校排名榜单中名列前茅的美国高校的实力得到了广泛的认可,但是我们也应该注意到美国高校博士培养的质量也是千差万别的。一个来自英国的观察家对美国和英国做了一个比较并在这一过程中发现,"美国有 4 000 所高等教育机构,其中大概有 50 所全球最棒的大学,但毫无疑问其中也存在 500 所全球最差的大学"。(资料来源:Stevens 2004,引自 Bowen, Kurzweil, and Tobin 2005, 314.)

而言，许多本国的教育机会（本科学习及专业学习）需要全额支付学费，能够负担得起的学生不多，所以来自这些国家的在美国求学的群体中学生读博的比例很高，因为美国的博士生培养项目会为学生提供经济帮助，比如奖学金、助研奖学金以及助教奖学金。此外，在美读博获得的直接好处是学到了先进的知识技能，间接的好处是更容易进入美国劳动力市场。

为转型经济体的教育流向建立模型具有理论和现实意义，因为转型国家在商品生产和以博士毕业生为代表的高技术人才密集型领域（或通过政府扶持而积极追求的领域）具有长期优势。如果事实如此，那么我们有理由相信，赴美取得博士学位的外国学生是为本国生产技术密集型出口产品而进行的人力资源投入。随着原籍国的基础设施日益完善，同时在美取得博士学位的人员纷纷回国，当两者发展到一定程度，我们有望看到，对美国博士学位的需求从长远来看将会减少。① 在这一背景下，我们可以把外国学生在美取得博士学位合理地看作他们原籍国私营与公共经济未来发展壮大的重要组成部分。

另一方面，倘若原籍国的经济无法为高素质劳动力创造经济机会的话，或者当地的教育院校实力没有增强的话，我们仍将看到赴美读博的外国学生会持续涌入。② 此外，对于那些欠发达国家而言，几乎无法生产技术密集型商品，则从这些国家奔赴美国读博的现象极有可能长期存在，这也导致了发展中国家出现"人才流失"的焦虑。③

我们假设，政治冲击会带来学生的涌入。图 16.3 中简单的时间顺序体现了这种假设。在开放教育交流之前，几乎没有原籍国学生在美国取得过博士学位。而

---

① 对于此次研究中所提到的处于转型期的国家而言，这些原籍国的高校最初的教育质量以及高校体系的运行经历了相当大的变化。中国在分布图中占据一端，因为 20 世纪 70 年代末期，中国的高校体系处于无序的状态；事实上，当时原籍国国内缺乏深造机会是把学生送到美国及加拿大学习的主要动因。东欧共产主义统治政权并没有清除具有悠久历史根基的高校基础设施，不过所提供的社会科学领域教育的质量比如经济学就已经无法达到国际先进水平了。对于苏联而言，冷战的结束并未给曾经在科学领域实力超强的苏联高校的发展带来好兆头，因为国家曾经所给予的大力扶持已经不复存在了。

② 从长远来看，随着其他国家教育基础设施建设的不断完善，我们可能会迎来博士生全球范围内的系统性分类。的确，也许有人会提出，美国顶尖高校吸引外国学生纷至沓来的盛况在一个世纪以前的英国牛津大学和剑桥大学以及法国的索邦大学也都曾经历过。所以我们有理由相信，在未来几十年中，那些现在崛起的教育强国也将与我们对顶尖学生展开激烈的争夺。

③ "人才流失"的状况，即离开原籍国奔赴海外深造并移民，主要还是发生在那些贫穷落后的国家。

全面贸易关系及外交关系的建立促使赴美学习的人数有了极大增加。不过，与可能一直呈上升趋势的成品贸易不同，赴美取得博士学位的人数最终将从最高值跌落。造成人数迅速攀升至峰值的一大原因是需求受到抑制；倘若整个市场之前没有处于封闭状态的话，我们至少会看到外国学生赴美读博的现象。尽管在当时被剥夺赴美读博机会的学生中，不少人可能获得了其他的学习机会，或者有些人年龄确实偏大，即使完成博士学业也不能产生很大的回报，但是还是有少数大龄学生十分渴望获得赴美读博的机会。如果事实果真如此，外交冲击后若干年间赴美读博学生的年龄分布可能比较广，包括年龄更大的学生群体——用我们的数据组可以对这一假设进行验证。

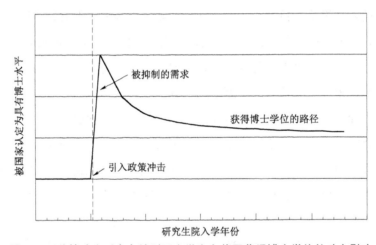

图16.3　政策冲击对来自转型国家学生在美国获得博士学位的动态影响

在峰值回落后，取得博士学位人员的数量更为长期的发展趋势可能会随经济形势的转变及院校机构的发展状况而上升或者下降。一方面在高等教育资源及基建条件不变的前提下，倘若原籍国经济在相对技术密集型产业规模上有所扩大，从而需要更多的科学和工程博士，那么对于获得美国博士头衔的人员的需求也有望继续上升。但是另一方面，倘若原籍国的教育基础设施随着经济发展也不断完善的话，那么对于赴美取得博士学位的剩余需求可能会呈平稳甚至下跌状态，因为原籍国的院校机构相对美国的高校成为本国学生更好的选择。在这一情形下，取得美国博士学位的时间路径主要取决于本土高科技产业（对博士生的需求）及本土院校机构（博士生培养）的相对增长率。此外，随着本土高校质量的不断提升，我们有望看到赴美求学的学生将主要集中于美国的顶尖院校。这一点我们也可以在数据中得到验证。

尽管本章我们主要关注市场开放，但是讨论一下市场关闭也在情理之中。市场关闭由政权变动造成，因为政权更迭使得美国与这些国家的经贸及外交往来被切断了。这种情况包括1956年的匈牙利革命和1979年的伊朗革命。市场关闭造成了赴美读博人数的持续下降，其后果不必赘述。我们所预测的（观察到的）情况更为复杂，有一段较短的时期呈现出类似于难民迁移的情形，有些离开现有政权的非常有才华的学生设法获得了在美读博的机会，从而在取得博士学位的人数上出现短期内的小峰值。

开放的市场以及外国留学生在美获得博士学位

数据清晰地显示，市场的开放——政治和经济意义上——通常会促使赴美读博的学生群体人数迅速增加。那些在政治转型期赴美求学的学生大多选择在科学领域深造，这一点也许并不让人意外。[1]我们此处提供的是关于不同原籍国博士生的数据，而且按照学生入读研究生院的年份分类。[2]由于取得博士学位的年份反映出取得学位所需时间以及入学年份等数据存在偏差，所以我们按照学生入读研究生院的年份对数据进行分类，这样与市场转型联系密切的变化情况就更为直观了。当然这样做也存在一个弊端，那就是在我们所能取得的数据时间框架中，最近一批研究对象可以用来完成研究生学业的时间相对较短，这样的话这批研究对象中取得博士学位的总人数就减少了。此外，在接下来的实证研究中将会显示入学年份的相关数据，对于许多学生（比如中国学生）而

---

[1] 对于造成这些变化趋势的一个主要解释极有可能是，这反映了原籍国的大学生培养情况，反映了中国高校20世纪70年代末对于发展工程建设力量所给予的重视，以及冷战时期苏联政权对于数学及自然科学的重视。此外，我们认为，学生分布集中的情况与该学科科目能够在原籍国带来相对较高的回报是相一致的。

[2] 我们不采用出生地所在国这一数据，因为这可能会把那些小年龄赴美的学生包含在内。故我们根据高中入学所在国来对数据进行整理。

言赴美深造前在本国完成硕士阶段学业是很普遍的情况,因此这些数据代表的是硕士研究生入学的年份。假设学生取得硕士学位后直接读博,我们做了一些调整把在美入读博士的年份设定为这些学生在本国取得硕士学位的年份。现在我们将对具体案例进行总结,包括中国、东欧国家以及前苏联国家,此后我将就从这些案例中得出的结论展开讨论。

中国

在过去 25 年中,在美国被授予博士学位(主要集中于科学领域)的中国学生人数有显著增长。人数从 20 世纪 70 年代的几十人一路猛增到 90 年代的几千人。与图 16.4A 中所显示的博士人数增长趋势相一致的是,图 16.4B 显示了根据研究生入学年份统计的学位获得情况,以及针对在中国本土获得硕士学位的在美博士生做出的调整,这一情况在早期赴美读博的群体中尤为普遍。

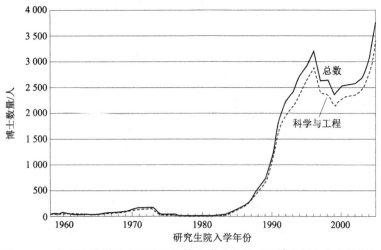

图 16.4A 美国高校授予中国学生的博士学位数量(按博士授予年份计算)

为了更好地理解造成中国赴美读博学生人数变化的因素,我们有必要考察政治变化及教育变化之间的联系。在"文化大革命"期间(1966—1976 年)中国的大学教育大多中断了,高校的运行处于停滞状态。运动结束后,中国很快就通过向美国高校学习科学及工程技术来寻求启动自我发展之路。1979 年中国与美国建立正式的外交关系,这为两国之间教育交流(重新)打开了大门。但是中国第一批赴美留学生中大部分都与中国高级官员有关联。美国各高校在甄选中国优秀留学生时，竞争也是极为激烈的。

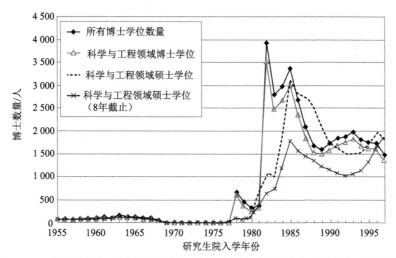

图 16.4B 美国高校授予中国学生的博士学位数量（按研究生院入学年份计算）

"文化大革命"结束后，1976 年上大学的几个不同年龄组群体对获得博士学位产生了巨大的影响。然而，由于 20 世纪 70 年代大学毕业生人数本身就很少，所以赴美接受研究生教育的中国学生人数推迟到 80 年代中期才有一波大幅增长；学生必须首先获得本科学位证书才能申请攻读研究生学位。①1982 年在中国取得学士学位的学生群体是最为引人注目的，因为这一群体中不少人在毕业当年进入了研究生院学习。②这一群体中大部分人在 1984 年左右赴美读博前就已经在中国获得硕士学位（比较图 16.4A 和 B 中对"科学与工程领域博士"和"科学与工程领域硕士"）。③

---

① 比如，1981 年，美国向中国学生发放了 2 678 张 F-1（学生）签证以及 3 121 张 J 类（交流访学）签证。而到了 1991 年，相应的数据分别是 14 594 和 7 431。20 世纪 90 年代出现了让人颇为担忧的现象，那就是一些中国学生原本是赴美学习物理和数学，却把学生签证视作跳板，借此进入美国劳动力市场或者转而到毕业后回报更为丰厚的学科领域从事学习研究，比如电子工程。《今日物理》（资料来源：Hargreaves 2001）杂志中的一篇文章提到中国学生在美的辍学率高得不同寻常，并对此表示了忧虑。

② 以下数据具体说明了这一情况。1985—2003 年间，在美国取得博士学位的 32 127 名中国学生中，有 25% 的学生于 1982 年获得了学士学位，有 40.3%的学生在 1982—1985 年期间进入研究生院学习，而其中仅 1982 年这一年比例就达 12%。

③ 早年，建立联系对于开放博士就读机会尤为重要。其中一个意义重大的例子就是 1979 年秋启动的中美联合招考物理研究生（CUSPEA）项目，这一项目是由哥伦比亚大学诺贝尔物理学奖获得者美籍华人李政道先生发起的。初衷是通过考试在中国选拔才华出众的毕业生，向他们提供在美国高校继续深造的机会。在这个项目持续期间，CUSPEA 帮助 900 多名中国学生赴美国高校深造物理。仔细来看这一数据，1980—1992 年期间，（转下页）

在第一次出现中国学生涌入美国读博的盛况以后，博士人数有一定削减，目前取得博士学位的中国学生人数远低于最初政治变化后出现的高峰值。20 世纪 80 年代初至 90 年代初，美国大学培养的中国博士人数超过中国本土培养的博士人数。而在过去 10 年中，中国在博士阶段的培养规模持续迅猛发展，如今由中国大学培养的本土博士人数反超了美国高校培养的中国博士人数。

东欧国家及前苏联国家

对于东欧而言，不同国家与西方市场尤其是美国教育开始接触的时间节点存在差异。有些东欧国家比如罗马尼亚所发生的政治变化显然是具有突变性的；而另一些国家特别是匈牙利和波兰所经历的则是较为平缓的政治变迁。东欧各国对外开放进度上的差别与中国的开放过程形成了鲜明对比。东欧各国与中国之间更为根本的差异在于一些东欧国家延续了几个世纪的大学教育传统相对保持着其连续性。

图 16.5A～F 展示了按照研究生院入学年份统计的东欧各国及前苏联国家学生在美取得博士学位的变化情况。保加利亚、捷克斯洛伐克（我们把后来的捷克共和国和斯洛伐克合并讨论）。

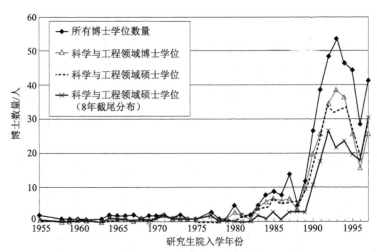

图 16.5A 授予保加利亚学生的博士学位数量

（接上页）由中国赴美深造并获得物理学博士学位的总人数是 1 062。当然，也有中国学生通过其他途径在美国高校进行物理研究，但是 CUSPEA 项目显然对于在中美顶尖高校间建立联系起到了极大的影响作用。

第十六章 开放（封闭）——不同国家给美国博士生教育带来的冲击

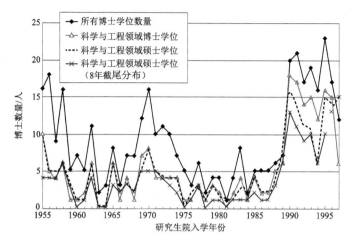

图 16.5B　授予捷克共和国学生的博士学位数量

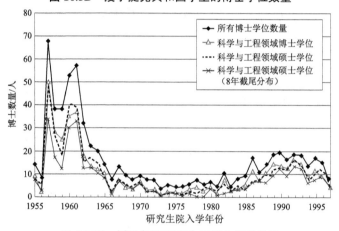

图 16.5C　授予匈牙利学生的博士学位数量

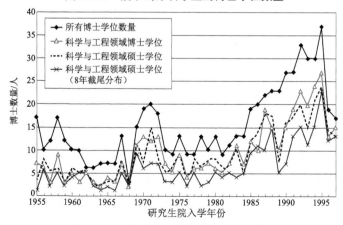

图 16.5D　授予波兰学生的博士学位数量

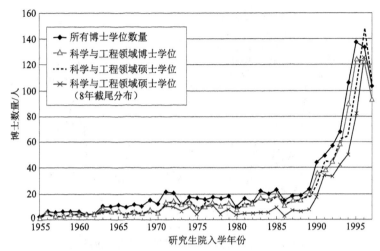

图 16.5E　授予罗马尼亚学生的博士学位数量

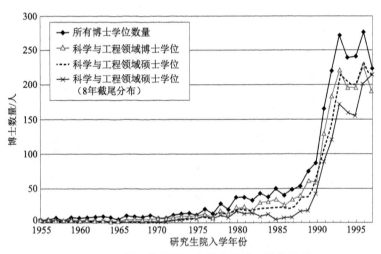

图 16.5F　授予前苏联国家学生的博士学位数量

罗马尼亚以及前苏联各国在美取得博士学位的人数都呈明显上升趋势。在捷克共和国，学生抗议游行引发了"天鹅绒革命"（Velvet Revolution），并最终导致1989年11月共产党统治的终结。而此过程在罗马尼亚则更为暴力，由尼古拉·齐奥塞斯库领导的共产党政体于1989年12月被彻底颠覆。

对于波兰和匈牙利而言，政局转变始于20世纪80年代初期，过程更为平缓。打头阵的是20世纪80年代初期发生在波兰的"工人暴动和团结工会运动"（the Solidarity movement），引起了西方世界的注意，也因此在随后的10年中获得了美国提供的大量援助。这是一个渐进演变的结果。逐步开放与波兰交往的一大表现就是，自 20 世纪 80 年代中期开始，赴美读博的波兰学生人数大幅增加。

1989 年柏林墙倒之后，东欧各国政府的重要举措包括摒弃在苏联影响下引入的分科及专业性大学（compartmedatized and specialized organization），努力重建高等教育体系。此外，其他一些西方国家以及美国的慈善团体非常热切地推动着东欧国家高校的基础设施建设（图书馆和计算机应用设施）以及研究生培养规模的发展。为了说明这一点，匡特（Quandt）（作为美国梅隆基金会的顾问）指出，"最先启动的项目之一就是设立经济研究与研究生教育中心，这是由查理大学（布拉格）与匹兹堡大学共同合作建设的，旨在按照西方模式进行经济学领域的博士培养"[1]。同样，其他包括福特基金会和索罗斯基金会在内的美国主流机构也都积极尝试推动加强东欧国家高等教育的实力。

在 20 世纪 90 年代初期东欧各国纷纷打开赴美求学大门之际，匈牙利所经历的变化趋势有些不同。不过，在有关匈牙利的这张图表中，最为引人关注的是"革命"（波匈事件）后 1957 年赴美读博人数急剧增加。由于苏联的介入以及在 1956 年 10 月学生示威游行后接踵而至的暴力事件，许多学生和民众逃亡西方。在美国，非营利性机构和高校尽了极大的努力来帮助以难民身份从匈牙利赴美的学生，据估算大约有 1 000 名学生获得经济资助才以继续他们的学业[2]。这是经济学家在其他场合所提出的"难民分类"（refugee sorting）中非常显著的一个例子[3]，所引发的后果便是随着许多顶尖学生离开原籍国，这些国家出现了人才流失的现象。

苏联解体以后，美国高校对前苏联国家的学生敞开大门。从表面上看，这似乎与东欧各国曾经的经历相似。1989 年之前，很少有来自苏联的学生在美完成博士学业；即使有，大多数都是来自政治流亡家庭。之后，米哈伊尔·戈尔巴乔夫执政苏联期间进行了改革，其中之一就是启动了研究生及学者的海外交流活动，

---

[1] 参考：Quandt 1992.
[2] 参考：Ficklen 2006.
[3] 参考：Borjas 1987.

但是规模不大。①随着 1991 年苏联解体,大量研究生赴美深造。但是,苏联的瓦解也导致了其高校的迅速没落。这些高校原本在物理科学领域长期拥有雄厚的科研实力,并且在冷战时期受到政府的大力扶持。②有一项统计显示,1989—1991年,俄罗斯对科研的经费支持削减了 44.2%。③随着苏联于 1991 年正式解体,赴美读研的学生数开始猛增,至 1993 年更是进一步上升。由于苏联的高校不但在实力上没有得到提升,还持续不断地失去资金支持——这一情况与东欧不少国家类似——所以在美国完成学业的苏联学生没有回到原籍国的动力,毕竟在原籍国就业前景黯淡而且无法争取到支持高水平科研的资金。

对各个国家市场开放情况的归纳

以上提到的这些国家都在开启了赴美求学大门的同时,也开放了对美国的经贸交流。研究发现,它们有许多共同之处。在开启赴美求学大门后最初的几年间,读博人数不断上升。不过,在这之后,来自这些国家的读博者人数并没有持续上升。相反,在之后入读美国研究生院的群体中,取得博士学位的人数呈现下降趋势。在这方面,中国的情况也许最为突出。1978 年读大学并于 1981 年至 1985 年间开始研究生学习的这一群体是在赴美取得科学领域博士学位的留学生中极具代表性的。为了说明这一群体非同寻常的影响,我们发现,在 1985 年至 1994 年的 10 年间赴美取得博士学位的 11 197 名中国学生中,有 46.6%是 1978 年进入大学学习的。在一定程度上,这一情形也同样发生在东欧国家及前苏联国家。④

在分析这一转变的原因时,我们认为其中原因之一就是开启赴美读博之门

---

① 参考:Raymond 1989.
② 随着苏联于 1991 年的解体,苏联加盟共和国目前解体为 12 个独立的共和国,分别是亚美尼亚、阿塞拜疆、白俄罗斯、格鲁吉亚、哈萨克斯坦、吉尔吉斯斯坦、摩尔多瓦、俄罗斯、塔吉克斯坦、土库曼斯坦、乌克兰和乌兹别克斯坦。
③ 参考:Shkolnikov 1995.
④ 可能有人会指出,在东欧国家及前苏联国家的相关数据中很难找到相同的变化情况,因为近年来从这些国家赴美读研的学生群体也许会为了获得博士学位而继续在研究生院深造。为了探讨这一问题,我们还针对 8 年来取得学位的学生人数的情况制作了图表,不同群组的截尾值相同,出现的情况也相似。

触发了原本被抑制的需求，从而导致了赴美学生一开始的激增。由此，我们可以预期，从最初这批人员中产生的博士毕业生比之后赴美读博的人员要年长很多。图 16.6A～C 从年龄分布着手，这里的年龄是指中国博士在研究生入读时的年龄，然后与美国本土博士以及来自没有经历变革国家的博士在这一领域相关数据进行比较，数据的时间跨度为三年。

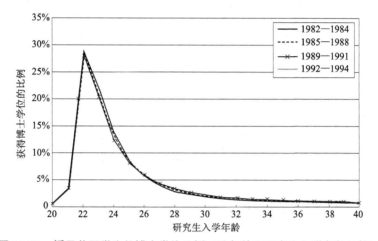

图 16.6A 授予美国学生的博士学位比例（按年龄和研究生入学年份计算）

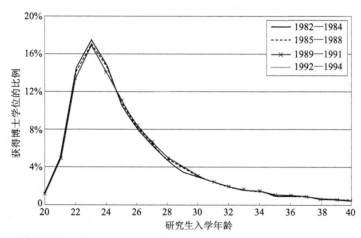

图 16.6B 授予其他非转型国家学生的博士学位比例（按年龄和研究生入学年份计算）

尽管对照组在 12 年的时间跨度里几乎没有发生什么变化，但是来自中国的博士有"年轻化"趋势，因为他们的研究生入学年龄集中在 22～23 岁。这样一来，中国博士毕业生的研究生入学平均年龄从 20 世纪 80 年代初期的 24.2 岁左右下降到 1992 年至 1994 年间的 23.7 岁。我们再把视线转向东欧国家，会发现在图 16.7A～F 中除了波兰和罗马尼亚，其他东欧各国也有类似的变化发生。

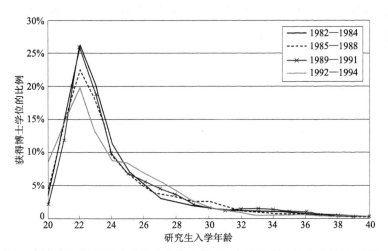

图 16.6C 授予中国学生的博士学位比例（按年龄和研究生入学年份计算）

尽管被抑制的需求彻底释放可以用来解释经历政治变迁的国家的博士毕业人数逐渐趋于稳定这一现象，但是也有可能是因为原籍国高校的发展使得该地区赴美深造的人数有所减少。

在美取得博士学位与国家经济转变之间存在关联的第二个表现在于学生对于美国具有博士授予资格的高校选择发生了潜在的变化。就中国而言，我们考察了国家改革之后，该国学生将近 20 年间取得博士学位的情况，我们发现根据博士教育质量的不同，吸引众多学生从事特定领域博士阶段学习的情况也已发生了巨大变化（详见表 16.1）。

特别是 20 世纪 80 年代初，来自中国的博士学生主要集中在排名相对靠后的高校，有超过 50%的博士毕业生所获学位是由全美排名 50 以外的高校授予的，这些毕业生在 1981 年至 1984 年间开始他们在化学、物理及生命科学领域的博士阶段学习。然而 10 年间，中国学生群体开始逐渐集中在排名靠前的高校进行博士阶段学习，而且比起那些 80 年代初赴美读博的群体，近年来在美国读博的中国学生更有可能获得全美排名前 15 的高校所授予的博士学位，这大概与中国国内教育不断完善有关。

第十六章 开放（封闭）——不同国家给美国博士生教育带来的冲击

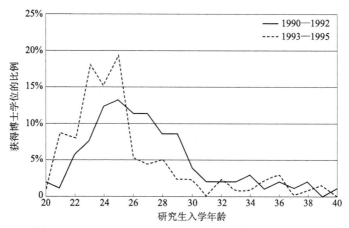

图 16.7A 授予保加利亚学生的博士学位比例（按年龄和研究生入学年份计算）

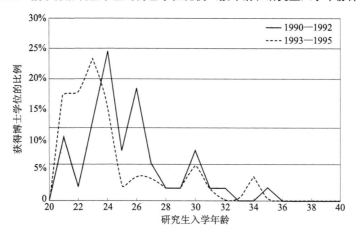

图 16.7B 授予捷克共和国学生的博士学位比例（按年龄和研究生入学年份计算）

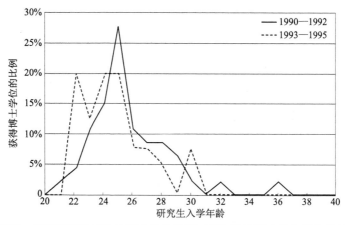

图 16.7C 授予匈牙利学生的博士学位比例（按年龄和研究生入学年份计算）

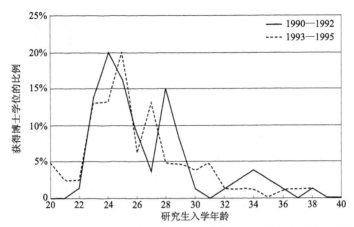

图 16.7D　授予波兰学生的博士学位比例（按年龄和研究生入学年份计算）

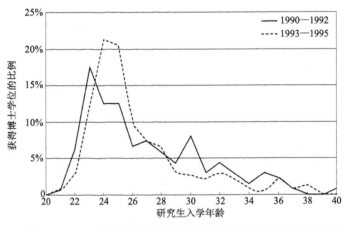

图 16.7E　授予罗马尼亚学生的博士学位比例（按年龄和研究生入学年份计算）

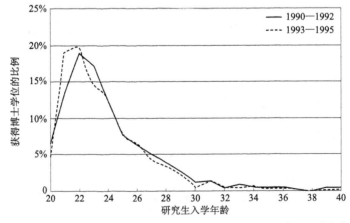

图 16.7F　授予前苏联国家学生的博士学位比例（按年龄和研究生入学年份计算）

表 16.1 授予 15 个美国顶级博士生培养项目的学生的学位比重

（按学科领域和国籍或地区计算）

原籍国或地区	毕业年份	物理	化学	生物化学	经济学	工程学
中国	1980—1984	0.151	0.131	0.093	0.201	0.202
	1985—1989	0.189	0.131	0.104	0.222	0.183
	1990—1994	0.211	0.159	0.141	0.312	0.262
	1995—1999	0.218	0.190	0.121	0.247	0.300
印度	1980—1984	0.121	0.094	0.047	0.167	0.257
	1985—1989	0.190	0.092	0.035	0.208	0.284
	1990—1994	0.163	0.094	0.076	0.178	0.267
	1995—1999	0.256	0.125	0.083	0.246	0.348
韩国	1980—1984	0.202	0.198	0.114	0.269	0.328
	1985—1989	0.191	0.218	0.155	0.269	0.309
	1990—1994	0.241	0.227	0.147	0.250	0.395
	1995—1999	0.338	0.215	0.257	0.317	0.471
中国台湾	1980—1984	0.204	0.153	0.133	0.166	0.307
	1985—1989	0.183	0.155	0.157	0.298	0.332
	1990—1994	0.240	0.237	0.188	0.217	0.443
	1995—1999	0.360	0.250	0.320	0.235	0.470
苏联	1990—1994	0.218	0.184	0.133	0.226	0.338
	1995—1999	0.319	0.163	0.077	0.358	0.387

来源：笔者根据博士毕业生调查（限制访问的文件）制作的表格。

因此，从此次的描述性报告中我们可以清楚地看到一点，那就是政治变迁打开了教育市场的大门，比如 20 世纪 80 年代初的中国以及 90 年代初的东欧，当时在这些国家发生的政治变化对于他们的学生赴美读博产生了极大的影响。这些国家目前正处于高速发展期，加上原籍国国内教育选择的不断增加使得那些选择赴美国高校深造的学生在择校时更为挑剔，就这一情况而言，我们可能看到赴美读博人数从最初的增长趋势将进入停滞期，甚至出现回落的情况。虽然对于那些政策急剧变化的国家和地区,上述提到的表现会尤为明显,但是诸如印度、韩国以及中国台湾等国家和地区也会呈现出类似的变化。这些国家和地区于 20 世纪 70 年代中期施行的经济政策使得对外贸易规模急速增大,相伴而生的则是赴美读博取得学位的人数也不断增长(详见图 16.8A~C)。

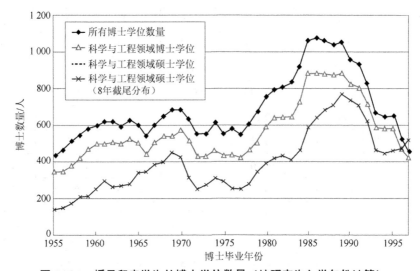

图 16.8A 授予印度学生的博士学位数量(按研究生入学年份计算)

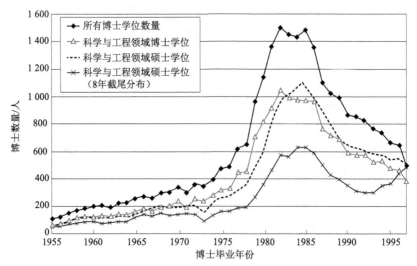

图 16.8B 授予韩国学生的博士学位数量(按研究生入学年份计算)

第十六章 开放（封闭）——不同国家给美国博士生教育带来的冲击

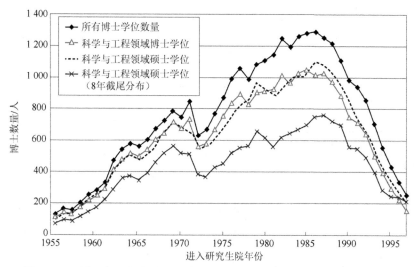

图 16.8C 授予中国台湾学生的博士学位数量（按研究生入学年份计算）

从这些数据中我们可以看到，有一段时期，赴美读博（并且完成学业）的人数有大幅增长，但从 20 世纪 80 年代末开始，就大幅下滑。我们还发现，比起 70 年代末赴美读博的前辈们，如今这些国家和地区学生在美国所取得的博士学位大多是由美国顶尖的研究生院授予的，表 16.1 显示，毕业于美国排名前 15 的院校的博士比例增长幅度明显。

不过，随着这些国家赴美读博学生人数的减少，表 16.2 清晰地显示出，这些国家的高等教育——确切点说，科学领域的研究生教育在过去 15 年间发展异常迅猛。为了更好地说明这一情况（我们来看一组数据），中国台湾培养的科学和工程学博士人数从 1985 年的 109 名增加到 2003 年的 1 167 名，而在韩国，这一数据从 1983 年的 281 名增加到 2002 年的 3 225 名。以上的数据显示出一个转型过程，许多从这些国家和地区赴美取得博士学位的学生有力地推动了当地高校研究生教育的发展，同时也促进当地全面转向依托科研和工程技术产业的发展。

来自发展中国家的高智商学生出国求学（甚至受到本国政府的鼓励）并最终回国为经济发展添砖加瓦，我们所说的这种情况并非必然，而是取决于原籍国光明前景能否持续及其高等教育院校机构的发展情况。我们认为，苏联高校状况的持续恶化使得很少有赴美求学并获得博士学位的学生愿意回国，故这一情况与"人才流失"这一传统提法更为接近。

表 16.2　亚洲发展国家或地区科学和工程授予的博士学位数量　　单位：人

年份	中国	印度	韩国	中国台湾
1983	—	3 886	281	58
1985	125	4 007	548	109
1987	218	4 123	759	197
1989	1 024	4 209	984	257
1991	1 198	4 294	1 135	370
1993	1 895	4 320	1 421	513
1995	3 417	4 000	1 920	650
1997	5 328	4 764	2 189	839
1999	6 778	5 317	2 607	892
2000	7 304	5 395	2 865	931
2001	8 153	5 394	—	970
2002	—	5 527	3 225	—
2003	—	6 318	—	1 167

来源：National Science Board，2006，appendix table 2-43

接着要做的事

从上述简短的分析中可以得出一点结论，那就是其他国家发生的政治变化，尤其是开放对外贸易及教育交流，会极大地影响这些国家学生赴美攻读博士的规模。随着20世纪80年代中国学生赴美深造人数的大幅增加，以及紧接着90年代初苏联及东欧国家的学生也表现出同样的情况，我们从数据中发现了一个普遍现象，那就是赴美求学人数多年趋于稳定状态后又出现了博士生入学人数的高峰。

输出国与输入国之间的高等教育交流对彼此的经济产生了何种影响，要回答这一问题，还要开展更多研究。我们认为，向来自中国及东欧这些处于经济转型期国家的学生提供教育机会与向来自贫困的发展中国家的学生提供教育机

第十六章 开放（封闭）——不同国家给美国博士生教育带来的冲击

会，两者所带来的影响，无论从长期还是短期来看，明显不同。对于处于转型期的经济体而言，赴美获得博士学位的本国学生有可能是作为"中间产品"来起到推动原籍国教育及工业发展的作用。为此，倘若处于转型期的经济体拥有实力强的院校机构并对高校有大规模的投入扶持，则可能出现在美获得博士学位人员的回流现象。因此，"人才流失"绝非处于转型期国家的学生赴美深造的必然结果。

第十七章

"反恐战争"对美国高校意味着什么

麦克尔·A·奥里瓦斯（Michael A. Olivas）

本书的若干章节直接论述了美国研究生专业教育吸引力显著下降的问题，罗列了一些观察到的现象并提出了解决方案。跟许多复杂问题一样，事实上所有这些"诊断"和"处方"本身都是正确的，但是用于别处则完全错误。在拥挤的中国城，一个年轻女孩只是隐约地感觉到她可能会成为药剂师、医学研究者或法律学者。在墨西哥人地界，年轻小伙子只知道物理学或一点聂鲁达的诗歌。社会学家喜欢研究完成学位的一般"途径"，在我们大多数人的记忆中，我们自己完成学位的过程是偶然的、独特的甚至有些不真实。例如，罗纳德·G·埃伦伯格自己的求学之路充满曲折且有诸多变数，①笔者自己也是一番试错之后才在高等教育法律和移民研究中找到方向。②实际上，大多数人的研究以及专业探索都与原本描述或预想的不一样。

不管学者们如何来到美国，真正的问题在于他们从哪里登陆、在哪里工作以及是什么原因促使像朱经武、吉尔·克尔·康威、阿尔伯特·爱因斯坦、亨利·基辛格和马里奥·莫利纳这样的人献身于美国实验室和高等教育机构的研究工作。本章从三个方面讨论这些问题，试图弄清楚美国如何管控留学生入读大学、反恐怖主义法律如何影响了这些行为，以及"9·11"之后执行的基本规则如何影响美国高等教育在全球的地位。

---

① 参考：Ehrenberg 1999, 2000。
② 参考：Olivas, 2000。

留学美国

外国学生申请进入美国高等教育机构的方式和其他人一样，当然还有其他方式。"其他方式"主要是入学程序和额外文书工作（这两个都与移民程序有关）以及国际学生要求。从概念上来讲，这些步骤很简单、很透明，但是它们却掩盖了招收国际学生的复杂性。[1]本章目的不在解析这些移民要求，这些要求催生了一个巨大的产业和支持网络。比如 NAFSA 和国际教育者协会（它的前身是全美外国学生顾问协会，简称 NAFSA）代表这些学生在美国的利益，组织安排国际学生入学及程序设置，不断完善国际学生顾问网络使其更专业化。[2] NAFSA 的许多研究明确记录了大量学生申请处理时的结构性问题、领馆延误（包括 2001 年的证据，即向领馆提交的学生签证申请超过 1/4 被拒签）以及移民要求中存在的缺陷，尤其体现在对那些想要来美国学习的学生家庭要求方面。[3]国际教育研究院是另外一个网络，旨在建立交流项目、评估成绩报告，在全球高等教育体系中提供技术支持。[4]其他联合组织、政府机构和非政府组织也参与协助这些工作。因此，数以百万计的学生和学者得以走出国门和国外院校开展正式互动。[5]这个系统应运转良好，而不是让参与者陷入困境或令人失望（虽然 2001 年以后情况越来越糟）。

在美国，国际学生大多数都是持 F-1 签证（传统的大学学习）或 M-1 签证（短期的大学学习或语言学习），而交流学者和研究人员拿的都是 F-1 签证。他们的家人和受抚养人可以随即持有相关的签证类型（还有许多其他移民类别允许学习，但是主要的就是这里说的这些。）学生必须被大学接受并且及时提交能够证明资金支持、保险范围、安全许可以及其他学习资格的相关书面文件。[6]这些所需的文件已经变得越来越复杂，处理起来非常耗时。结果，处理过程中的延误常常影响学

---

[1] 参考：Berger and Borene 2005.
[2] 参考：Bollag, 2006c. 更多关于 NAFSA 的信息，请参考 http://www.nafsa.org.
[3] 参考：NAFSA 2003，2006.
[4] 参考：Institute of International Education 2006. 更多有关国际教育研究院的信息，请参考 http://www.IIE.org.
[5] 参考：Institute of International Education 2006.
[6] 参考：McMurtie 1999.

生入学以及飞往美国的时间安排。[1]而且，虽然大多数国际学生获准可以在读书期间留在美国（前提是学业进度令人满意并无不良行为致使取消资格），但是操作起来并不容易。在我对移民和高等教育近25年的观察中，我目睹学生因为种种原因被驱逐出境，有的因为夏季转学时没有恰当地注册，有的因为"退选"并未开设的课程，有的因为在夏季项目中工作超时（项目允许并要求他们这么做），还有的因为其他各种没有恰当规定或准许而犯下的小过错。我自己的一个学生暑假回国，错过了返程航班，导致他不具备返回美国的资格。为此，我不得不寻求高层的政治干预（出于政治原因将名字省去，说不定将来还得找他/她帮忙）。通常情况下，学生可以延长学业好几年，可以继续深造，可以在有限的情况下"工作"。一旦他们完成学业，他们通常可以申请，而且有资格在美国工作。很多国际学生都是这么做的，尤其是从事他们能够胜任的学术工作。[2]

这种简述掩盖了许多与实际不符的情形，而且也未提及许多可能发生的恐怖情况。但是，大多数恐怖情况都牵涉移民身份及其组织结构，而且这种重叠，再加上其中的许多技术细节，使其变得不近人情、令人苦恼——"9·11"之后更是如此。同时，美国驻外领事人员被赋予了过多的审查权，实际上对有意移居美国的申请判定不受监督。[3]另外，令人惊讶的是，有很多诉讼都涉及国际学生和学者，包括财务援助资格（比如1977年的"Nyquist v. Maudet"案例[4]）、就业问题、进入和离开美国的资格、美国公民以学术交流身份进入古巴等地区的资格[5]、保险要求（比如1986年"Ahmed v. University of Toledo"的法律案件[6]）、歧视指控[7]、出于外交原因的报复[8]以及许多其他原因[9]。不用多说，这里具有丰富的法律文献，

---

[1] 参考：Kapoor 2005.
[2] 参考：Berger and Borene 2005; Steiner-Long 2005.
[3] 参考：McMurtie 1999.
[4] 1977年的Nyquist v. Maudet法律案件指出，美国各州不能限制对公民的财务援助计划，而且不能将永久居民排除在外。
[5] 参考：Bollag 2006b, 2006d, 2006e.
[6] 1986年的Ahmed v. University of Toledo法律案件指出，大学可以要求国际学生购买保险。
[7] 参考：Gott 2005.
[8] 参考：Bollag 2006b, 2006c; Bollag and Canevale 2006.
[9] 参考：Cooper and Shanker 2006; Guterman 2006; Jordan 2006.

而且是一个宽广的执业领域（比如 1982 年的"Toll v. Moreno"案件）。①结果显示，在这些案例中，国际学生有胜诉，也有败诉，尤其在学校行为存在明显的偏见时。例如，20 世纪 70 年代末，伊朗军方强制接管美国驻德黑兰大使馆，新墨西哥州立大学（NMSU）董事采取行动惩罚在校伊朗学生（参见 1980 年"Tayyari v. NMSU"案件）（涉及董事采取惩罚性措施针对来自劫持美国人质的国家的在校学生）。②此外，受不断变化的国家安全准则的影响，美国长期以来一直限制具有争议人物入境，包括知识分子和学者。2006 年"美国宗教学院诉切尔诺夫"一案的判决，迫使美国政府要么签发签证给来自瑞士的穆斯林学者塔里克·拉马丹（圣母大学同意给他一份终身教职），要么明确给出拒发签证的理由。③这个裁决引来一片欢呼，但是，好景不长，同年美国政府就拒绝美国公民从巴基斯坦返回美国。④在拉马丹的第一次好消息之后，美国政府后来以各种理由拒绝他进入美国。⑤想来美国工作的杰出人才，以及许多只是希望来美国参加学术交流的人，都有许多选择，此路不通他们就会去往别处。⑥被美国拒绝之后，拉马丹被当时的英国首相布莱尔任命为英国反恐行动小组的顾问。⑦我们已经忘记了第二次世界大战的教训。当时欧洲的"人才流失"给我们国家带来了杰出的科研、人道主义和政治人才，他们为了逃离纳粹迫害来到美国。杰出人才能够找到愿意支持他们发挥所长的国家，美国的大学和企业只能看到他们在海外的成就，并且眼巴巴地看着他们在世界其他国家申请专利。⑧

"9·11"之后美国高等教育的反应

当然，2001 年 9 月 11 日的事件改变了一切。可想而知，事情变得更糟糕

---

① 参考：Toll v. Moreno，1982. 该法律案件指出，非美国居民签证持有人出于学费目的可以申请居住权。
② 1980 年的 Tayyari v. New Mexico State University 法律案件对来自挟持美国人质的国家的在校学生提出额外要求。
③ 参考：Bollag 2006f.
④ 参考：Bulwa 2006.
⑤ 参考：Shuppy 2006.
⑥ 参考：Archibold 2006.
⑦ 参考：Blair 2006; Labi 2006.
⑧ 参考：Bollag and Neelakantan 2006.

了。① 为了应对"9·11"袭击之后的恐怖主义，美国国会已经制定或修订了几十项法规，其中有几项直接涉及高等教育机构或明显影响了高等院校。此外，还出现了一些新的立法议案，它们一旦成为法律，将影响美国的学院和大学。实施这一法律的规则已经逐级下达，还有更多尚在酝酿之中。好比一个复杂的台球游戏，这些新的法规交叉引用、混合并改变现行法规，包括公认的法律。

为了打击"9·11"袭击之后的恐怖主义，美国国会制定的主要法规包括：① 2001 年 10 月 26 日颁布的《使用适当手段阻止和避免恐怖主义，以团结并强化美国的法案》（简称《美国爱国者法案》，公法 107-56），该法案是反恐立法的主要选集，修订了许多法规；② 2001 年 11 月 19 日颁布的《航空运输安全法》（公法 107-71），该法影响了飞行训练学校；③ 2002 年 5 月 13 日颁布的《加强边境安全和签证入境改革法》（简称《边境安全法》，公法 107-173），该法硬性规定收集国际学生和学者的数据；④ 2002 年 6 月 12 日颁布的《公共健康安全和生物恐怖预备应对法》（公法 107-188），该法控制用于科学研究和教学的毒素和其他生物制剂的使用和分配。

其他的相关法律行动包括：① 学生和交流学者信息系统（简称 SEVIS），该系统是一个全面的计算机化的系统，用于追踪国际学生和交流学者；② 美国政府部门技术警报列表，该列表是一个升级版的领馆官方审查程序，用于侦察试图学习敏感技术的恐怖分子；③ "签证缺陷管理平台"，该程序旨在降低科学和工程领域某些学生和学者的安全许可；④ 先进科学安全的跨部门小组，该小组旨在检查安全敏感的科学领域的外国学者；⑤ 消费者警戒和支持系统，该系统是一个文件共享程序，将犯罪信息纳入移民筛选记录；⑥ 临时学生和交流学者认证系统，该系统是 SEVIS 系统全面运作之前行之有效的过渡性程序，取代了 1996 年实施的《非法移民改革和移民责任法案》（简称 IIRIRA），而后者本身又对 1952 年颁布的《移民和国籍法》的核心内容做出过重大修改。除此之外，还有许多总统指令以及管理移民、国家安全和高等教育交叉地带的联邦法规和监管事项。②

---

① 该部分摘自 Olivas 2004 年的著作，出于篇幅考虑，我没有在此复现原版中出现的所有注释。其他论及高等教育和恐怖主义之间相互影响的文章包括 Couter and Giroux 2006 和 Gott 2005.

② 参考："U.S. Citizens" 2006.

正如一位细心的移民研究学者所评述的那样：

坦白讲，移民法关注的重点不是国家安全或恐怖主义。你会发现，国家安全只是混合的众多政策因素之一。此外，只有极小部分的实际移民案例会导致国家安全问题。相反，虽然许多针对"9·11"恐怖袭击的政策回应明确与移民有关，但是大多数都是一般意义上的国家安全策略。所以，利用一整章内容来讨论国家安全，会显得过于重视这个主题，甚至有些冒险。确实，这一点必须承认。然而，单独处理这个材料也是有用的。这有两个原因：第一，"9·11"恐怖袭击之后，不可避免地，美国民众一心想的就是恐怖主义和战争，它完全主导了有关移民的公共话语。欢迎也好，不欢迎也罢，这个事实不可忽视。第二，国会和行政机关采取了一系列反恐行动作为回应。这些行动中许多都是专门针对非美国公民或其中特定群体的。综合这些措施更易于在不特定环境中描述、理解以及评估他们。①

"9·11"事件之后，就算某些劫机分子从未入读美国的飞行学校，有些法规本也应该改变。②恐怖袭击加快了相应的法规修订，给好似"休眠的"法令带来了一些生气。例如，1996 年的 IIRIRA 法案就规定要设立 SEVIS 系统，但是一直未实行。后来主要出于担心外国人在签证过期之后仍然滞留美国，国会下令开发自动化的出入境系统。然而该系统并未开发出来，因此国会在 1998 年和 2000 年又颁布了两项法规来处理这个问题。"9·11"恐怖袭击之后，《美国爱国者法案》签署成为法律，其中的第 414 节更添紧迫感。2002 年，国会就这个问题再次行动，颁布了《加强边境安全和签证入境改革法》。同年 6 月，司法部宣布开发国家安全出入境登记系统（简称 NSEERS），而对应高等教育的就是 SEVIS 系统。作为基于网络的学生追踪系统，SEVIS 几经拖延，颁布之后规定美国高校使用，招致诸多不满。一旦技术、法律和系统问题得到解决，NSEERS 和 SEVIS 将被纳入一个更加全面的数据库——"美国游客与移民身份指示技术系统"。同时，学校公职人

---

① 参考：Legomsky 2005，843.

② 参考：Kobach 2005.

员必须花费大量时间，通过一个极其复杂详细的移民制度，来追踪和识别国际学生和学者。①其中的各种延误已经妨碍了国际学生和研究者进入美国高等院校，在文件处理和技术要求时的滞后可能要求他们提前一年办理注册。

专门针对无证大学生或那些由家长以规避法律的方式带入美国的学生的居留法律和规章的出现，是一个混合了国内和国际问题的领域。关于居留问题，最重要的进展就是引入并考虑联邦立法来解决 IIRIRA 法案第 505 节的混乱——《非美籍未成年人发展、救济和教育法案》（简称《梦想法案》）。2003 年 7 月 31 日，参议员奥林·哈奇（Orrin Hatch）和理查德·德宾（Richard Durbin）重提《梦想法案》第 1 545 节。截至 2003 年秋，已有 35 位美国参议员联署提案，包括参议院司法委员会的大部分成员；2003 年 11 月，《梦想法案》第 1 545 节获参议院司法委员会通过。在众议院，议员克里斯·坎农（Chris Cannon）、露西尔·罗伊博尔·阿拉德（Lucille Roybal-Allard）和霍华德·伯曼（Howard Berman）于 2003 年 4 月 9 日重提《学生调整法案》（众议院第 1 684 号）。该提案与《梦想法案》相呼应，只是条款不同。②2006 年年初，一项本质上相似的法案提交给了国会，2007 年秋被否决。如果《梦想法案》以现有形式通过，将具有以下作用：① 它将废止 IIRIRA 的第 505 节，该节阻止有些州为所有毕业于该州的中学生提供本州居民学费（该废止具有追溯效力，就好像第 505 节根本不存在一样）；② 它将允许合格的无证学生通过两个步骤开始走向合法化。此外，《梦想法案》具有内在的特别保护，包括为某些中学尚未毕业的年轻学生（12 岁以上）提供免受驱逐保护和工作授权。一旦这些学生中学毕业，第一步，给予他们长达 6~8 年的受制约身份；第二步，完成大学、兵役、社区服务之后，移民可以马上申请去除受制约身份并接受永久居民身份。他们可以马上开始入籍流程，因为受制约身份和永久居民身份的时间可以充抵公民身份的 5 年等待时间。但是，这项立法并未实行，虽然许多重要的州颁布了州立法，可只有联邦立法"松绑"才能全面解决这一移民/高等教育问题。③

---

① 参考：Berger and Borene 2005.
② 参考：National Immigration Law Center 2006.
③ 参考：Olivas 2004.

其他国家的发展

虽然,从定义上讲,恐怖主义是全球化现象,但是美国为应对恐怖主义而导致的过度法制化,让其他国家受益良多。虽然高等教育依然是美国的一项成就,许多其他国家和地区利用美国的反应,已经开始积极吸引国际学生和学者。①英国前首相布莱尔将增加外国学生人数作为其执政的一项中心工作,目标是 5 年之内新增 10 万名外国学生。(这个目标是合理的,因为从 1999 年到 2005 年赴英外国学生人数增长了 125 000,超出他预期的人数。)②欧盟放松了对人口流动的限制,并建立相关机制来提升成员国居民在欧盟内部其他国家上大学以及转移社会福利的能力。在这个计划中,肯定会有赢家和输家;欧盟法院已经有几项判决应对福利问题,包括大学生和学者的福利问题。③澳大利亚是美国限制增多的主要受益者,该国尤其重视东南亚学生。④新加坡和中国香港则积极招聘来自世界各地的生物医学和干细胞研究人员——尤其是来自美国的研究人员,因为对培育干细胞株问题的联邦限制(以及宗教怀疑)已经妨碍了这些基础研究的发展——建立了深厚的基础设施机制来发展这些研究领域及其相应的商业用途。韩国和中国台湾因为高调宣传研究结果涉嫌欺诈和造假而蒙羞,科研发展也因此停滞。虽然在这些方面美国的某些州也积极资助,前景颇佳,但是依然无法完全成功抵御来自其他国家和地区的竞争。不可否认,所有这些努力都将是此消彼长,就算在恐怖主义面前,美国和西欧也不会失去它们的竞争优势。当然,科学和恐怖主义的相互影响在围绕巴基斯坦核技术和伊朗核计划的问题中表现得最为明显,这些问题还显示了欧洲产业法和进口法的相互影响。⑤欺诈终结了菲律宾的预付大学学费计划,表明企

---

① 参考:Hebel 2006.

② 参考:Blair 2006,Ramsden 2006.

③ 参考:Davies 2005; Dougan 2005; Kochenov 2003; Lambert and Butler 2006; Landler 2006; Van der Mei 2003a,2003b.

④ 参考:Cohen 2006.

⑤ 参考:Coll 2006; Cooper and Shanker 2006; Langewiesche 2005.

业背信弃义还大量存在。①

美国和其他国家的机构——大学也好，企业也罢——还试图通过迁移至其他国家来扩大招生和影响。得州农工大学（Texas A&M University）在卡塔尔有重大发展，康奈尔大学和其他三所重点美国高校也如此。根据世界银行的追踪调查，有超过 700 所外国院校在中国有项目（已故的柯米特·赫尔认为这种发展很显然是"高等教育接龙游戏"②）。公司和大学出资买下现有院校（Laureate 教育集团收购了巴西圣保罗的 Anhembi Morumbi 大学），然后建造新的学校（罗切斯特理工学院在科索沃的美国大学）。考虑到这些发展以及某些国家的脆弱体制（许多在以色列、黎巴嫩以及其他国家的项目都因为政治不稳定而被终止），没人能够确切地理解这一现象。③这些项目中有许多都是由美国公立机构去实施的，这一点很令人惊讶，因为以往这些公立机构要么受立法机构的约束，要么受地方或州政治的限制，主要服务于更加狭隘的州利益。例如，人们不禁会想，得州农工大学迫于本校所在地（大学城，collegstation）的招生压力在卡塔尔建立分校，得州立法人员对于这个分校到底了解多少？（犬儒主义者很可能会说，只要得州农工大学的校橄榄球队能够打入美国大学杯比赛，只要他们能够买到球队在凯尔场举办的当地比赛的门票，校友和立法人员就心满意足，不会关心卡塔尔分校。）人们能够理解特洛伊大学作为亚拉巴马州一所长期为美国海外军事人员服务的公立大学在海外有十几处分校，但是人们不明白，为什么俄克拉玛城市大学要在加拿大设立分校？为什么得克萨斯大学阿灵顿校区要在中国设立分校？特别是在美国还有很多人群——尤其是低收入和少数族裔社区——无法上大学的情况下，州立机构尤其需要明确解释为什么走出国门办学。比如，堪萨斯州一所招生不足的公立大学在中国农村找到了在线生源，通过与中国河南新郑市的一所私立院校合作，为他们提供大量的远程教育。④

笔者曾在休斯敦大学法律中心指导并教授"墨西哥法律研究项目"长达 7 年之久。该项目是一个夏季项目，先后举办于瓜达拉加拉和墨西哥城。它是美国律

---

① 参考：Overland 2006.
② 参考：Mooney 2006b, A46.
③ 参考：McClure 2006.
④ 参考：Bollag 2006a; Mooney 2006a.

师协会批准的第一个海外学习项目,开展了30多年,最终因为失去动力而停办。我不想每个夏天都要在墨西哥待4~6周,我们学院其他4~5个参与这个项目的老师最后也有和我同样的感受,所以就停办了。但是,这些项目的遗留问题会怎样?当招生不可避免地波动或当地情况发生变化时,会在主办国建设什么样的基础设施?与公立和私立大学不同,私有机构是营利性质的,需要考虑股东利益和财务状况。它们到底能持续多久?甚至美国的法学院现在都有私人股东,我目睹了学校领导权和所有权控制的快速变化,这影响了认证标准并危及办学稳定性(可以参考2004年"西部州立大学诉美国律师协会"的法律案例)。①

最后的思考

毫无疑问,美国是20世纪全球科技和学术流动的主要受益者,现在依然如此。众所周知,美国发明了篮球,并向全球推广(这得益于美国篮球协会的声望及其对世界各地一流球员的吸引力),但是即便如此,美国篮球队也丢过奥运会冠军。同理,美国也可能在全球学术竞争中败下阵来。其他国家不仅致力于面向全球招生,而且有一些国家战略性地将高等教育和科学研究视为重要的外交和国家建设行为。当然,任何合理的行业评估都会发现,美国依然保持着经营多年积攒下来的天然优势,包括英语作为学术语言的突出地位。但是,这些优势并没有刻在石头上,自然就不是永恒不变的,尤其是现在中国和其他亚洲国家正在大步追赶,找寻他们的国际地位。欧盟联合体要比它的成员国单纯相加更强大,尤其在那些欧洲学者过去离开他们的国家来到美国研究的领域。如果美国延续最近的趋势,比如孤立批判性思维、实行地域限制以及树立意识形态障碍,容易受环境影响的学生和学者就会选择别的国家。

美国既建立了自己的优势,又基于现有优势继续发展,比如英语作为学术语言的明显优势。但是,如果全世界都认为美国不是学习和研究的理想之地,如果

---

① 2004年的Western State University of Southern California v. American Bar Association法律案件处理了私立法律学校以及资格认证的问题。

我们继续根据原住国限制科学研究领域并且将国际学生的入学和移民程序弄得更为困难和耗时，这些投入必将难以为继。在一个"扁平的"世界，和我们的机构、学生及老师相互交流的国际学生越多，他们就越能体会美国社会的学术道德和公民道德。耶稣会传教士懂得这一点，苏联人也做得很好，尽管不算完美。正如生于西班牙的乔治·桑塔亚那（哈佛大学毕业后留校任教多年）曾经所说的那样："美国意志住在高楼大厦里，美国智力住在殖民大厦里。"[①]正因为许许多多桑塔亚那们像花儿一样在美国扎根、绽放，美国意志和美国智力才得以发展。就像任何其他的花园一样，如果任由花儿自我成长不管不问，它们会枯萎，不再绽放。

---

① 参考：Santayana 2006，129.

展望未来

罗纳德·G·埃伦伯格（Ronald G. Ehrenberg）
夏洛特·V·库沃（Charlotte V. Kuh）

本书中的章节就如何改进美国博士生培养项目的运作提供了路线图。经费资助很重要，但并非唯一，因为即便是资金充裕的博士生培养项目，也可能出现高于预期的辍学率。为了提升博士生教育的质量，应该致力于改进课程特色，完善学生辅导，明确目标和要求，为老师和学生结成学者共同体营造良好的学术氛围。往往博士生培养的成功与否很大程度上取决于一些相关高校教师的领导力，因此必须鼓励教师领导力的提升，而且必须定期评估培养项目，以确保项目运转一切正常。

为了评估培养项目，必须按时收集有关项目特征及学生资助和培养进度的数据。研究生院及院长们的一项重要工作就是坚持收集上述数据，监督项目进展，通报成功项目的特征信息，以先进带动后进。此外，院长们的另一项重要工作就是向培养项目及其管理人员传递有关信息，譬如由美国研究生院委员会和各类关注提升博士生教育质量的基金会和组织分析得出的最佳实践方面的信息。

博士生培养正在发生变化。虽然更为传统的博士生培养项目依然按照学科分类，但是解决重大问题越发需要采用跨学科或多学科的方法。与过去相比，现在的博士毕业生的就业前景将与他们的导师那一辈不同，因为美国高校的终身教职比例下降了，而且越来越多的博士毕业生选择从事非学术工作。在非学术部门的跨学科环境中工作所需要的技能与传统博士生培养项目所培养的技能通常存在较大不同。博士生培养项目需要意识到，博士毕业生将来从事工作的性质在变化，他们需要的技能也在变化。

美国国家科学基金会开展的"综合性研究生教育和研究培训"项目（英文缩写IGERT）促进了科学、工程、科技和数学领域的跨学科博士生培养项目的发展。该项目致力于"培养具有博士学位的科学家和工程师的跨学科背景以及他们在应对未来全球性问题所需的科技、专业和个人技能"①。对 IGERT 项目的初期评估发现，该项目已经改变了参与项目学生的教育经历，鼓励了教师从事跨学科教学与科研，推动了那些开展了该项目院校的跨学科教育。②

这些跨学科博士生培养项目的成功与否，最终需要通过博士毕业生的就业情况以及他们对新知识的贡献来评判。这些项目的许多博士毕业生将从事非学术工作，而那些有心做学术的博士生也许会发现，绝大多数学术岗位依然设置在根据学科分类的系部当中。而这些系部的教师可能认为，就学科训练而言，博士毕业生的跨学科培养其实是一种淡化，而非拓展。目前有许多跨学科的博士生培养项目，从生物科学的伞状项目（umbrella program）到诸如纳米科技的新兴学科。这些项目的目标应该明确，而且应该严格评估它们的短期和长期效果。

另外，本书中的章节还关注到了美国博士生教育未来要培养的学生。美国将来能否继续吸引优秀的外国留学生来美国大学攻读博士学位，而且博士毕业之后留在美国工作，这一点还存在很大的不确定性，有鉴于此，增加美国本土博士毕业生的人数至关重要。虽然我们开始明白是什么因素导致某些本科院校能够比其他院校输送更多的学生去攻读博士学位，但是这个问题还有待进一步分析。同样，虽然我们知道为本科生提供研究经历似乎可以增加他们攻读博士学位的概率，但我们还不是十分了解怎样去做才能取得最佳效果。

尽管美国本土女性博士毕业生的人数在不断增长，但是美国研究型大学的教师群体中女性比重依然很小，科学和工程领域尤其如此。最近有研究表明，如果女性博士毕业生去申请研究型大学的职位，她们获得面试的概率要高于男

---

① 更多信息请参考美国国家科学基金会的"综合性研究生教育和研究培训"的网站，http://www.igert.org。
② 参考：Abt Associates 2006;Panofsky and Rhoten 2005。

性，如果去面试，她们获得职位的概率同样高于男性。①同样，如果接受提供的职位，她们获得终身教职的概率与男性相仿。因此，美国研究型大学中女性博士毕业生比例小，主要是因为相比于男性，女性更少去申请研究型大学的职位。

虽然有许多原因可以解释为什么女性教师比重小，但是人们越发认同，这种现象反映了女博士在面对家庭和研究型大学的教职时难以两者兼顾，以及她们那种认为研究型院校对女教师不友好的看法。本书中的若干章节提到大学为减少这种顾虑而采取的相关行动。最近，许多大学都完善了它们的培养计划，开始为博士生提供带薪产假、补贴在校儿童保育、提供与儿童保育有关的旅行经费，这样一来，那种使研究型大学变得更加关爱家庭的努力已经从学院层面渗透到博士生群体当中。②

虽然最近几十年女博士人数大幅增长，但是美国本土有色人种博士生人数增长幅度要小得多。考虑到榜样的作用很重要，增加有色人种博士生人数，并且让他们当中更多人担任教职，可以为有色人种本科生教育带来积极影响。本书中有关这个话题的章节不仅提出了策略，而且建议在这方面做出更大努力并加强评估。

最后，虽然本书中的章节一致认为，优秀的外国留学生来美国攻读博士的现象未来能否延续尚不确定，但同时也注意到，这些外国留学生的存在似乎并没有打击美国本国公民攻读博士学位的积极性。因此，需要调整移民政策，从而鼓励更多留学生来美国读博士。在这种情况下，大学必须意识到，博士生的一个重要角色就是担任助教。虽然美国大学要求所有外国留学生的英语口语和书面英语必须达到最基本的能力要求（通过 TOEFL 考试的成绩来体现），但是外国留学生有时因为受到英语水平不足和美国文化知识不够的限制而无法胜任助教工作。比如，国外的师生关系比美国更加具有等级观念，而且关于女性是否应该接受高等教育的态度也可能不同。有研究表明，由外国留学生担任助教时，美国学生在课堂上学到的知识更少。而另外一些研究则表明，如果提供恰当的助教培训，这种差距

---

① 参考：National Research Council 2008.

② 参考：Millman 2007.

就不复存在了。①尽管本书的重点在于探讨如何提升博士生教育的质量以及如何吸引更多学生攻读博士学位,但是不应忽视博士生承担教育美国本科生的角色。因此,显然需要有更多的研究去关注有效的助教培训项目,尤其是针对那些来美留学博士生的助教培训项目。

---

① 参考:Borjas 2000,该书列出了证据,证明外国助教影响了学生在入门级经济学课程中的学习表现;还可以参考 Fleisher, Hashimoto, and Weinberg 2002,该研究发现,当经过筛选录取的外国助教接受过恰当的英语口语和教学技巧方面的训练之后,他们至少在本科经济学课程中和美国助教一样有效。

投 稿 人

琳达·阿布里奥拉（Linda Abriola）塔夫茨大学工程学院院长、土木和环境工程教授、美国国家工程院院士、美国地球物理学会会员。

查尔斯·贝克尔（Charles Becker）杜克大学经济学研究教授、2001至2007年美国经济协会"夏季项目"和"少数族裔奖学金项目"主任。

艾美莉·布兰奇阿德（Emily Blanchard）弗吉尼亚大学经济学助理教授。

约翰·邦德（John Bound）密歇根大学经济学教授、美国国家经济研究所研究员、世界计量经济学会会员。

迈尔斯·博伊兰（Myles Boylan）凯斯西储大学工业经济学博士，现为国家科学基金会本科生和研究生教育部门项目主任。

莎伦·M·布鲁克（Sharon M. Brucker）安德鲁·W·梅隆基金会研究生教育计划数据库协调员。

安德烈·康克林·布希（Andrea Conklin Bueschel）斯坦福大学教育学博士，曾任卡耐基教学促进基金会研究学者，现为斯宾塞基金会资深项目官员。

卡洛斯·卡斯蒂洛-查韦斯（Carlos Castillo-Chavez）亚利桑那州立大学校董教授（regents professor）、Joaquin Bustoz Jr.教席教授、数学和理论生物学研究所所长，曾荣获国家科学基金会和美国总统办公室联合授予的科学、数学和工程学杰出指导总统勋章。

卡洛斯·卡斯蒂洛-加索（Carlos Castillo-Garsow）亚利桑那州立大学数学和理论生物学研究所毕业生，现为该所数学教育方向研究生。

玛格丽·戴维斯（Margery Davies）布兰迪斯大学社会学博士、塔夫茨大学多元教育与发展办公室主任、文理学院和工程学院的反歧视行动（affirmative action）负责人。

丹尼尔·D·德内克（Daniel D. Denecke）约翰霍普金斯大学英国文学专业博士、美国研究生院委员会最佳实践（best practices）中心主任。

罗纳德·G·埃伦伯格（Ronald G. Ehrenberg）康奈尔大学劳资关系和经济学系Irving M. Ives教席教授、康奈尔高等教育研究所所长、美国国家经济研究所研究员。美国研究委员会下属高等教育和劳动力分会会长、美国国家教育学会会员、劳动经济学家协会会员以及美国国家学院研究员。

海伦·S·弗雷泽（Helen S. Frasier）美国研究生院委员会最佳实践中心的项目经理。

克里斯·M·戈尔德（Chris M. Golds）斯坦福大学教育学博士、曾任卡耐基教学促进基金会资深学者，现为斯坦福大学研究生院副院长助理。

M·R·C·格林伍德（M. R. C. Greenwood）加利福尼亚大学圣克鲁兹分校名誉校长、美国人文与科学院院士、国家医学院成员，现为加利福尼亚大学戴维斯分校生物学和内科医学教授。

杰弗里·A·格罗恩（Jeffrey A. Groen）密歇根大学经济学博士、美国劳工统计局研究经济学家、康奈尔高等教育研究所研究员。

咸正安（Jong-on Hahm）麻省理工学院神经科学博士、乔治华盛顿大学Elizabeth Somers女性领导力研究中心研究教授、乔治梅森大学公共政策学院杰出资深研究员。

辛西娅·约翰逊（Cynthia Johnson）2006至2008年莱斯大学教育卓越和平等中心执行主任。

劳拉·琼斯（Laura Jones）斯坦福大学人类学博士，曾任卡耐基教学促进基金会资深学者，现为斯坦福大学文物服务和特殊项目主任。

夏洛特·V·库沃（Charlotte V. Kuh）耶鲁大学经济学博士、美国研究委员会政策与全球事务分会执行副主任、美国研究委员会博士生研究项目评估小组行政官员、科学女性协会成员。

谢丽尔·勒冈（**Cheryl Leggon**）芝加哥大学社会学博士、乔治亚理工学员公共政策学院副教授、美国科学和西格玛赛促进会会员。

罗伯特·J·莱姆基（**Robert J. Lemke**）威斯康辛-麦迪逊大学经济学博士、森林湖学院（Lake Forest College）经济学副教授。

凯瑟琳·M·米利特（**Catherine M. Millett**）密歇根大学高等教育公共政策博士、美国考试服务处（ETS）政策评估与研究中心资深研究科学家。

玛瑞斯·内拉德（**Maresi Nerad**）加利福尼亚大学伯克利分校博士、美国研究生教育创新与研究中心主任、华盛顿大学教育学院教育领导力和政策研究副教授、研究生院副院长。

麦克尔·T·内特尔斯（**Michael T. Nettles**）美国考试服务处（ETS）政策评估与研究中心资深副主席、Edmund W. Gordon 首席研究员。任职 ETS 前，曾任密西根大学教授、美国大学理事会托管委员会成员。

麦克尔·A·奥里瓦斯（**Michael A. Olivas**）休斯敦大学法律中心高等教育法律和治理研究所所长、法律专业 William B. Bates 杰出教席教授；美国法律协会会员、美国国家教育学会会员，是唯一一位在上述两个学会都具有会员资格的人。

小威利·皮尔森（**Willie Jr.**）乔治亚理工学院历史、技术和社会学院教授、美国国家学院研究院、美国科学促进会会员。

格雷戈里·普莱斯（**Gregory Price**）莫尔豪斯学院（Morehouse College）经济系主任、经济学 Charles E. Merrill 教席教授。

肯尼斯·E·雷德（**Kenneth E. Redd**）美国研究生院委员会研究与政策分析中心主任。2005 年，被《高等教育年鉴》评为 10 大杰出"高等教育新思想家"之一。

理查德·塔皮亚（**Richard Tapia**）大学教授、工程学 Maxfield-Oshman 教席、莱斯大学计算科学和应用数学教授、美国国家工程院院士、曾为美国国家科学委员会主席候选人。

莎拉·特纳（**Sarah Turner**）弗吉尼亚大学经济学和教育学教授、美国国家经济研究所研究员。

乔治·E·沃克（**George E. Walker**）佛罗里达国际大学科研副校长、研究生院院长；曾任印第安纳大学研究生院院长、卡内基博士计划主任；理论核物理学家、美国物理学会会员。

哈里特·扎克曼（Harriet Zuckerman） 哥伦比亚大学博士、安德鲁·W·梅隆基金会资深副主席、哥伦比亚大学社会学名誉教授、美国哲学学会会员、美国人文和科学院院士。

张亮（Liang Zhang 音译） 亚利桑那大学高等教育博士、康奈尔大学经济学博士、范德堡大学公共政策与高等教育助理教授、康奈尔高等教育研究院研究员。

参考书目

Aanerud, R., L. Homer, M. Nerad, and C. Cerny. 2006. Using PhD Career Path Analysis and PhDs' Perceptions of Their Education as a Means to Assess Doctoral Program. In Assessing Learning at the Doctoral Level, edited by Peggy L.Makiand Nancy Borkowsk,109-144.Sterling,Va.:Stylus.

Aanerud, R., L. Homer, E. Rudd, E. Morrison, M. Nerad, and J. Cerny. 2007. Widening the Lenson Gender and Tenure: Looking beyond the Academic Labor Market. NWSA Journal 19:3.

Abedi, Jamal, and Ellen M. Benkin. 1987. The Effects of Students' Academic, Financial,and Demographic Variables on Time to the Doctorate. Research in Higher Education 27, no. 1:3-14.

Abriola, Linda M. 2007. Annual Report [2006—2007]. Medford, Mass.: School of Engineering, Tufts University.http://engineering.tufts.edu/docs/SOE_2007_Annual_Report.pdf

Abt Associates.2006.Evaluation of the Initial Impacts of the National Science Foundation's Integrative Graduate Education and Research Training Program: Final Report. Bethesda, Md.,February.

Alexander, Benjamin, Julie Foertsch, Dianne Bowcock, and Steve Kosciuk. 1998. Minority Undergraduate Retention at UW-Madison:A Report on the Factors Influencing the Persistence of Today's Minority Undergraduates. LEAD Center,

University of Wisconsin-Madison.

American Society for Engineering Education.2006.ASEE Engineering Data Mining System.http://www.asee.org/datamining.

Archibold, Randal C. 2006. Wait Ends for Father and Son Exiled by F.B.I. Terror Inquiry. New York Times, October 2.

Arts & Sciencesand Engineering（AS&E）Office of Diversity Education and Development. 2006. Faculty Retention Coftort Study. Medford, Mass.: Tufts University, February.

Astin, A. W. 1999. How the Liberal Arts College Affects Students. Daedalus 128: 77-100.

Banks, James, ed. 2004. Diversity and Citizensftip Education: Global Perspectives. San Francisco: Jossey-Bass.

Barlow, A.E.L., and M.Villarejo.2004. Making a Difference for Minorities: Evaluation of an Educational Enrichment Program. Journal of Research in Science Teaching 41, no. 9:861-881.

Barron's.1994. Profiles of American Colleges. 20th ed. NewYork: Barron's Educational Series.

Bauer, Karen, and Joan Bennett. 2003. Alumni Perceptions Used to Assess Undergraduate Research Experience. Journal of High Education 74, no.2(March-April): 210-230.

Becker, Charles, and Gregory Price. 2006. Curriculum Intensity in Graduate Preparatory Programs: Impacton on Performance and Progression to Graduate Study among Minority Students in Economics. Paper presented at the 2006 Cornell Higher Education Research Institute Policy Research Conference Doctoral Education and the Faculty of the Future, Cornell University, Ithaca, N.Y., October 8-10.

Bellas,M.L.1992. Comparable Worth in Academia: The Effects on Faculty Salaries of the Sex Composition and Labor Market Conditions of Academic Disciplines. American Sociological Review 59, no.6:807-821.

Bender,T.2006. Expanding the Domain of History. In Envisioning the Future of Doctoral Education:Preparing Stewards of the Discipline. Carnegie Essayson on the Doctorate, edited by C.M.Golde and G.E.Walker,295-310.San Francisco: Jossey-Bass.

Berger,Dan H., and Scott M. Borene,eds.2005.Immigration Options for Academics and Researchers. Washington, D.C.: American Immigration Lawyers Association.

Bhattacharjee,Y.2004. Family Matters:Stopping Tenure Clock May Not Be Enough. Science 306: 2031-2033.

——. 2005. Princeton Resets Family-Friendly Tenure Clock. Science 309: 1308.

Blair, Tony. 2006. "Why We Must Attract More Students from Overseas." Guardian, April 2006.

Blythe, Stephen E. 2006. The Tiger of the Peninsula Is Digitized: Korean E-Commerce Law as a Driving Force in the World's Most Computer-Savvy Nation. Houston Journal of International Law 28:573-661.

Bollag,Burton.2006a. America's Hot New Export: Higher Education. Chronicle of Higher Education, February 17.

——. 2006b. College Fined for Cuban Program. Chronicle of Higher Education, July 21.

——. 2006c. Education Group Calls for National Foreign-Student Recruitment Strategy. Chronicle of Higher Education, June 23.

——.2006d. Greek Professor Barred from U.S. Chronicle of Higher Education, July 7.

——.2006e. U.S. Again Bars Cuban Scholars. Chronicle of Higher Education, March 17.

——.2006f. U.S. Won't Appeal Tariq Ramadan Ruling. Chronicle of Higher Education, September 8.

Bollag, Burton, and Dan Canevale. 2006. Iranian Academics Are Denied Visas. Chronicle of Higher Education, September 1.

Bollag, Burton, and Shailaja Neelakantan. 2006. After Visa Delay, Prominent Indian

Scientist Spurns U.S. Invitation. Chronicle of Higher Education, March 10.

Borjas,George.1987. Self-Selection and the Earnings of Immigrants. American Economic Review 77, no.4 (September): 531-553.

——. 2000. Foreign-Born Teaching Assistants and the Academic Performance of Undergraduates. American Economic Association Papers and Proceedings 90 (May): 355-359.

——. 2003. Immigration in High-Skill Labor Markets: The Impact of Foreign Students on the Earnings of Doctorates. Paper presented at the conference of the Science and Engineering Workforce Project at the National Bureau of Economic Research,NewYork,N.Y.:Columbia University, May15.

——. 2004. Do Foreign Students Crowd Out Native Students from Graduate Programs? NBER Working Paper 10349. Cambridge, Mass.: National Bureau of Economic Research.

——.2007. Do Foreign Students Crowd Out Native Students from Graduate Programs? In Science and the University, edited by P. Stephan and R.Ehrenberg).Madison:University of Wisconsin Press.

Bound,J.,and S. Turner. 2004. Cohort Crowding: How Resources Affect Collegiate Attainment. Journal of Public Economics 91,issues5-6(June),877-899.

——.2006. Cohort Crowding: How Resources Affect Collegiate Attainment. The National Bureau of Economics Research Working Paper Number 12424. Cambridge,Mass.:National Bureau for Economic Research.

Bound, J., S. Turner, and P. Walsh. Forthcoming. Internationalization of U.S. Doctorate Education. In Brainpower,Science and Engineering Careers in the United States, edited by R.Freeman and D.Goroff. Chicago: University of Chicago Press.

Bourque,S.C.1999. Reassessing Research: Liberal Arts Colleges and the Social Sciences. Daedalus 128:265-272.

Bowen, W., M. Kurzweil, and E. Tobin. 2005. Equity and Excellence in American Higher Education. Charlottesville: University of Virginia Press.

Bowen, William G., and Derek Curtis Bok. 1998. The Shape of the River: Long-Term Consequences of Considering Race in College and University Admissions. Princeton, N.J.: Princeton University Press.

Bowen, William G., and Neil L. Rudenstine. 1992. In Pursuit of the PhD. Princeton, N.J.: Princeton University Press.

Boyer, E. L. 1990. Scholarship Reconsidered: Priorities of the Professoriate. Princeton, N.J.: Carnegie Foundation for the Advancement of Teaching.

Bransford, J. D., A. L. Brown, and R. R. Cocking, eds. 2000. How People Learn: Brain, Mind, Experience, and School. Washington, D.C.: National Research Council.

Bridglall, B. L., and E. W. Gordon. 2004. Creating Excellence and Increasing Ethnic Minority Leadership in Science, Engineering, Mathematics, and Other Technical Disciplines: A Study of the Meyerhoff Scholars Program at the University of Maryland, Baltimore County. New York: Institute for Urbanand Minority Education, Teachers College, Columbia University.

Brown, J. S., A. Collins, and P. Duguid. 1989. Situated Cognition and the Culture of Learning." Educational Researcher18,no.1:35-42.

Brown, J.S., and P. Duguid. 2000. The Social Life of Information. Boston: Harvard Business School Press.

Building Engineering and Science Talent. 2004. A Bridge for All: Higher Education Design Principles to Broaden Participation in Science, Technology, Engineering, and Mathematics. San Diego: Building Engineering and Science Talent.

Bulwa, Demian. 2006. Man OKd to Return to U.S. from Pakistan. San Francisco Chronicle, September 13.

Castillo-Chavez, C., and C. W. Castillo-Garsow. Forthcoming. The New American University: Mentorship in the Mathematical Sciences, In Models That Work: Building Diversity in Advanced Mathematics, edited by Abbe H. Herzig and Patricia Hale.

Chowell, G., A. Cintron-Arias, S. Del Valle, F. Sanchez, B. Song, J. M. Hyman, H.

W. Hethcote, and C. Castillo-Chavez. 2006. Mathematical Applications Associated with the Deliberate Release of Infectious Agents. In Modeling the Dynamics of Human Diseases: Emerging Paradigms and Challenges, edited by A. Gumel, C. Castillo-Chavez, D. P. Clemence, and R. E. Mickens, vol. 410 of Contemporary Mathematics, 51-72. Providence, R. I.: American Mathematical Society.

Chowell, G. P., W. Fenimore, M. A. Castillo-Garsow, and C. Castillo-Chavez.2003. SARS Outbreaks in Ontario, HongKong, and Singapore: The Role of Diagnosis and Isolation as a Control Mechanism. Journal of the Oretical Biology 224:1-8.

Chubin, Daryl E., and Shirley M. Malcom. 2006. "The New Backlash on Campus." College and University Journal 81, no. 4: 65-68.

Clotfelter,Charles.2007. Patronor or Bully? The Role of Foundations in Higher Education. In Reconnecting Education and Foundations: Turning Good Intentions into Educational Capital, edited by Ray Bacchetti and Thomas Ehrlich, 211-248. San Francisco: Jossey-Bass.

Cohen, David. 2006. Growth of Foreign-Student Enrollments Slows in Australia. Chronicle of Higher Education, March 24.

Coll,Steve.2006. A Reporter at Large: The Atomic Emporium, Abdul Qadeer Khan, and Iran's Race to Build the Bomb. NewYorker, August 7-14, 50-63.

Collins, A., J. S. Brown, and A. Holum. 1991. Cognitive Apprenticeship: Making Thinking Visible. American Educator(Winter): 6-24.

Collins, A., J. S. Brown, and S. Newman. 1989. Cognitive Apprenticeship: Teaching the Crafts of Reading, Writing, and Mathematics. In Knowing, Learning, and Instruction: Essays in Honor of Robert Glaser, edited by L. B. Resnick, 453-494. Hillsdale, N. J.: Lawrence Erlbaum.

Committee on Equal Opportunity in Science and Engineering. 2004. Broadening Participation in America's Science and Engineering Workforce: The 1994-2003 Decennial and 2004 Biennial Reports to Congress. Arlington, Va.: National Science Foundation.

Committee on Policy Implications of International Graduate Students and Postdoctoral Scholars in the United States. 2005. Policy Implications of International Graduate Students and Postdoctoral Scholars in the United States. Washington, D. C.: National Academies Press.

Committee on Science, Engineering, and Public Policy. 1997. Adviser, Teacher, Role Model,Friend: On Being a Mentor to Students in Science and Engineering. Washington, D. C.: National Academies Press.

Congressional Commission on the Advancement of Women and Minorities in Science, Engineering and Technology Development. 2000. Land of Plenty: Diversity as America's Competitive Edge in Science, Engineering and Technology. www. nsf. gov/pubs/2000/cawmset0409/cawmset_0409.pdf.

Considine, Mark, Simon Marginson, and Peter Sheehan. 2001. Comparative Performance of Australia as Knowledge Nation. Melbourne, Australia: Chifley Research Centre.

Cooper, Helene, and Thom Shanker. 2006. Draft Iran Resolution Would Restrict Students. New York Times, October 26.

Council of Graduate Schools. 1990. A Policy Statement: The Doctor of Philosophy Degree.

Washington, D.C.: Council of Graduate Schools.

——.2004. Ph. D. Completion and Attrition: Policy, Numbers, Leadersftip, and Next Steps.

Washington, D.C.: Council of Graduate Schools.

——.2006a.Enrollment and Degrees: 1986-2005. Washington, D. C.: Council of Graduate Schools.

——.2006b. Ph. D. Completion and Attrition: Analysis of Baseline Program Data from the Ph. D. Completion Project. Washington, DC: Council of Graduate Schools.

Couter, Michel, and Marie-Helen Giroux. 2006. The Aftermath of 11 September 2001: Liberty vs. Security before the Supreme Court of Canada. International Journal of

Refugee Law 18:313-332.

Cox, A., and R. Wilson. 2001. Leaders of 9 Universities Pledge to Improve Conditions for Female Scientists. Chronicle of Higher Education 47, no. 22 (February).

Damrosch, D. 2006. Vectors of Change. In Envisioning the Future of Doctoral Education: Preparing Stewards of the Discipline, edited by C. M. Golde and G. E. Walker, 34-45. San Francisco: Jossey-Bass.

Davies, Gareth. 2005. Higher Education, Equal Access, and Residence Conditions: Does EU Law Allow Member States to Charge Higher Fees to Students Not Previously Resident? Maastricftt Journal of European and Comparative Law 12: 227-240.

Del Valle, S., A. Morales Evangelista, M. C. Velasco, C. M. Kribs-Zaleta, and S. F. Hsu Schmitz. 2004. Effects of Education, Vaccination, and Treatment on HIV Transmission in Homosexuals with Genetic Heterogeneity. Mathematical Biosciences 187:111-133.

DeNeef, A. L. 2002. The Preparing Future Faculty Program: What Difference Does It Make? Washington, D.C.: Association of American Colleges and Universities.

Dougan, Michael. 2005. Fees, Grants, Loans and Dole Checks: Who Covers the Costs of Migrant Education with in the EU? Common Market Law Review 42: 943-986.

Ehrenberg, Ronald G. 1991. Academic Labor Supply. In Economic Challenges in Higher Education, edited by. C. Clotfelter, R. Ehrenberg, M. Getz, and J. Siegfried, 143-260. Chicago: University of Chicago Press.

——. 1999. My Life and Economics. American Economist (43): 9-18.

——. 2000. Tuition Rising: Why College Costs So Much. Cambridge, Mass.: Harvard University Press.

——. 2005. Involving Undergraduates in Research to Encourage Them to Undertake PhD Study in Economics. American Economic Review Papers and Proceedings (95):184-188.

Ehrenberg, Ronald G., George H. Jakubson, Jeffrey A. Groen, Eric So, and Joseph Price. 2007. Inside the Black Box of Doctoral Education: What Program Characteristics Influence Doctoral Students' Attrition and Graduation Probabilities? Educational Evaluation and Policy Analysis 29, no. 2 (June):134-150.

Ehrenberg, Ronald G., and Panagiotis G. Mavros. 1995. Do Doctoral Students' Financial Support Patterns Affect Their Times-to-Degree and Completion Probabilities? Journal of Human Resources 30, no.3: 581-609.

Ehrenberg, Ronald G., and Daniel R. Sherman. 1984. Optimal Financial Aid Policies for a Selective University. Journal of Human Resources 19, no.2: 202-230.

Ehrenberg, Ronald G., Harriet Zuckerman, Jeffrey A. Groen, and Sharon M. Brucker. Forthcoming. Educating Scholars: Examining Doctoral Education in the Humanities. Princeton N. J.: Princeton University Press.

Eley, A. R., and R. Jennings. 2005. Effective Postgraduate Supervision: Improving the Student/Supervisor Relationship. Berkshire, England: Open University Press.

England, P., P. Allison, S. Li, N. Mark, J. Thompson, M. Budig, and H. Sun. 2004. Why Are Some Academic Fields Tipping toward Female? The Sex Composition of U.S. Fields of Doctoral Degree Receipt, 1971-1998. Northwestern University Institute for Policy Research Working Paper WP-03-12. Evanston, Ill.: Northwestern University.

Evans, William N., and Robert M. Schwab. 1995. Finishing High School and Starting College: Do Catholic Schools Make a Difference? Quarterly Journal of Economics 110: 941-974.

Fairlie, Robert. 2005. The Effects of Home Computers on School Enrollment. Economics of Education Review 24: 533-547.

Ficklen, E. 2006. 50 Years Later, the Hungarian Revolution's Legacy to the West Lives On. Chronicle of Higher Education, November 3.

Finn, M. 2003. Stay Rates of Foreign Doctorate Recipients from U.S. Universities. Oak Ridge, Tenn.: Oak Ridge Institute for Science and Engineering. http://www.orau.gov/orise/pubs/stayrate03.pdf.

Fitzsimmons, Stephen, Kenneth Carlson, Larry Kerpelman, and Diane Stoner. 1990. A

Preliminary Evaluation of the Researh Experiences for Undergraduate(REU) Program.Washington,D.C:National Science Foundation,1990.

Fleisher, Belton, Masanori Hashimoto, and Bruce A. Weinberg. 2002. Foreign GTAs Can Be Effective Teachers of Economics. Journal of Economic Education 33(Fall): 299-325.

Flora,Joseph R., and AdrienneT. Cooper. 2005. Incorporating Inquiry-Based Laboratory Experiments in the Undergraduate Environmental Engineering Laboratory. Journal of Professional Issues in Engineering Education and Practice 131,no.1:19.

Friedman, Thomas L. 2005. The World Is Flat: A Brief History of the Twenty-First Cen- tury. NewYork: Farrar, Strausand Giroux.

Fuller, C. 1986. Ph.D. Recipients: Where Did They Go to College? Change 18: 42-52.

Geiger, R. 1993. Research and Relevant Knowledge: American Research Universities since World War II. NewYork: Oxford University Press.

Gillingham, Lisa, Joseph J. Seneca, and Michael K. Taussig. 1991. The Determinants of Progress to the Doctoral Degree. Research in Higher Education 32,no.4: 449-468.

Gjorgjieva, J., K. Smith, G. Chowell, F. Sanchez, J. Snyder, and C. Castillo-Chavez. 2005. The Role of Vaccination in the Control of SARS. Journal of Mathematical Biosciences and Engineering 2, no. 4(October): 753-769.

Golde, Chris. M. 2000. Should I Stay or Should I Go? Student Descriptions of the Doctoral Attrition Process. Review of Higher Education 23, no. 2: 119-227.

———.2006. Preparing Stewards of the Discipline. In Envisioning the Future of Doctoral Education: Preparing Stewards of the Discipline, editedby Chris M. Golde and George E.Walker, 3-20. SanFrancisco: Jossey-Bass.

Golde, Chris M., and Timothy M. Dore. 2001. At Cross Purposes: What the Experiences of Doctoral Students Reveal about Doctoral Education. Report prepared for The Pew Charitable Trusts, Philadelphia, Pa. http://www. phd-survey.org/.

Golde, Chris M., and George E. Walker, eds. 2006. Envisioning the Future of Doctoral Education: Preparing Stewards of the Discipline. Carnegie Essays on the Doctorate.

San Francisco: Jossey-Bass.

Gonzalez, B., E. Huerta-Sanchez, A. Ortiz-Nieves, T. Vazquez-Alvarez, and C. Kribs-Zaleta. 2003. Am I Too Fat? Bulimia as an Epidemic. Journal of Mathematical Psychology1, no.47: 515-526.

Gonzalez-Espada, Wilson, and Daphne Zaras. 2006. Evaluation of the Impact of the National Weather Center REU Program Compared with Other Undergraduate Research Experiences. Paper presented to the Fifteenth Symposium on Education, American Meteorological Society, Atlanta, January 30, 2006-February 3, 2006.

Good, J., and G. Halpin. 2002. Retaining Black Students in Engineering: Do Minority Programs Have a Longitudinal Impact? Journal of College Student Retention: Research, Theory and Practice 3, no.4: 2001-2001: 351-364.

Gott, Gil. 2005. The Devil We Know: Racial Subordination and National Security Law. Villanova Law Review 50: 1073-1133.

Gould, Douglas, and Brian MacPherson. 2003. Evaluation of an Undergraduate Neuroscience Research Program at the University of Kentucky. Journal of Undergraduate Neuroscience Education 2,no.1(Fall):A23-A27.

Greenwood, M. R. C. 2007. Personal communication.

Groen, Jeffrey A., George H. Jakubson, Ronald G. Ehrenberg, Scott Condie, and Albert Y. Liu. 2008. Program Design and Student Outcomes in Graduate Education. Economics of Education Review 27, no.2 (April):111-124.

Groen, Jeffrey A., and Michael J. Rizzo. 2007. The Changing Composition of U.S. Citizen PhDs." In Science and the University, edited by Ronald G. Ehrenberg and Paula E. Stephan, 177-196. Madison: University of Wisconsin Press.

Grossman, Pam, Christa Compton, et al. 2005. Unpacking Practice: The Teaching of Practice in the Preparation of Clergy, Teachers, and Clinical Psychologists. Paper presented at the American Educational Research Association, Montreal, April 11-16.

Grove, Wayne, Donald Dutkowsky, and Andrew Grodner. 2005. Survive Then Thrive: Determinants of Success in the Economics PhD Program. Working Paper no.

edu0504. Greenville, N.C.: East Carolina University Department of Economics. http://www.ecu.edu/econ/wp/05/SurviveThenThrive.pdf.

Grove, Wayne, and Stephen Wu. 2007. The Search for Talent: Doctoral Completion and Research Productivity of Economists. American Economic Review 97:506-511.

Guterman, Lila. 2006. "The Taint of 'Misbehavior'." Chronicle of Higher Education, February 24.

Hackett, Edward, Jennifer Croissant, and Blair Schneider. 1992. Industry, Academe, and the Values of Undergraduate Engineers. Research in Higher Education 33: 275-295.

Handelsman, Jo, Nancy Cantor, Molly Carnes, Denice Denton, Eve Fine, Barbara Grosz, Virginia Hinshaw, Cora Marrett, Sue Rosser, Donna Shalala, and Jennifer Sheridan. 2005. More Women in Science. Science 309 (August19):1190-1191.

Hardy, K. 1974. Social Origins of American Scientists and Scholars. Science 185(August): 497-506.

Hargreaves, Lynley. 2001. Dropout Rate among Chinese Physics PhD Students Seems High; Community Considers Why. Physics Today 54, 24-25. http://www.physicstoday.org/pt/vol-54/iss-5/p24.html.

Harman, Grant. 2002. Producing PhD Graduates in Australia for the Knowledge Economy. Higher Education Research and Development 21, no. 2(July): 179-190.

Harmon, L. 1978. A Century of Doctorates: Data Analysis of Growth and Change. Washington, D. C.: National Academy of Sciences.

Hartnett, Rodney T. 1976. Environments for Advanced Learning. In Scholars in the Making: The Development of Graduate and Professional Students, edited by J. Katz and R. T. Hartnett, 49-84. Cambridge, Mass.: Ballinger.

Hartnett, Rodney T., and Warren W. Willingham. 1979. The Criterion Problem: What Measure of Success in Graduate Education? Research Report GREB-77-4R. Princeton, N.J.: Educational Testing Service.

Harvard University. 2005. Report of the Task Force on Women Faculty. http://www.hno.

harvard. edu/gazette/daily/2005/05/women-faculty.pdf.

Hauptman, Arthur M. 1986. Students in Graduate and Professional Education: What We Know and Need to Know. Washington, D. C.: Association of American Universities.

Hebel, Sara. 2006. Report Card on Colleges Finds U.S. Is Slipping. Chronicle of Higher Education, September 15.

Hechinger, F. 1979. Iranian Plight Put sa Spotlight on U.S. Colleges. NewYork Times, February 20.

Hoffer, T. B., M. Hess, V. Welch, and K. Williams. 2007. Doctoral Recipients from United States Universities Summary Report 2006: Survey of Earned Doctorates. Chicago: National Opinion Research Center.

Hoffer, T. B., S. Sederstrom, L. Selfa, V. Welch, M. Hess, S. Brown, S. Reyes, K. Webber, and I. Guzman-Barron. 2003. Doctorate Recipients from United States Universities: Summary Report 2002. Chicago: National Opinion Research Center.

Hoffer, T. B., V. Welch Jr., K. Webber, K. Williams, B. Lisek, M. Hess, D. Loew, and I. Guzman-Barron. 2006. Doctorate Recipients from United States Universities: Summary Report 2005. Chicago, Ill.: National Opinion Research Center.

Hopkins, N. 2006. Diversification of a University Faculty: Observations on Hiring Women Faculty in the Schools of Science and Engineering at MIT. MIT Faculty Newsletter 18, no. 4: 1,16-23.

Hrabowski, F. A., and W. Pearson Jr.1993. Recruiting and Retaining Talented African American Males in College Science and Engineering. Journal of College Science Teaching 22: 234-238.

Hunter, Anne-Barrie, Sandra Laursen, and Elaine Seymour. 2006. Becoming a Scientist: The Role of Undergraduate Research in Students' Cognitive, Personal, and Professional Development. Working Paper, Center to Advance Research and Teaching in the Social Sciences, Ethnography and Evaluation Research. Boulder: University of Colorado.

Ibarra, Robert A. 1996. Latino Experiences in Graduate Education: Implications for Change. A Preliminary Report. In Enhancing the Minority Presence in Graduate Education 7, edited by Nancy Gaffney Washington, D.C.: Council of Graduate Schools.

Institute of International Education. 2006. Open Doors Reporton International Educational Exchange, 2004-05. NewYork: Institute of International Education.

Isaac, Paul D., Roy A. Koenigsknecht, Gary D. Malaney, and John E. Karras. 1989. Factors Related to Doctoral Dissertation Topic Selection. Research in Higher Education 30, no. 4:357-373.

Jackson, S. A. 2003. The Quiet Crisis: Falling Short in Producing American Scientific and Tecftnical Talent. San Diego: Building Engineering and Science Talent.

Jordan, Mirian. 2006. New Backlashin Immigrant Fight, Grass-Root Groups Boost Their Clout. Wall Street Journal, September 26.

Kalb, Laura, and Emily Dwoyer. 2004. Evaluation of the Graduate Education Initiative: Final Report. Princeton, N. J.: Mathematica Policy Research, February.

Kanpol, Barry. 1997. Issues and Trends in Critical Pedagogy. Cresskill, N.J.:Hampton Press,1997.

Kapoor, Romy, 2005. "F-1 Students" In Immigration Options for Academics and Researchers, edited by Dan Berger and Scott Borene, 57-76. Washington, D. C.: American Immigration Lawyers Association.

Kaufman, R. T., and G. Woglom. 2005. Financial Changes and Measures of Success among the Second Tier of Top Liberal Arts Colleges, 1996-2001. Journal of Education Finance 32, no. 3:285-303.

Keqi, S., and Z. Kaihua. 2001. Early History of CUSPEA. Paper presented to the "CUSPEA and Beyond" symposium, Columbia University, November 24.

Kerdeman, Deborah. 2003. Pulled Up Short: Challenging Self-Understanding as a Focus of Teaching and Learning. Journal of the Philosophy of Education Society of Great Britain 37, no. 2(May):294-308.

Kerr, Clark. 1994. Higher Education Cannot Escape History. Albany: State University of NewYork Press.

Knapp, R. H., and H. B. Goodrich. 1952. Origins of American Scientists. Chicago: Uni- versity of Chicago Press.

Kobach, Kris W. 2005. The Quintessential Force Multiplier: The Inherent Authority of Local Police to Make Immigration Arrests. Albany Law Review 69:179-235.

Kochenov, Dimitry. 2003. Pre-Accession, Naturalisation, and "Due Regard to Community Law." Romanian Journal of Political Science 4, no.2:71-88.

Kribs-Zaleta, C., M. Lee, C. Román, S. Wiley, and C. M. Hernández-Suárez. 2005. The Effect of the HIV/AIDS Epidemic on Africa's Truck Drivers. Journal of Mathematical Biosciences and Engineering 2, no. 4: 771-788.

Krueger, Alan, and Stephen Wu. 2000. Forecasting Successful Economics Graduate Students. Journal of Economics Education 31:81-94.

Kunstler, B. 2004. Hothouse Effect: Intensify Creativity in Your Organization Using Secrets from History's Most Innovative Communities. Saranac Lake, N. Y.: American Management Association.

Labi, Aisha. 2006. Britain Expands Foreign-Student Recruitment. Chronicle of Higher Education, April 28.

Lambert, Richard, and Nick Butler. 2006. The Future of European Universities: Renaissance or Decay? London:Centre for European Reform.

Landler, Mark. 2006. Seeking Quality, German Universities Scrap Equality. New York Times, October 20.

Langewiesche, William. 2005. The Wrath of Khan: How A. Q. Khan Made Pakistana Nuclear Power—and Showed That the Spread of Atomic Weapons Can't Be Stopped. Atlantic Montftly(November):62-85.

Lave, J., and E. Wenger. 1991. Situated Learning: Legitimate Peripheral Participation. Cambridge: Cambridge University Press.

Law School Admission Council. 2008. ABA-LSAC Official Guide to ABA-Approved

Law Schools. http://officialguide.lsac.org/.

Leeds, Michael. 1992. Who Benefits from Affirmative Action? The Case of the AEA Summer Minority Program 1986-1990. Journal of Economic Perspectives 6:149-156.

Leggon, C. B. 2006. Women in Science: Racial and Ethnic Differences and the Differences They Make. Journal of Technology Transfer 31: 325-333.

Leggon, C. B., and S. M. Malcom. 1994. Human Resources in Science and Engineering: Policy Implications. In Who Will Do Science? Educating the Next Generation, edited by W. Pearson Jr. and A. Fechter, 141-152. Baltimore: Johns. Hopkins University Press.

Legomsky, Stephen. 2005. Immigration and Refugee Law and Policy. 4th ed. NewYork: Foundation Press.

Lemke, M., A. Sen, E. Pahlke, L. Partelow, D. Miller, T. Williams, D. Kastberg, and L. Jocelyn. 2004. PISA 2003 Highlights. International Outcomes of Learning in Mathematics Literacy and Problem Solving: PISA 2003 Results From the U. S. Perspective. (NCES 2005-003). Washington, D.C.: U.S. Department of Education, National Center for Education Statistics.

Lemke, R. J., T. L. Barzev, D. N. Filipova, and V. I. Suleva. 2005. Economics B.A.s and Ph. D. s from Liberal Arts Colleges:Do Degree Requirements or Faculty Scholarship Matter? ERN Educator Working Paper Series. Social Science Research Network. http://ssrn.com/abstract=654241.

Lewis, Harry R. 2006. Excellence with out a Soul: How a Great University Forgot Education. New York: Public Affairs.

Lieberson, S., S. Dumais, and S. Baumann. 2000. The Instability of Androgynous Names: The Symbolic Maintenance of Gender Boundaries. American Journal of Sociology 105, no. 5: 1249-1287.

Lively, Kit. 2000. Women in Charge. The Chronicle of Higher Education. June 16.

Long, J. Scott, ed. 2001. From Scarcity to Visibility: Gender Differences in the

Careers of Doctoral Scientists and Engineers. Washington, D.C.: National Academy Press.

Lopatto, David. 2004. Survey of Undergraduate Research Experiences (SURE): First Findings. Cell Biology Education 3(Winter): 270-277.

Lovitts, Barbara. 2001. Leaving the Ivory Tower: The Causes and Consequences of Departure from Doctoral Study. Lanham, Md.: Rowman and Littlefield.

——.2007.Making the Implicit Explicit: Creating Performance Expectations for the Dissertation. Sterling, Va.:Stylus.

Marginson, Simon. 2004. Dynamics of National and Global Competition in Higher Education. Higher Education: The International Journal of Higher Education and Educational Planning 52:1-39.

Massachusetts Institute of Technology. 1999. A Study on the Status of Women Faculty in Science at MIT. http://web.mit.edu/fnl/women/women.html.

Massy, William, Andrea Wilger, and Carol Colbeck. 1994. Overcoming "Hollowed" Collegiality. Change 26, no.4:11-21.

Maton, K., F. Hrabowski, and C. L. Schmidt. 2000. African American College Students Excelling in the Sciences: College and Postcollege Outcomes in the Meyerhoff Scholars Program. Journal of Research in Science Teaching 37:629-654.

McCaughey, R. A. 1994. Scholars and Teachers: The Faculties of Select Liberal Arts Colleges and Their Place in American Higher Learning. New York: Conceptual Litho Reproductions.

McClure, Ann. 2006. Made in America. University Business(October): 50-54.

McMurtie, Beth. 1999. "Words from a Veteran U.S. Diplomat on How the Visa Process Works." Chronicle of Higher Education, September 24.

McWilliam, Erica, and Richard James. 2002. "Doctoral Education in a Knowledge Economy." Higher Education Research and Development 21, no. 2(July): 131-141.

Miller, David, and Michael Hersen. 1992. Research Fraud in the Behavioral and Biomedical Sciences. NewYork: JohnWiley.

Millman, Sierra. 2007. Princeton Expands Family-Friendly Benefits for Graduate Students with Children. Chronicle of Higher Education 53, April 13.

Mooney, Paul. 2006a. In a Rural Chinese Province, an American Educational Outpost."Chronicle of Higher Education, February 17.

——. 2006b. The Wild, Wild East. Chronicle of Higher Education, February 17.

National Academy of Sciences. 2005. Rising above the Gathering Storm: Energizing and Employing America for a Brighter Economic Future. Washington, D. C.: National Academies Press.

National Academy of Sciences, National Academy of Engineering, and Institute of Medicine. 2006a. Beyond Bias and Barriers: Fulfilling the Potential of Women in Academic Science and Engineering. Washington, D. C.: National Academies Press.

——.2006b. Rising above the Gathering Storm: Energizing and Employing America for a Brighter Economic Future. Washington, D.C.: National Academies Press.

National Academy of Sciences—National Research Council. 1958. Doctorate Production in United States Universities, 1936–1956, with Baccalaureate Origins of Doctorates in Sciences, Arts, and Humanities. Publication 582. Washington, D. C.: National Academies Press.

National Association of Foreign Student Advisors [Association of International Educators]. 2003. In America's Interest: Welcoming International Students: Report of NAFSA's Strategic Task Force on International Student Access. Washington, D. C.: NAFSA.

——.2006. Restoring U.S. Competitiveness for International Students and Scholars. Washington, D. C.: NAFSA.

National Center for Education Statistics. 1997. The Third International Mathematics and Science Study. Washington, D.C.: U.S. Department of Education.

National Immigration Law Center. 2006. DREAM Act. http://www.nilc.org/immlawpolicy/DREAM/index.htm.

National Institute of General Medical Sciences. 2005. Final Report of the NIGMS

Council MORE Division Working Group. Bethesda, Md.: National Institute of General Medical Sciences.

National Research Council (NRC). 1996. The Path to the PhD: Measuring Graduate Attrition in the Sciences and Humanities. Washington, D. C.: National Academies Press.

——. 1998. Trends in the Early Careers of Life Scientists. Committee on Dimensions, Causes, and Implications of Recent Trends in the Careers of Life Scientists. Washington, D. C.: National Academies Press.

——.2001. From Scarcity to Visibility: Gender Differences in the Careers of Doctoral Scientists and Engineers. Edited by J. S. Long. Washington, D. C.: National Academies Press.

——.2005a. Advancing the Nation's Health Needs. Committee for Monitoring the Nation's Changing Needs for Biomedical, Behavioral, and Clinical Personnel. Washington, D.C.: National Academies Press.

——. 2005b. Assessment of NIH Minority Research and Training Programs: Phase 3. Washington, D.C.: National Academies Press.

——.2006. To Recruit and Advance: Women Students and Faculty in Science and Engineering. Washington, D. C.: National Academies Press.

——. 2008. Assessing Gender Differences in the Careers of Science, Engineering, and Mathematics Faculty. Committee on Gender Differences in the Careers of Science, Engineering, and Mathematics Faculty, Committeeon Women in Science and Engineering. Washington, D. C.: National Academies Press.

National Science Board. 2004. Science and Engineering Indicators 2004. vol. 1, NSB04-1;vol. 2, NSB 04-1A. Arlington, Va.: National Science Foundation.

——. 2006. Science and Engineering Indicators 2006. Vol. 1, NSB 06-01;vol. 2, NSB 06-01A. Arlington, Va.: National Science Foundation.

National Science Foundation. 1986. Foreign Citizens in U.S. Science and Engineering: History, Status, and Outlook. NSF 86-305. Washington D.C.: National Science

Foundation.

———.2005. Broadening Participation through a Compreftensive, Integrated System. Final Workshop Report. Arlington, Va.: National Science Foundation.

National Science Foundation, Division of Science Resources Statistics. 2004a. Gender Differences in the Careers of Academic Scientists and Engineers. NSF04-323. Arlington, Va.: National Science Foundation.

———.2004b. Women, Minorities, and Persons with Disabilities in Science and Engineering: 2004. NSF 04-317. Arlington, Va.: National Science Foundation.

———.2006b. Women, Minorities, and Persons with Disabilities in Science and Engineering: 2004. NSF 04-317. Arlington, Va.: National Science Foundation.

Nelson, D. J. 2004. Nelson Diversity Surveys. Norman, Okla.: Diversity in Science Association. http://cheminfo.chem.ou.edu/~djn/diversity/top50.html.

Nerad, M. 1994. Untersucbung ausgewäblter Graduiertenkollegs in Hessen im Vergleicb mit dem Doktorandenstudium in den USA [A comparison of selected doctoral programs at German universities with U.S. PhD programs]. Kassel, Germany: Center for Higher Education and Work, University of Kassel.

Nerad, M. 2004. The PhD in the US: Criticisms, Facts and Remedies. Higher Education Policy 17,no.2: 183-199.

Nerad, M., R. Aanerud, and J. Cerny. 2004. So You Want to Bea Professor! Lessons from the PhDs—Ten Years Later Study. In Paths to the Professoriate: Strategies for Enriching the Preparation of Future Faculty, edited by Donald H. Wulff, Ann Austin, and Associates,137-158. San Francisco:Jossey-Bass.

Nerad, M., and J. Cerny. 1997. PhDs-Ten Years Later. Survey funded by the Mellon Foundation and National Science Foundation. Retrieved from www.cirge.washington.edu.

———.1999a. From Rumors to Facts: Career Outcomes of English PhDs.; Results from the PhDs—Ten Years Later Study. Communicator 32, no.7, special ed. (Fall):1-11.

———. 1999b. Postdoctoral Patterns, Career Advancement, and Problems. Science

285: 1533-1535.

——.2000. Improving Doctoral Education: Recommendations from the PhDs—Ten Years Later Study. The Communicator 33,no.2(March):6.

——. 2002. Postdoctoral Appointments and Employment Patterns of Science and Engineering Doctoral Recipients Ten-plus Years after PhD Completion: Selected Results from the "PhDs—Ten Years Later Study." The Communicator 35, no.7 (August- September): 1-2, 10-11.

Nerad, M., and M. Heggelund, eds. 2008. Towards a Global Doctorate? Forces and Forms of Change in Doctoral Education Worldwide. Seattle, Wash.: University of Washington Press.

Nerad,M.,with R. June and D. Miller,eds.1997.Graduate Education in the United States. New York: Garland Press.

Nerad, M., E. Rudd, E. Morrison, and J. Picciano. 2007. Social Science PhDs-Five+Years Out: A National Survey of PhDs. in Six Fields. CIRGE Report 2007-01.Seattle,Wash.: CIRGE.

Nettles, Michael T., and Catherine M. Millett. 2006. Three Magic Letters: Getting to Ph.D. Baltimore, Md.: Johns Hopkins University Press.

Nonnemaker, L. 2000. Women Physicians in Academic Medicine: New Insights from Cohort Studies. New England Journal of Medicine 342, no. 6: 399-405.

Olivas, Michael A. 2000. Immigration Law Teaching and Scholarship in the Ivory Tower: A Response to "Race Matters". University of Illinois Law Review 2:101-126.

——. 2004. IIRIRA, the Dream Act, and Undocumented College Student Residency. Journal of College and University Law 30: 435-464.

——. 2006. Reflections on Academic Merit Badges and Becoming an Eagle Scout. Houston Law Review 43: 81-124.

Overland, Martha Ann. 2006. Shattered Dreams in the Philippines. Chronicle of Higher Education, March 3.

Panofsky, Aaron, and Diana Rhoten. 2005. Innovative, Integrative Graduate Education and Training: New Concepts for Assessment;Second Interim Report to IGERT Program Directors."October.http://programs.ssrc.org/ki/fis/pubs/.

Parker, Walter. 1996. "Advanced" Ideas about Democracy: Toward a Pluralist Conception of Citizen Education. Teachers College Record 98(Fall):104-125.

Pearson, W. Jr. 2005. Beyond Small Numbers: Voices of African American Ph. D. Chemists. New York: Elsevier.

Pearson, W. Jr., H. Etzkowitz, C. Leggon, J. Mullis, T. Russell, J. Brown, and C. Colhoun. 2004. The Leadership Alliance Summer Research—Early Identification Program.Survey and Field Evaluation Report, 2003. Ann Arbor, Mich.: University of Michigan. March.

Price, Gregory. 2005. The Causal Effects of Participation in the American Economic Association Summer Minority Program. Southern Economic Journal 72, no.1: 78-97.

Price, Joseph. 2005. Marriage and Graduate Student Outcomes. Cornell Higher Education Research Institute Working Paper WP75.Ithaca,N.Y.:Cornell Higher Education Research Institute, July.http://www.ilr.cornell.edu/cheri.

Princeton University. 2003. Report of the Task Force on the Status of Women Faculty in the Natural Sciences and Engineering at Princeton. http://www.princeton.edu/pr/reports/sciencetf/sciencetf-9-19-03.pdf.

Quandt, R. 1992. The Foundation's Program in Eastern Europe. 1992 Annual Report of the Andrew W.Mellon Foundation. http://www.mellon.org/news_publications/annual-reports-essays/presidents-essays/the-foundation-s-program-in-eastern-europe/?searchterm=eastern%20europe.

Ramsden,Brian.2006.Patterns of Higher Education Institutions in the UK: Sixth Report. London: Standing Conference of Principals.

Raymond,C.1989. 17 Soviets Start Graduate Work at U.S.Institutions. Chronicle of Higher Education,October11.

Rios-Soto, K. R., C. Castillo-Chavez, M. Neubert, E. S. Titi, and A. A. Yakubu. 2006. Epidemic Spread in Populations at Demographic Equilibrium. In Modeling the Dynamics of Human Diseases:Emerging Paradigms and Challenges, edited by A. Gumel, C. Castillo-Chavez, D. P. Clemence, and R. E. Mickens, 297-310. Providence, R. I.: American Mathematical Society.

Rudd, Elizabeth, Emory Morrison, Renate Sadrozinski, Maresi Nerad, and Joseph Cerny. 2008. Equality and Illusion: Gender and Tenure in Art History Careers. Journal of Marriage and Family70.

Rudd, Ernest. 1986. The Drop-outs and the Dilatory on the Road to the Doctorate. Higher Education in Europe 11, no. 4: 31-36.

Russell, Susan, Catherine P. Ailes, Mary P. Hancock, James McCullough, J. David Roessner, Charles Storey. 2005. Evaluation of NSF Support for Undergraduate Researcft Opportunities;2003 NSF-Program Participant Survey: Final Report. Menlo Park, Calif.: SRI International, June.

Russell, Susan, Mary P. Hancock, and James McCullough, 2006. Evaluation of NSF Support for Undergraduate Research Opportunities: Follow-up Survey of Undergraduate NSF Program Participants. Menlo Park, Calif.: SRI International, June.

——.2007. Benefits of Undergraduate Research Experiences. Science 316: 548-549.

Ryan, W. C. 1939. Studies in Early Graduate Education. New York: Carnegie Foundation for the Advancement of Teaching.

Sadrozinski, R., M. Nerad, and J. Cerny. 2003. PhDs in Art History—Over a Decade Later: A National Career Path Study of Art Historians. http://depts.washington.edu/cirgeweb/c/publications/157/.

Sanchez, F., M. Engman, L. Harrington, and C. Castillo-Chavez. 2006. Models for Dengue Transmission and Control. In Modeling the Dynamics of Human Diseases:Emerging Paradigms and Challenges, edited by A. Gumel, C. Castillo-Chavez, D. P. Clemence, and R. E. Mickens, 311-326. Providence, R.I.: American

Mathematical Society.

Santayana, George. 2006. The Genteel Tradition American Philosophy. In Winds of Doctrine: Studies in Contemporary Opinion, 186-224. Whitefish, Mont.:Kessinger Publishing.

Schelling, T. C. 1978. Micromotives and Macrobehavior. New York: W. W. Norton.

Schiebinger, Londa. 1999. Has Feminism Changed Science? Cambridge, Mass.: Harvard University Press.

Schleicher, Andreas. 2006. The Economics of Knowledge: Why Education Is Key for Europe's Success. Brussels: Lisbon Council Policy Brief.

Schowen, K. B. 1998. Research as a Critical Component of the Undergraduate Educational Experience. In Assessing the Value of Research in the Chemical Sciences,73-81. Washington, D.C.: National Academies Press.

Shanghai Jiao Tong University Institute of Higher Education. 2003. Academic Ranking of World Universities. http://ed.sjtu.edu.cn/ranking.htm.

Shkolnikov, V. 1995. Potential Energy: Emergent Emigration of Highly Qualified Manpower from the Former Soviet Union. Santa Monica, Calif.: RAND.

Shoben, ElaineW. 1997. From Antinepotism Rules to Programs for Partners: Legal Issues. In Academic Couples: Problems and Promises, edited by M. A. Ferber and J. W. Loeb, 266-247. Chicago: University of Illinois Press.

Shulman, L. S. 2005. Signature Pedagogies in the Professions. Daedalus 134,no.3: 52-59.

Shuppy, Annie. 2006. Muslim Scholar Denieda U.S.Visa Again. Chronicle of Higher Education, October 6.

Siegfried, J. J., and W. A. Stock. 2007. The Undergraduate Origins of PhD. Economists. Journal of Economics Education 38, no.4:461-482.

Singer, Jill, Michael Mayhew, Elizabeth Rom, Karolyn Eisenstein, Robert Kuczkowski, and Lloyd Douglas. 2003. The Research Experiences for Undergraduates (REU) Sites Program: Overview and Suggestions for Faculty Members. Councilon

Undergraduate Research Quarterly (June):158-161.

Song, B., M. Castillo-Garsow, K. Rios-Soto, M. Mejran, L. Henso, and C. Castillo-Chavez. 2006. Raves, Clubs, and Ecstasy: The Impact of Peer Pressure. Journal of Mathematical Biosciences and Engineering 3, no.1(January):1-18.

Spurr, Stephen Hopkins. 1970. Academic Degree Structures: Innovative Approaches; Principles of Reform in Degree Structures in the United States. New York: McGraw-Hill.

Steiner-Long, Kathy. 2005. "J-1 Exchange Visitors for Academic and Research Activities. In Immigration Options for Academics and Researchers, edited by Dan Bergerand Scott Borene, 77-88. Washington, D.C.: American Immigration Lawyers Association.

Stephan, P., and M. M. Kassis. 1997. "The History of Women and Couples in Academia." In Academic Couples: Problems and Promises, edited by M. A. Ferber and J. W. Loeb, 44-79. Chicago: University of Illinois Press.

Stephan, P. E., and S. G. Levin. 2001. Exceptional Contributions to U.S. Science by the Foreign-Born and Foreign-Educated. Population Research and Policy Review 20, nos. 1-2:59-79.

———.2003. Foreign Scholars in U.S. Science: Contributions and Costs. Paper presented to the "Scienceand the University" conference at Cornell University, Ithaca, N.Y., May 20-21.

Stevens, Robert. 2004. University to Uni: The Politics of Higher Education in England since 1944. London: Politico's.

Stimpson, C. R. 2002. General Education for Graduate Education. The Chronicle of Higher Education, November 1.

Tapia, Richard A. Precious Few, in progress.

Teller, Patricia, and Ann Gates. 2001. Using the Affinity Research Group Model to Involve Undergraduate Students in Computer Science Research. Journal of Engineering Education 90:549-155.

Thurgood, Lori, Mary J. Golladay, and Susan T. Hill. 2006. U.S. Doctorates in the 20th Century. NSF06-319. Arlington, Va.: National Science Foundation, Division of Science Resources Statistics.

Townsend, R. B. 2005. Privileging History: Trends in the Undergraduate Origins of History PhDs. Perspectives (September):14-20.

U.S. Census Bureau. 2004. U.S. Interim Projections by Age, Sex, Race, and Hispanic Origin. Washington, D. C.: Bureau of the Census.

U.S. Citizens Denied Entry into U.S. 2006. Interpreter Releases(September 11): 1944-1945.

U.S.Newsand World Report. 1995. Best National Liberal Arts Colleges. U.S. News and World Report Special Issue, September18.

Valian, V. 1999. Why So Slow? The Advancement of Women. Cambridge, Mass.: MIT Press.

Van der Mei, Anne Pieter. 2003a. Free Movement of Persons with in the European Community: Cross-Border Access to Public Benefits. Oxford:Hart.

———. 2003b. Residence and the Evolving Notion of European Union Citizenship.

European Journal of Migration and Law 5: 419-433.

Walker, George E., Chris M. Golde, Laura Jones, Andrea Conklin Bueschel, and Pat Hutchings. 2008. The Formation of Scholars: Rethinking Doctoral Education for the Twenty-First Century. San Francisco:Jossey-Bass.

Warch, R. 2001. Liberal Arts Colleges Lead the Way in Changing How We Teach and Learn Science. Chicago Sun-Times, April 21.

Wenger, E. 1996. Communities of Practice: The Social Fabric of a Learning Organization. Healthcare Forum Journal 3, no.3:149-164.

———.1998. Communities of Practice: Learning, Meaning, and Identity. Cambridge: Cambridge University Press.

Wilder, G. Z. 2003. The Road to Law School and Beyond: Examining Challenges to Racial and Ethnic Diversity in the Legal Profession. Law School Admission Council

Research Report 02-01, August. http://www.lsacnet.org/Research/Challenges-to-Racial-and-Ethnic-Diversity-in-Legal-Profession.pdf.

Wilson, K. M. 1965. Of Time and the Doctorate: Report of an Inquiry into the Duration of Doctoral Study. Atlanta: Southern Regional Education Board.

Wong, J. 1981. China's Leap to American Campuses. NewYork Times, November 15.

Wright, B.F.1957. The PhD Stretch-Out. In Vital issues in Education: A Report of the Twenty-first Educational Conference Held under the Auspices of the Educational Records Bureau and the American Council on Education, New York City, edited by Arthur E. Traxler, 140-151. Washington, D.C.: American Council on Education.

Xie, Y., and K. A. Shauman. 2003. Women in Science: Career Processes and Outcomes. Cambridge, Mass.: Harvard University Press.

Yakubu, A.-A., R.Saenz, J. Stein, and L. E. Jones. 2004. Monarch Butterfly Spatially Discrete Advection Model. Mathematical Biosciences 190: 183-202.

Zydney, A., J. Bennett, A. Shahid, and K. Bauer. 2002. Impact of Undergraduate Research Experience in Engineering."Journal of Engineering Education 91:151-157.